U0959231

主　　编　孙晓勇　国家法官学院院长
　　　　　　　　　最高人民法院司法案例研究院院长
副 主 编　彭永和　最高人民法院司法案例研究院副院长
　　　　　刘　畅　最高人民法院司法案例研究院规划部主任
　　　　　黄　斌　国家法官学院科研部负责人
主编助理　边疆戈　国家法官学院科研部编辑
　　　　　赵文轩　最高人民法院司法案例研究院规划部编辑
　　　　　刘丽媛　最高人民法院司法案例研究院规划部编辑

《中国法院年度案例》编辑人员（按姓氏笔画）
刘　畅　朱建伟　朱　琳　李晓果　杨小利
罗胜华　胡　岩　赵文轩　唐世银　袁登明
曹海荣　梁　欣　程　瑛

本书编审人员　罗胜华

中国法院

2021年度案例

国家法官学院
最高人民法院司法案例研究院◎编

公司纠纷

中国法制出版社
CHINA LEGAL PUBLISHING HOUSE

《中国法院年度案例》通讯编辑名单

凌　巍　北京市高级人民法院

刘晓虹　北京市高级人民法院

董　扬　天津市高级人民法院

王　佳　河北省高级人民法院

刘　泳　山西省高级人民法院

杨智勇　内蒙古自治区高级人民法院

周文政　辽宁省高级人民法院

张功岩　吉林省高级人民法院

孙学诗　黑龙江省高级人民法院

牛晨光　上海市高级人民法院

戴鲁霖　江苏省高级人民法院

张晓娟　江苏省高级人民法院

符东杰　江苏省南通市中级人民法院

周耀明　江苏省无锡市中级人民法院

杨　治　浙江省高级人民法院

蒋　莹　浙江省高级人民法院

吴　婧　安徽省高级人民法院

林文君　福建省高级人民法院

章光园　江西省高级人民法院

陈希国　山东省高级人民法院

郭宇凌　河南省高级人民法院

宋淼军　湖北省高级人民法院

杨晓彤　湖北省宜昌市中级人民法院

唐　竞　湖南省高级人民法院

文靖之　广东省高级人民法院

邹尚忠　广西壮族自治区高级人民法院

韦丹萍　广西壮族自治区高级人民法院

李周伟　海南省高级人民法院

游中川　重庆市高级人民法院

杜玉兰　四川省高级人民法院

孙　熹　云南省高级人民法院

石　瑾　云南省昆明市中级人民法院

龙　媛　贵州省高级人民法院

施辉法　贵州省贵阳市中级人民法院

王丽萍　西藏自治区高级人民法院

杨新斌　陕西省高级人民法院

张文强　甘肃省高级人民法院

汪嘉煜　青海省高级人民法院

谢亚楠　宁夏回族自治区高级人民法院

马小菊　新疆维吾尔自治区高级人民法院

何　青　新疆维吾尔自治区高级人民法院

王　琼　新疆维吾尔自治区高级人民法院生产建设兵团分院

序

党的十八大以来，以习近平同志为核心的党中央高度重视法治在推进国家治理体系和治理能力现代化中的重要作用，中央全面依法治国工作会议更是明确习近平法治思想在全面依法治国中的指导地位，为全面依法治国提供了根本遵循和行动指南。近年来，人民法院始终将加强司法案例研究作为推进全面依法治国的重要途径，通过发布具有普遍指导意义的典型案例，统一法律适用、提高审判质量，不断推进人民法院严格公正司法。《中国法院年度案例》丛书，旨在完善中国特色案例指导制度，总结提炼典型案例的裁判规则和裁判方法，发挥司法规范、指导、评价、引领的重要作用，大力弘扬社会主义核心价值观，增强全民法治意识和法治素养，展现新时代我国法治建设新成就。

《中国法院年度案例》丛书自2012年编辑出版以来，已连续出版9套，受到读者广泛好评。近年来，为更加全面地反映我国司法审判执行工作的发展进程，顺应审判执行实践需要，响应读者需求，丛书2014年度新增金融纠纷、行政纠纷、刑事案例3个分册，2015年度将刑事案例调整为刑法总则案例、刑法分则案例2个分册，2016年度新增知识产权纠纷分册，2017年度新增执行案例分册，2018年度将刑事案例扩充为4个分册。自2020年起，丛书由国家法官学院与最高人民法院司法案例研究院共同编辑，每年年初定期出版。在全国各级人民法院的大力支持下，丛书编委会现编辑出版《中国法院2021年度案例》系列丛书，共23册。

《中国法院年度案例》丛书以开放务实的态度、简洁明快的风格，在编辑中坚持以下方法，努力把案例书籍变得“好读有用”：一是高度提炼案例内容，控制案例篇幅，每个案例基本在3000字以内；二是突出争议焦点，剔除无效信息，尽可能在有限的篇幅内为读者提供有效、有益的信息；三是注重对裁判文书的再加工，大多数案例由案件的主审法官撰写“法官后语”，高度提炼、总结案例的指导价值，力求引发读者思考，为司法工作提供借鉴，为法学研究提供启迪。

《中国法院年度案例》丛书编辑工作坚持以下原则：一是广泛选编案例。国家法官学院和最高人民法院司法案例研究院每年通过各高级人民法院从全国各地法院汇集上一年度审结的典型案例近万件，使该丛书有广泛的精选基础，优中选优，可提供给读者新近发生的全国各地多种类型的典型性案例。二是方便读者检索。为体现以读者为本，丛书分卷细化，每卷下还将案例主要根据案由分类编排，每个案例用一句话概括裁判规则、裁判思路或焦点问题作为主标题，让读者一目了然，迅速找到目标案例。

中国法制出版社始终全力支持《中国法院年度案例》丛书的出版，给了作者和编辑们巨大的鼓励。2021年，丛书将继续提供数据库增值服务。购买本书，扫描前勒口二维码，即可在本年度免费查阅往年同类案例数据库。我们在此谨表谢忱，并希望通过共同努力，逐步完善，做得更好，真正探索出一条编辑案例书籍、挖掘案例价值的新路，更好地服务社会主义法治国家建设、服务法治社会建设、服务学习研究法律的读者。

《中国法院年度案例》丛书既是法官、检察官、律师等法律工作者的办案参考和司法人员培训的实用教材，也是社会大众学法用法的经典案例读本，同时是教学科研机构案例研究的良好系列素材。当然，案例作者和编辑在编写过程中也难以一步到位实现最初的编写愿望，客观上会存在各种不足甚至错误，欢迎读者批评指正。我们愿听取各方建议，不断扩宽深化司法案例研究领域，实现中国特色案例研究事业的新发展。

国家法官学院

最高人民法院司法案例研究院

2021年2月22日

目　录

Contents

一、股东资格确认纠纷

二、股东出资纠纷

三、股东知情权纠纷

四、公司盈余分配纠纷

五、公司决议纠纷

六、股权转让纠纷

七、损害股东、公司利益责任纠纷

八、股东损害公司债权人利益责任纠纷

九、公司破产、解散和清算纠纷

十、公司证照返还纠纷

十一、与公司有关的纠纷

一、股东资格确认纠纷

1

被告认可原告并非公司股东不能免除原告的举证责任

——张某文诉富华顺达公司股东资格确认案

【案件基本信息】

1. 裁判书字号

北京市第三中级人民法院（2019）京03民终14120号民事裁定书

2. 案由：股东资格确认纠纷

3. 当事人

原告（上诉人）：张某文

被告（被上诉人）：富华顺达公司

【基本案情】

富华顺达公司成立于2005年5月19日，工商登记信息显示：注册资本100万元，股东是刘某华、张某文、赖某辉、胡某生，其中刘某华持股比例是70%，认缴金额是70万元，张某文持股比例是20%，认缴金额是20万元，赖某辉持股比例是5%，认缴金额是5万元，胡某生持股比例5%，认缴金额是5万元。工商档案中留存的张某文身份信息属实。

张某文称2017年其资产被顺义区人民法院冻结，张某文经向执行法官询问才知道案外人以股东损害公司债权人利益责任纠纷为由将张某文诉至法院，得到法院支持后持生效判决申请执行。张某文经向工商部门查询才知道他人曾持张某文身份证复印件及冒充张某文签字办理富华顺达公司设立登记的有关事宜。张某文对本人被冒充签字并被注册为富华顺达公司股东完全不知情。张某文未在富华顺达公司公司章程签字，未与其他股东达成设立富华顺达公司的合意，亦未出资。故请法院确认张某文并非富华顺达公司股东。

富华顺达公司同意张某文的诉讼请求，也认可张某文起诉的事实、理由。富华顺达公司称，当时张某文是富华顺达公司的员工，负责公司水、电等，当时富华顺达公司还没有取得营业执照。办理富华顺达公司营业执照的时候，富华顺达公司的法定代表人刘某华让赖某辉去办理，赖某辉找了一个中介，后来赖某辉对刘某华说要四个股东才能成立公司，刘某华就全权交给赖某辉办理，让他再找三个人做股东，称反正也不用他们出资，就是挂个名，赖某辉当时说他算一个，再找两个人，刘某华告诉赖某辉需要经过其他人的同意，当时赖某辉找了谁刘某华也不清楚，后来赖某辉就把营业执照办下来了，因为营业执照上没有股东信息，所以股东是谁刘某华也不清楚。张某文和胡某生是赖某辉选的股东，赖某辉有没有取得他俩的同意刘某华也不清楚。张某文与富华顺达公司签劳动合同的时候留了身份证复印件。

【案件焦点】

1. 股东资格确认纠纷中被告公司认可原告并非公司股东是否可以免除原告的证明责任；2. 身份被冒用登记为股东的认定标准。

【法院裁判要旨】

北京市顺义区人民法院经审理认为：当事人对自己提出的诉讼请求所依据的事实有责任提供证据加以证明，没有证据或者证据不足以证明当事人的事实主张的，由负有举证责任的当事人承担不利后果。现原告主张其身份被冒用成为富华顺达公司股东，原告需要对其身份被冒用的事实承担举证证明责任。现原告提供的证据仅为富华顺达公司工商档案，用于证明工商档案中的张某文签名不是原告本人所签。张某文经工商机关核准登记为富华顺达公司的股东，工商登记信息具有公示性，即使工商档案中的张某文签名不是原告本人所签，也不足以证明原告被冒用身份登记成为富华顺达公司股东的事实，原告需就其身份被谁冒用，如何被冒用等关键事实完成举证证明责任。现原告提交的证据不足以证明其主张成立，本院对其要求确认自己不具有富华顺达公司的股东资格的诉讼请求不予支持。据此，依照《最高人民法院关于民事诉讼证据的若干规定》第二条之规定，判决如下：

驳回张某文的全部诉讼请求。

张某文不服一审判决，提出上诉。二审审理过程中，张某文撤回了上诉，北京市第三中级人民法院作出裁定：

准许张某文撤回上诉。

【法官后语】

随着依法治国的脚步不断迈进，市场主体的法律意识越来越强，越来越多的债权人以股东损害公司债权人利益责任纠纷为由，要求债务人公司的股东对公司债务承担连带给付责任。司法实践中，在此类纠纷发生后，债务人的部分股东便会提起股东资格确认之诉，要求法院确认其并非债务人公司股东，以免除承担股东损害公司债权人利益责任纠纷项下可能的责任。

本案便是发生在这样的背景之下，原告作为被告公司的股东已经在股东损害公司债权人利益责任纠纷案件中被判决对被告公司的债务承担连带清偿责任，在执行过程中，原告提起本案诉讼，要求确认其并非被告公司的股东。

关于焦点一，工商登记具有公示性，市场主体之间在发生经济往来的过程中对对方主体的工商登记信息具有合理的信赖利益。被告公司的工商登记信息显示张某文为该公司股东，其他市场主体（尤其是债权人）在与被告公司进行经济往来的过程中，对该登记信息具有合理信赖利益，故即使被告公司认可原告并非该公司股东的情况下也不能免除原告的证明责任，原告需对其身份被冒用的事实承担举证证明责任。

《最高人民法院关于适用〈中华人民共和国公司法〉若干问题的规定（三）》第二十八条规定："冒用他人名义出资并将该他人作为股东在公司登记机关登记的，冒名登记行为人应当承担相应责任；公司、其他股东或者公司债权人以未履行出资义务为由，请求被冒名登记为股东的承担补足出资责任或者对公司债务不能清偿部分的赔偿责任的，人民法院不予支持。"根据该司法解释的规定，该类案件原告需要对其身份被谁冒用，如何被冒用的事实承担相应的举证证明责任。

关于焦点二，身份被冒用的事实，可以从以下几方面进行认定：第一，工商登记中原告的签名均非原告本人所签；第二，原告曾经丢失身份证或有证据表明其身份证被他人冒名使用；第三，将原告登记为原始股东的工商登记实际办理人未取得原告的授权；第四，继受取得股东身份的股权转让方无法提供与原告（受让方）的股权转让协议或其他股权转让证据；第五，原告未履行过出资或认缴出资义务，未签署公司章程，未参与设立公司，未行使过股东权利。

在本案审理中，原告就上述事实均未能举证证明，应予驳回。且原告已经经过生效的法律文书确认作为被告公司股东承担股东损害公司债权人利益责任纠纷中的义务，故该类案件的处理直接涉及公司债权人的利益及法院生效文书的效力，原告证明责任之标准相较于其他股东资格确认纠纷案件还应更高。

编写人：北京市顺义区人民法院　王琬萱

2

国有企业净资产未经评估情形下，增资行为的效力

——科技创业公司诉王某股东资格确认案

【案件基本信息】

1. 裁判书字号

上海市黄浦区人民法院（2018）沪 0101 民初 14641 号民事判决书

2. 案由：股东资格确认纠纷

3. 当事人

原告：科技创业公司

被告：王某

第三人：中企人力

【基本案情】

第三人中企人力系由案外人国际合作及国企商务分别出资 90 万元、10 万元于 2001 年 6 月成立的有限责任公司（注册资本共计 100 万元），两股东的持股比例分别为 90% 及 10%，案外人邵某阳任公司法定代表人。另外，国际合作系由中国国

际企业合作公司全资设立的国有企业。国企商务系由国际合作持股25.50%的国有资本参股企业。

2001年12月，国际合作将所持中企人力46%的股权交由五环公司代持，并办理了变更登记手续。2003年7月，在中企人力净资产未经评估的情况下，案外人东凌投资向该公司增资70万元，进而取得该公司41.18%的股权，其他股东国际合作、国企商务、五环公司持股比例因此分别调整至25.88%、5.88%、27.06%，同时办理了变更登记。当年11月，东凌投资以国企商务原始出资额10万元的价格，受让该公司所持有的中企人力10%股权，并办理了变更登记。2004年6月，同样在中企人力净资产未经评估的情况下，东凌投资作为控股股东召集股东会会议，并以资本多数决的形式形成决议：被告及案外人杨某分别向该公司增资10万元及20万元，取得该公司股权分别计5%及10%。之后被告及案外人杨某办理了工商变更登记。2006年5月中企人力股东会决议，从公司历年未分配利润中提取800万元转增为公司的注册资本，各股东按比例增加出资额，持股比例不变，其中被告增加出资额40万元。2007年12月案外人物资船运国际公司受让五环公司持有中企人力的全部股权，成为公司股东。2011年5月，因国际合作对原告负有债务，经法院强制执行，原告继受了国际合作对中企人力22%的股权，并办理了变更登记。

原告诉称：2004年6月案外人邵某阳利用担任第三人中企人力法定代表人及案外人东凌投资控股股东的机会，在未经对中企人力资产进行评估的情况下，对公司进行增资，仅以原始股价30万元对注册资本从170万元增加到200万元并形成决议。增加的30万元由其指定的公司副总经理即本案被告持有10万元，占公司股权的5%。2006年5月中企人力再次增资，以公司未分配利润将注册资本从200万元增加到1000万元。对此，原告认为，根据我国相关法律法规，对国有企业进行增资扩股应当对公司进行资产评估，但被告利用邵某阳担任公司法定代表人及控股股东的便利，仅以原始股权获得对应股权，直接导致国有股权比例的稀释，造成国有资产的流失。故起诉请求判令被告通过增资入股方式取得第三人中企人力的股东资格无效。

被告王某未作答辩。

【案件焦点】

第三人中企人力的净资产在未经评估的情况下，被告仅按注册资本的金额进行增资，其股东资格是否有效。

【法院裁判要旨】

上海市黄浦区人民法院经审理认为，一般情况下，司法对有限责任公司增资扩股行为并无实质性审查的必要。但是，本案中被告的增资方案未按照经审计评估的净资产进行增资，而是出资10万元便以注册资本进行增资。增资股份认购价格公平与否的判断标准在于，除非仅在公司内部全体股东按出资比例参与认购，否则不得以低于公司净资产的价格认购新增股份。照此，新增资本的股东基于对公司未分配利润未作出贡献，因而必须多付出一定的资金对价，才能在将来按照资本比例参与公司未分配利润的分享，从而在新增资本的股东和原先投入资本的股东之间维持公平。中企人力及其股东国际合作均系国有企业，被告在未经对中企人力净资产进行审计评估的情况下即获得5%的股权，直接导致国际合作原有的股份被稀释，显然侵害了国家利益及社会公共利益，该项股东会决议当属无效，其增资行为亦属无效。因此，法院依照《中华人民共和国合同法》[①] 第五十二条之规定，判决如下：

被告王某对第三人中企人力的股东资格无效。

【法官后语】

实务中往往出现大股东利用控股地位，在公司盈利预期良好的情况下，以增资扩股的方式，提高自身持股比例，摊薄小股东利益。这是有限责任公司大股东为巩固自身地位，获取更多经营收益的常见做法，往往引发小股东的不满。本案即一起典型的小股东反对大股东利用资本多数决进行增资扩股而引发的纠纷。对此，司法能否从公平价值理念出发，基于保护小股东利益之需要进行介入，以及如何介入，值得深思。笔者拟从以下三个方面进行分析：(1) 司法介入有限责任公司增资扩股决议应遵循的基本原则及法理依据；(2) 大股东恶意增资扩股损害小股东利益，是

---

① 《中华人民共和国民法典》于2021年1月1日起实施，《中华人民共和国婚姻法》《中华人民共和国继承法》《中华人民共和国民法通则》《中华人民共和国收养法》《中华人民共和国担保法》《中华人民共和国合同法》《中华人民共和国物权法》《中华人民共和国侵权责任法》《中华人民共和国民法总则》同时废止。最高人民法院对相关司法解释也进行了废止或修改。本书收录的案例均裁判于《中华人民共和国民法典》生效前，适用的是当时有效的法律法规及司法解释，下文将不再对此进行提示。

否属于资本多数决的滥用，法院能否依据《中华人民共和国公司法》第二十条予以介入；(3) 权利受侵害的小股东可获得的救济方式。

一、司法一般不实质介入有限责任公司增资扩股决议，但亦存在例外

（一）司法对有限责任公司增资扩股决议内容以合法性审查为原则

股东会决议作为公司的意思表示，其本质是通过会议形式由多数派股东所作的意思决定，因此，只有股东会决议程序（包括股东会的召集和决议方法）和内容均合法、公正才能发生法律效力；如果决议程序或内容上有瑕疵，就不能认为是正当的公司意思表示，司法可以基于部分股东的请求予以介入。然而，在司法介入的过程中，法院毕竟不熟悉公司的运作，随意介入意味着司法对公司正常商业经营的干预，不仅影响公司的正常经营，也干扰公司自治。因而，司法介入公司股东会决议须秉持审慎原则。司法谨慎介入公司股东会决议，也体现在公司法的发展历史上，成文法和判例法对股东会决议的可审判性都不是一开始就确立的。传统上，公司可自由决定其意思成为原则，因而资本多数决规则成为法院不干预公司内部事务的防火墙。当立法者和司法裁判者发现资本多数决规则不足以克服公司自治所带来的弊端，尤其是少数派股东利益受到侵害应当获得救济时，司法始介入股东会决议。

司法介入股东会决议须充分体现对公司机关分化以及公司独立人格的尊重，尤其是尊重股东会为公司最高意思决定机关的地位，承认股东会是股东得以对公司控制的合法途径。因此，司法对股东会决议的介入是适度的，以合法性审查为原则。亦即法院只就股东会召集和决议方法等会议程序以及决议内容的合法性进行审查，对股东会程序和内容的合理性或妥当性一般不予审查。

公司增资活动多为公司扩大生产经营所需，以灵活、及时和充分地筹集资金。有关公司增资扩股的股东会决议内容，体现了公司股东及管理层对未来公司的经营规划和运营策略，具有较强的商业性。一般情况下，司法仅仅对有限责任公司增资扩股决议从程序和内容上审查其合法性，并不审查有限责任公司增资扩股决议内容的妥当性。

（二）少数情况下，司法亦可基于“禁止资本多数决的滥用”对有限责任公司增资扩股决议的内容进行妥当性审查

司法对有限责任公司增资扩股决议的内容不进行实质性审查，意味着尊重公司意思自治，赋予公司股东会自由决定是否增资及如何增资的自由，但这一自由实际

赋予了作为董事会核心人员的控股股东。因而，面临着控股股东追求自身利益而损害或限制公司或其他股东利益的道德风险。这就有必要规范控股股东的资本多数决行为。即控股股东在行使表决权时，负有对小股东的诚信义务，不得滥用资本多数决，恶意侵害小股东的合法权益。

事实上，司法对有限责任公司增资扩股决议的内容进行妥当性审查，在《中华人民共和国公司法》中亦可找到法律依据。《中华人民共和国公司法》第二十条第一款规定，公司股东应当遵守法律、行政法规和公司章程，依法行使股东权利，不得滥用股东权利损害公司或者其他股东的利益；不得滥用公司法人独立地位和股东有限责任损害公司债权人利益。该条款是对公司股东不得滥用股东权利的原则性规定。其中，该条款第一个分句前半段“公司股东应当遵守法律、行政法规和公司章程，依法行使股东权利”系从正面角度对股东权利的行使进行规定，着眼于权利行使的合法性。该条款第一个分句后半段“不得滥用股东权利损害公司或者其他股东的利益”系对前半段表述的补充，其前提是“股东权行使具有合法性”，强调规范的是“滥用”，即着眼于权利行使的合理性。事实上，从合理性角度补充规范股东权利的行使，亦是第二十条作为《中华人民共和国公司法》原则性条款所体现的“兜底”作用和立法功效。

尽管根据《中华人民共和国公司法》第二十条，在某些情形下，法院可以依据“禁止资本多数决的滥用”原则对有限责任公司增资扩股决议的内容进行妥当性审查。但是，“禁止资本多数决的滥用”的适用存在严格的前提，并非控股股东实施所有的对小股东不利的行为都能够被认定为滥用权利行为。为此，法院必须结合案情，在尊重商业判断原则的基础上进行自由裁量。

二、大股东恶意增资扩股侵害小股东权益，符合《中华人民共和国公司法》第二十条第一款、第二款有关“滥用股东权利”规定的严格前提

禁止资本多数决的滥用，是为了平衡资本多数决原则与小股东权益保护之需要。因而，适用《中华人民共和国公司法》第二十条第一款、第二款“滥用股东权利”规定，隐含的一个前提在于小股东权益因控股股东的行为受到侵害。另外，并非控股股东实施所有的对少数股东不利的行为都能够被认定为滥用权利行为。这就必须结合“禁止权利滥用理论”，探讨个案中大股东的行为能否被认定为“滥用股东权利”。

（一）本案小股东权益因增资扩股决议受到侵害

公司法对有限责任公司增资行为的规范主要体现在股东优先认购权的规定。从本案股东会决议的作出过程来看，公司已经给予小股东按出资比例优先认缴新增资本的权利，小股东基于资金压力而放弃，被告并未侵犯原告股东的优先认购权。本案的争议焦点围绕被告的增资方案未按经审计的净资本进行增资，而是按照注册资本进行增资，是否损害小股东的利益。事实上，在公司经营状况良好，存在大量资本盈余的情况下，依据净资产计算的单位股权的价格高于依据注册资本计算的单位股权价格。增资股份认购价格公平与否的判断标准在于，除非仅在公司内部全体股东按出资比例参与认购，否则不得以低于公司净资产的价格认购新增股份。理由在于：公司净资产除了注册资本以外，还包括留存的未分配利润，而这部分利润是原先投入的资本创造的。在对增资前公司净资产进行审计的基础上确定新增资本的价格或重新分配股权比例，是为了实现新增加的资本对公司原有资本的补偿。照此，新增资本的股东基于对公司未分配利润未作出贡献，因而必须多付出一定的资金对价，才能在将来按照资本比例参与公司未分配利润的分享，从而在新增资本的股东和原先投入资本的股东之间维持公平。

事实上，增资股份的认购价格不得低于每股净资产值，这一精神在国家部委相关文件中有所体现。例如，对于国有股权转让，根据国资企发〔1997〕32号文件规定，“转让股份的价格必须依据公司的每股净资产、净资产收益率、实际投资价格（投资回报率）、近期市场价格以及合理的市盈率等因素来确定，但不得低于每股净资产值”。在域外公司法立法中，亦可找到有限责任公司增资方案的设计须以年度资产负债表为基础加以确定的类似规定。

根据上述分析，尽管本案被告作为增资股东未违反《中华人民共和国公司法》的具体规定，然而在增资以后依据原注册资本中双方的出资比例确定股权比例，稀释了小股东的股份，尤其是依据原注册资本，而非净资本确定股权比例，导致原有的利润稀释化，以隐蔽的方式侵犯了小股东的财产利益。在《中华人民共和国公司法》对此没有具体规定的情况下，能否适用《中华人民共和国公司法》第二十条第二款之规定，还必须从法理角度分析本案大股东东凌投资的行为是否符合“禁止股东权滥用”的严格前提。

（二）从“禁止权利滥用理论”的法理出发，本案大股东的行为构成“滥用股东权利”

禁止资本多数决滥用的基本法理，存在诚信义务理论，禁止权利滥用理论等多种学说。笔者认为，无论是诚信义务理论还是禁止权利滥用理论，作为禁止资本多数决滥用的法理基础都存在一定合理性。诚信义务理论，更多地从股东间关系平衡的角度出发，显示的是股东的积极义务；禁止权利滥用理论，则着眼于规范股东权利的行使，强调的是股东的消极义务。二者只不过是解说的角度不同，相互间并不存在矛盾。本文拟依据“禁止权利滥用理论”，探讨《中华人民共和国公司法》第二十条第一款、第二款的适用。

“禁止权利滥用理论”规范的是权利的合理行使，但用严格的标准以限制该原则的适用，并非控股股东实施所有的对小股东不利的行为都能够被认定为滥用权利行为。有学者表述为，在同时具备以下两种条件的情况下，不能认为属于资本多数决的滥用：(1) 给少数股东造成的利益损害确实为实现全体股东利益所必需；(2) 在实现股东会决议目的的诸种可选手段中，选取了少数股东利益受损程度最低的一种手段。

依据上述标准，结合本案事实，本案大股东东凌投资滥用资本多数决，损害了原告的合法权益，属于资本多数决的滥用，理由在于：其一，中企人力资金充裕，并不存在通过增资扩股补充资本金扩大公司生产经营规模之必要，因而非实现全体股东利益所必需；其二，即使中企人力存在增资扩股补充资本金之必要，也可以在进行资产评估的基础上，设计公平合理的增资方案得以实现，亦同时保障小股东的合法权益。因此，该增资扩股决议既非实现全体股东利益所必需，也不是为实现公司扩大生产经营目的迫于无奈而采取的措施。由此，本案大股东的行为符合公司法第二十条有关“滥用股东权利”的严格前提。

三、原告既可以申请确认增资股东资格无效，亦可申请损害赔偿

有限责任公司大股东纯粹为了追求自己或第三人利益，行使表决权时违反诚信义务，形成内容不公正的决议，侵害了公司或少数派股东利益的，即构成权利滥用（表决权的滥用），其所作决议为滥用多数决的决议。因大股东恶意增资扩股而权利受侵害的小股东，存在两种可供选择的救济途径：

（一）申请确认股东会决议无效

滥用资本多数决原则而作出的股东会决议，其效力如何，在学说上存在不同的见解：一种观点认为，股东会决议并无具体违法之处，因为多数派股东牺牲公司或少数派股东利益，以追求自己或第三人利益所作实质上不当的决议，不论股份有限公司的具体规定或其精神为何，都不认为有违反的地方，所以应认为有效。另一种观点则认为，如认定股东会决议的形成是因为多数派股东滥用多数决的结果时，应认为该决议无效。因为这时可以认为该决议的内容违反了公序良俗原则而无效。还有一种观点认为，滥用多数决所作的决议内容的违法性，不宜以同一方式处理，应依具体个案决定为可撤销决议或无效决议。

笔者认为，本案大股东滥用资本多数决原则通过的增资扩股决议，违反《中华人民共和国公司法》第二十条规定，而该条规定滥觞于禁止权利滥用原则，该原则为法律的强行性规定。结合《中华人民共和国公司法》第二十二条第一款之规定，股东会决议内容违反法律、行政法规的无效。本案原告可以申请确认该股东会决议无效，进而主张增资股东资格无效。

（二）申请损害赔偿

就能否给予小股东损害赔偿，有观点认为，基于给予损害赔偿的金额高于小股东的注册资本金，存在抽回出资之嫌，因而不能给予损害赔偿，小股东只能申请确认股东会决议无效。笔者认为，小股东可以申请损害赔偿。理由在于：《中华人民共和国公司法》第二十条第二款明确规定，公司股东滥用股东权利给公司或者其他股东造成损失的，应当依法承担赔偿责任。尽管根据审计结果，小股东受到的财产利益损害金额高于其投入的注册资本金，但予以赔偿并不意味着小股东变现抽回出资。事实上，小股东在增资之前，基于公司运营状况良好且存在大量未分配利润，小股东所持股权含有的财产利益已经远远超过投入的注册资本金额，赔偿的是持有股权价值缩水的部分，而非允许小股东抽回投资。为此，被告应当按照中企人力作出增资决定时的公司净资产为基准，以原告在增资扩股前后其所持股权价值的实际减少部分为计算标准，赔偿原告的损失。

编写人：上海市黄浦区人民法院商事审判庭　沈澜

3

投资人仅具有出资行为但未实际行使股东权利且投资未转化为公司资本的，应认定其未取得股东资格

——张某美诉潘祠大阪水电公司股东资格确认案

【案件基本信息】

1. 裁判书字号

福建省德化县人民法院（2019）闽0526民初1181号民事判决书

2. 案由：股东资格确认纠纷

3. 当事人

原告：张某美

被告：潘祠大阪水电公司

第三人：李某庆

【基本案情】

2003年12月15日，潘祠大阪水电公司经县工商行政管理局依法登记成立，成立之初注册资本为300万元，原始股东为罗某祥、黄某丽，公司性质为有限责任公司，法定代表人为罗某祥，营业期限为2003年12月15日至2023年12月14日，经营范围为水力发电。

2005年1月28日，张某美向潘祠大阪水电公司缴纳20万元，潘祠大阪水电公司向张某美出具书面凭证一份，载明：潘祠大阪水电公司股权证书，2005年1月印制，投资总额人民币肆佰贰拾陆万元，股东姓名张某美，证书编号027，身份证为空白，股份金额贰拾万元正，签发日期2005年1月28日。该书面凭证上盖有潘祠大阪水电公司公章及法定代表人罗某祥的印章，“股东签字”栏为空白。

另查明一，潘祠大阪水电公司股东及法定代表人变更如下：2014年6月2日，

潘祠大阪水电公司召开股东会，确认原始股东罗某祥所持有70%股份共210万元转让给新股东罗某福；公司法定代表人（执行董事兼总经理）变更为罗某福。该股东会决议载明：出席会议股东为罗某祥、黄某丽，列席新股东为罗某福；出席本次会议的股东共2人，代表公司股东100%的表决权，所作出决议经公司股东表决权的100%通过。罗某祥、罗某福、黄某丽三人在该股东会决议的“全体股东签字”栏签字捺印。

同日，潘祠大阪水电公司制定《潘祠大阪水电公司任职文件》一份，载明：选举罗某福担任执行董事（法定代表人），任期三年；聘任罗某福担任本公司经理，任期三年；免去罗某祥担任执行董事（法定代表人）兼经理职位；罗某祥、黄某丽、罗某福三人在该任职文件的“全体股东签字”栏签名捺印。同日，潘祠大阪水电公司修改公司章程，明确公司的注册资本300万元不变，股东为罗某福、黄某丽；股东罗某福认缴出资额210万元，占注册资本的70%，股东黄某丽认缴出资额90万元，占注册资本的30%。2014年6月6日，潘祠大阪水电公司向县市场监督管理局申请变更登记，法定代表人由罗某祥变更为罗某福，投资人由黄某丽、罗某祥变更为罗某福、黄某丽，股东由黄某丽、罗某祥变更为罗某福、黄某丽。

另查明二，2015年9月4日，罗某福与叶某俊、许某林、郑某鹏、陈某明4人在《潘祠大阪水电公司股权证变更发放》上“关联股东确认签字”栏签名，载明“变更前股证额”和“变更后股证额”为426万元，其中股证号为027的“股东名”错误地将“张某美”登记为“李某庆”。2016年1月、2016年4月、2017年1月，潘祠大阪水电公司以缴纳款项为基数，按照10%的比例通过郑某鹏的银行账户向张某美、林某操、林某泰、许某香、李某彬等人发放2015年度、2016年度的分红款。

张某美诉称，其于2005年1月28日投资潘祠大阪水电公司股份金额20万元整（公司投资总额为426万元），成为潘祠大阪水电公司股东，要求法院依法确认其为潘祠大阪水电公司的股东；并要求潘祠大阪水电公司在三十日内将其姓名记载于股东名册并到公司登记机关登记。

潘祠大阪水电公司未作答辩。

李某庆述称：张某美陈述的事实均属实，同意张某美的全部诉讼请求。2005年1月向潘祠大阪水电公司缴纳的20万元投资款系由张某美出资，《潘祠大阪水电公司股权证书》（证书编号：027）上所记载的“股东姓名”为张某美。2015年9月《潘祠大阪水电公司股权证变更发放》错误地将该股权登记于其名下。

【案件焦点】

1. 张某美向潘祠大阪水电公司缴款后取得的股权证书凭证的性质认定；2. 张某美获取2015年度、2016年度的公司分红款的性质认定，即能否据此认定张某美取得潘祠大阪水电公司的股东资格。

【法院裁判要旨】

福建省德化县人民法院经审理认为：张某美不具备潘祠大阪水电公司的股东资格。

一、案涉股权证书不同于公司法的出资证明书

《中华人民共和国公司法》第三十一条规定："有限责任公司成立后，应当向股东签发出资证明书。出资证明书应当载明下列事项：（一）公司名称；（二）公司成立日期；（三）公司注册资本；（四）股东的姓名或者名称、缴纳的出资额和出资日期；（五）出资证明书的编号和核发日期。出资证明书由公司盖章。"张某美提供的股权证书中没有记载张某美所占有的股权比例，也没有记载潘祠大阪水电公司的成立日期和公司注册资本，其记载的"投资总额人民币肆佰贰拾陆万元"，超过公司注册资本300万元的范围。因此，张某美提供的股权证书与公司法规定的出资证明书不同。

二、张某美既未原始取得股权，也未继受取得股权

根据《最高人民法院关于适用〈中华人民共和国公司法〉若干问题的规定（三）》第二十三条及公司法的相关规定，公司股东资格的取得方式分为原始取得与继受取得两种。原始取得是指因设立公司或增资而成为公司的股东，继受取得是指因转让、继承等受让股份而成为股东。本案中，首先，张某美向潘祠大阪水电公司缴款的时间在2005年1月，而潘祠大阪水电公司于2003年12月就已经成立，故不存在张某美出资系为了设立公司的事实，即张某美不是潘祠大阪水电公司的原始股东。其次，张某美认为公司的投资总额为426万元，非公司注册资本的300万元，其属于426万元中的原始股东。本院认为，增资扩股并非一般形式上的投入出资，应属于公司重大事项，必须履行股东会决议、出资验资、工商变更登记等一系列法定程序。本案中，潘祠大阪水电公司自2003年成立至2014年修改公司章程的十一年间，公司的注册资本始终为300万元，并不存在增资扩股的事实，且张某美向潘祠大阪水电公司缴纳的20万元亦未经验资，故不能认定张某美向潘祠大阪水

电公司履行了出资义务。最后潘祠大阪水电公司在2003年成立时登记的原始股东为罗某祥、黄某丽两人，2014年6月罗某祥将其全部股份转让给罗某福，重新确定潘祠大阪水电公司的股东为罗某福、黄某丽两人及各自享有的股份。现张某美不能举证证明其与潘祠大阪水电公司的两名原始股东和一名新股东即罗某祥、黄某丽、罗某福中的任一名股东之间存在达成转让公司股份的意思表示，故不存在张某美继受取得潘祠大阪水电公司股份的事实。

三、张某美享有投资权并不等于享有了股东权

判断张某美是否成为潘祠大阪水电公司股东的标准，除考察张某美是否在公司章程、股东名册记载、工商登记机关登记、有无出资协议与出资证明书等要件外，还应考察张某美是否实际作为股东行使了股东权利和义务，诸如参加股东会、行使知情权、获取公司收益等。首先，根据查明的事实，张某美自2005年1月向潘祠大阪水电公司支付款项获取股权证书之后，从未参加公司的股东会，也未参与决定公司的经营管理与高管的人事安排等事宜，即张某美从未享有过与股东有关的权利或履行过股东义务。其次，投资是取得股东权的必要条件，但非充分条件，投资权益并不同于股东权益，虽然张某美提供的证据可以证明其获取过公司2015年度、2016年度的分红款，但也仅是部分年度的分红收益。故张某美仅凭向潘祠大阪水电公司缴款获得股权证书并收取2015年度、2016年度的公司分红款的行为，并不能证明其已实际行使潘祠大阪水电公司的股东权利与义务。

张某美并未取得潘祠大阪水电公司的股东资格。故张某美要求确认其为潘祠大阪水电公司的股东并要求潘祠大阪水电公司在三十日内将其姓名记载于股东名册并到公司登记机关登记的诉讼请求，缺乏事实和法律依据，本院不予支持。潘祠大阪水电公司经本院传票传唤无正当理由拒不到庭参加诉讼，本院依法缺席审理与判决。依照《中华人民共和国公司法》第四条、第二十六条第一款、第三十一条、第三十二条、第一百七十八条第一款、第一百七十九条第二款，《最高人民法院关于适用〈中华人民共和国公司法〉若干问题的规定（三）》第二十三条，《中华人民共和国民事诉讼法》第一百四十四条的规定，判决如下：

驳回张某美的诉讼请求。

【法官后语】

关于股权确认的标准，在审判实践中争议很大。能否以实际出资作为获得股东资格、享有股东权能的标准是司法实务中的困点和难点。2019年11月8日最高人民法院公布的《全国法院民商事审判工作会议纪要》对实际出资人显名的条件作出了指导意见，是否具有成为股东的意思是判断当事人是否是公司股东的重要标准。实践中，公司股东之外的第三人向公司投资的表现形式多样，对于仅向公司投入资金，未实际行使股东权利且所投资的资金未转化为公司资本的投资人，即使因投资行为享有一定的投资收益权，也不应确认为公司股东。

一、股权取得两种方式之判断

根据《最高人民法院关于适用〈中华人民共和国公司法〉若干问题的规定(三)》第二十三条及公司法的相关规定，公司股东资格的取得方式分为原始取得与继受取得两种。原始取得是指因设立公司或增资而成为公司的股东，继受取得是指因转让、继受等受让股份而成为股东。

本案中，张某美既未原始取得股权，也未继受取得股权。首先，张某美向潘祠大阪水电公司缴款的时间在2005年1月，而潘祠大阪水电公司于2003年12月就已经成立，故不存在张某美出资系为了设立公司的事实，即张某美不是潘祠大阪水电公司的原始股东。其次，张某美认为公司的投资总额为426万元，非公司注册资本的300万元，其属于426万元中的原始股东。然而，增资扩股并非一般形式上的投入出资，应属于公司重大事项，必须履行股东会决议、出资验资、工商变更登记等一系列法定程序。本案中，潘祠大阪水电公司自2003年成立至2014年修改公司章程的十一年间，公司的注册资本始终为300万元，并不存在增资扩股的事实，且张某美向潘祠大阪水电公司缴纳的20万元亦未经验资，故不能认定张某美向潘祠大阪水电公司履行了出资义务。最后，潘祠大阪水电公司在2003年成立时登记的原始股东为罗某祥、黄某丽两人，2014年6月罗某祥将其全部股份转让给罗某福，重新确定潘祠大阪水电公司的股东为罗某福、黄某丽两人及各自享有的股份。现张某美不能举证证明其与潘祠大阪水电公司的两名原始股东和一名新股东即罗某祥、黄某丽、罗某福中的任一名股东之间存在达成转让公司股份的意思表示，故张某美继受取得潘祠大阪水电公司股份的事实亦难以成立。

二、公司股东之外的第三人向公司投资行为之认定

《中华人民共和国公司法》第三十一条规定："有限责任公司成立后，应当向股东签发出资证明书。出资证明书应当载明下列事项：（一）公司名称；（二）公司成立日期；（三）公司注册资本；（四）股东的姓名或者名称、缴纳的出资额和出资日期；（五）出资证明书的编号和核发日期。出资证明书由公司盖章。"

应当注意的是，出资证明书并不是认定股东资格的必要条件，在诉讼中需要其他证据相互印证。出资证明书具有证明股东资格的效力，证明股东已向公司出资，本身并无设权效力。即使股东持有出资证明书可以认定其已合法出资，但不能仅以出资证明书认定出资人具有股东资格。持有出资证明书不是认定股东资格的必要条件，没有出资证明书也可能被认定为股东。因此，出资证明书在认定股东资格时并无决定性的效力。

本案中，潘祠大阪水电公司向张某美出具的股权证书载明：潘祠大阪水电公司股权证书，2005 年 1 月印制，投资总额人民币肆佰贰拾陆万元，股东姓名张某美，证书编号 027，身份证为空白，股份金额贰拾万元整，签发日期 2005 年 1 月 28 日；该书面凭证上盖有潘祠大阪水电公司公章及法定代表人罗某祥的印章，"股东签字"栏为空白。可以看出，张某美提供的股权证书与公司法规定的出资证明书并不相同，该股权证书中没有记载张某美所占有的股权比例，也没有记载潘祠大阪水电公司的成立日期和公司注册资本，其记载的"投资总额人民币肆佰贰拾陆万元"也与公司注册资本 300 万元不符。因此，综合以上三点分析，本案中张某美并未取得潘祠大阪水电公司的股东资格。

三、投资权与股东权两种权能之区别

《全国法院民商事审判工作会议纪要》对实际出资人显名的条件作出了指导意见，即实际出资人必须能够提供证据证明有限责任公司过半数的其他股东知道其实际出资的事实，且对其实际行使股东权利未曾提出异议。因此，是否具有成为股东的意思是判断当事人是否是公司股东的重要标准。在公司对内纠纷中，判断投资人是否具有股东资格，应综合审查其是否有成为公司股东的真实意思表示、是否出资、是否获得公司其他股东过半数同意、是否实际享有股东权利等实质要件。投资人虽然存在向公司投资的行为，享有一定的投资收益权，但是没有实际享有股东权利的，应认定其未取得股东资格。

编写人：福建省德化县人民法院　林金盛　徐晓璐

4

隐名出资人显名诉讼请求的认定

——华软公司诉科信深度公司股东资格确认案

【案件基本信息】

1. 裁判书字号

北京市第一中级人民法院（2019）京01民终2750号民事判决书

2. 案由：股东资格确认纠纷

3. 当事人

原告（上诉人）：华软公司

被告（被上诉人）：科信深度公司

第三人：代某玲、宣某锋

【基本案情】

华软公司于2007年1月18日注册成立，注册资本10万元，投资人为杨某辉、王某。王某任经理。

2013年4月14日，王某（作为华软公司授权代表）、代某玲、王某青、张某辉签订《协议书》，约定华软公司、王某、代某玲、王某青、张某辉作为合伙人共同发起成立科信深度公司，以及各自按责任分工，各合伙人同意预留12%的股本，用于未来高级管理人才加盟和骨干员工分配，各合伙人的股权比例是：华软公司占20%，王某占23%，代某玲占18%，王某青占20%，张某辉占7%。

科信深度公司于2013年5月9日注册成立，注册资本50万元，投资人为：王某青出资10万元，占股权20%，代某玲出资36.5万元，占股权73%，张某辉出资3.5万元，占股权7%。

2014年6月17日，王某（作为华软公司授权代表）、代某玲、王某青、张某辉签订《科信合伙人协议变更》，就此前约定的各合伙人预留份额及持股比例变更为：

华软公司占22.71%，王某占26.14%，代某玲占20.46%，王某青占22.73%，张某辉占7.96%。华软公司减持15%的股份，减持后华软公司持有科信深度公司7.727%股份。通过华软公司减持而释放出来的15%的股份，按照各合伙人持股比例进行分配，分配后各合伙人的持股比例如下：王某占31.21%，代某玲占24.43%，王某青占27.14%，张某辉占9.49%，华软公司占7.73%，本协议生效后，即作为合伙人协议的变更页，为合伙人协议不可分割的一部分，与原协议具有同等法律效力。

2015年3月8日，王某与代某玲签订《协议书》，约定代某玲同意将以往代持的王某的31.21%和华软公司7.73%的科信深度公司股权返还给王某和华软公司，后续在公司章程变更时予以体现。代某玲同意将13%的股份在股东会的表决权授权给王某代为执行，授权期限为两年（2015年3月8日至2017年3月7日），王某同意以下两个条款作为授权生效条件：1. 王某承诺不干预科信深度公司日常经营，除非团队发生了约定的5种情形；2. 王某承诺2015年3月9日对科信深度公司财务冻结。王某履行承诺的情况下，代某玲同意在2015年12月31日前退出科信深度公司经营层、全职加入智联工作。王某同意对科信深度公司放手经营两年，双方同意由代某玲担任总经理（章程层面），由王某青担任科信深度公司董事长。

此后，代某玲将持有的科信深度公司19.47万元出资转让给宣某锋。2015年4月，科信深度公司股东变更登记为：代某玲出资12.215万元、王某青出资13.57万元、宣某锋出资19.47万元、张某辉出资4.745万元。

2017年11月16日，华软公司（甲方）与宣某锋（乙方）签订股权代持协议，约定甲方委托乙方作为自己对科信深度公司7.73%股权的名义持有人，并代为行使相关股东权利，包括乙方以自己名义将代持股权作为在科信深度公司股东登记名册上具名、在工商机关予以登记、以股东身份参与相应活动、代为收取股息或红利、出席股东会并行使表决权，以及行使与科信深度公司章程授予股东的其他权利。乙方代持股权期间以股东身份参与公司活动行使股东权利的，应由甲方就具体事项每次分别出具书面授权书，明确授权范围及内容。乙方代持股权期间，甲方与他人或科信深度公司其他股东发生法律纠纷，与乙方无关，但乙方应按本协议约定给予必要协助和配合。

2018年4月3日，科信深度公司召开股东会并形成决议，会议召集及主持人为王某青，股东王某青、代某玲、张某辉、宣某锋委托代表张某出席股东会；华软公司委托代表范某苒列席股东会。对所表决事项股东王某青、代某玲、张某辉投赞成票，宣某锋委托代表、华软公司委托代表投否决票，并提出会后公司出具相关书面说明后，再由宣某锋作出表决。

2018年7月6日，王某青、张某辉分别与代某玲签订转让协议，将己方持有的科信深度公司股权转让给代某玲。2018年8月8日，科信深度公司股东变更登记为：代某玲出资30.53万元、宣某锋出资19.47万元，并修改了公司章程。

现华软公司以多次要求科信深度公司及股东配合将宣某锋代持的股权变更登记至华软公司名下，但都被拒绝为由，向法院提起诉讼，请求：1. 确认华软公司为科信深度公司的股东，确认华软公司出资额为38650元，占科信深度公司注册资本的7.73%；2. 科信深度公司及代某玲、宣某锋配合华软公司办理股权登记手续。

宣某锋对华软公司所诉事项无异议。科信深度公司及代某玲称，因为华软公司与科信深度公司此前有过诉讼，双方有利益冲突，如果将华软公司登记为科信深度公司显名股东，可能会损害科信深度公司的利益。股东代某玲不同意将华软公司变更登记为公司股东，请求法院根据《最高人民法院关于适用〈中华人民共和国公司法〉若干问题的规定（三）》的规定，驳回华软公司的诉讼请求。

一审判决作出后，因华软公司关于要求显名的诉讼请求未获支持，华软公司上诉称：1. 华软公司是科信深度公司的发起股东，曾以股东身份多次参加了科信深度公司的会议并投票表决，科信深度公司、代某玲对此知晓并认可。2. 在2015年3月8日的《协议书》中，代某玲认可华软公司股东身份并同意将其持有的股份返还华软公司，即代表股东过半数同意华软公司成为科信深度公司股东，因此股权变更时无须其再次同意。3.《最高人民法院关于适用〈中华人民共和国公司法〉若干问题的规定（三）》第二十四条第三款是针对股东不知晓实际出资人的情况所做的规定。本案中，科信深度公司、代某玲知晓华软公司身份，故应当支持华软公司有关配合办理股权登记手续的诉讼请求。4. 华软公司已经向宣某锋送达了《股权代持解除函》与其解除股权代持关系，科信深度公司应当配合办理股东变更登记。

【案件焦点】

对隐名出资人要求显名的诉讼主张如何进行认定。

【法院裁判要旨】

北京市海淀区人民法院经审理认为：《最高人民法院关于适用〈中华人民共和国公司法〉若干问题的规定（三）》第二十四条规定，有限责任公司的实际出资人与名义出资人订立合同，约定由实际出资人出资并享有投资权益，以名义出资人为名义股东，实际出资人与名义股东对该合同效力发生争议的，如无合同法第五十二条规定的情形，人民法院应当认定该合同有效。前款规定的实际出资人与名义股东因投资权益的归属发生争议，实际出资人以其实际履行了出资义务为由向名义股东主张权利的，人民法院应予支持。名义股东以公司股东名册记载、公司登记机关登记为由否认实际出资人权利的，人民法院不予支持。

华软公司与代某玲签订协议，约定代某玲将代持华软公司在科信深度公司的7.73%股权返还给华软公司。代某玲将持有的科信深度公司19.47万元出资转让给宣某峰后，华软公司又与宣某峰签订股权代持协议，由宣某峰代持华软公司在科信深度公司的7.73%股权。现宣某峰与华软公司均认可上述代持事实，故该院确认华软公司为科信深度公司的实际出资人，出资额为38650元，占科信深度公司注册资本的7.73%，宣某峰为华软公司的名义出资人，华软公司在科信深度公司享有投资权益。

虽然宣某峰同意将代持的华软公司在科信深度公司的股权变更登记到华软公司名下，但另一股东代某玲明确表示反对。从法院查明的事实可见，华软公司虽然曾派代表列席科信深度公司的股东会，但从股东会决议内容看，仍然系由宣某峰代表行使股东表决权。《最高人民法院关于适用〈中华人民共和国公司法〉若干问题的规定（三）》第二十四条亦规定，实际出资人未经公司其他股东半数以上同意，请求公司变更股东、签发出资证明书、记载于股东名册、记载于公司章程并办理公司登记机关登记的，人民法院不予支持。依据该规定，虽然代某玲对宣某峰代持华软公司在科信深度公司股权的事实知晓，但亦不当然产生华软公司成为科信深度公司显名股东的法律后果。因代某玲不同意将宣某峰代持股份登记在华软公司名下，故未达到公司其他股东过半数同意的法定条件，该院对华软公司要求将宣某峰代己方持有的科信深度公司股权变更登记到自己名下的诉讼请求不予认可。

综上，一审法院判决如下：

一、确认华软公司为科信深度公司的实际出资人，出资额为38650元，占科信深度公司注册资本的7.73%；

二、驳回华软公司其他诉讼请求。

华软公司不服原审判决，提起上诉。北京市第一中级人民法院经审理认为：本案中，华软公司主张科信深度公司股东代某玲明知并认可其股东身份，故在华软公司要求在科信深度公司显名之时，无须代某玲再次同意。对此法院认为，首先，尽管华软公司系科信深度公司的发起人，其身份被代某玲等股东知晓，也实际以股东身份参与了公司经营，但上述行为均与代某玲等股东是否同意华软公司作为科信深度公司显名股东无涉，代某玲知晓宣某锋代持华软公司出资的情况并不代表代某玲同意华软公司在科信深度公司工商登记中予以显名。其次，2015年3月8日王某与代某玲签订了《协议书》，尽管《协议书》中有“代某玲同意将以往代持的王某的31.21%和华软公司7.73%的科信深度公司股权返还给王某和华软公司，后续在公司章程变更时予以体现”，但综合《协议书》内容，系王某与代某玲就股权行权等问题所做的全面安排，并非针对王某或华软公司股东显名事宜所做的约定。“在公司章程变更时予以体现”亦不能理解为代某玲无条件同意华软公司在公司登记机关登记为科信深度公司显名股东。最后，虽代某玲曾代华软公司持有过其出资，但代持之时各方未就华软公司显名事宜作出过约定，后华软公司的出资转由宣某锋代持，华软公司始终以科信深度公司隐名出资人的身份存在。故此，华软公司所举事实均不能证明代某玲对其显名持同意态度。华软公司未能举证证明代某玲在其要求显名之前或要求显名之时做出过同意其显名的明确意思表示。科信深度公司经营中，华软公司一直作为隐名出资人存在，各出资人之间未就华软公司隐名出资的显名问题做出过约定，现代某玲作为科信深度公司股东，不同意华软公司的显名主张，依照《最高人民法院关于适用〈中华人民共和国公司法〉若干问题的规定（三）》第二十四条第三款的规定，华软公司要求将股权变更登记到自己名下的诉讼请求未达到法定条件，故本院对其该项诉讼请求不予支持。

对于华软公司解除宣某锋代持股授权一节，法院认为，该事由是华软公司与宣某锋之间的法律关系，不影响科信深度公司其他股东的权利。因此，对于华软公司在诉讼中以提交证据的形式通知宣某锋解除股权代持协议能否产生解除双方合同关系的法律后果，与本案无关，法院不予评述，对相关证据不予确认。

北京市第一中级人民法院依照《中华人民共和国民事诉讼法》第一百七十条第一款第（一）项规定，作出如下判决：

驳回上诉，维持原判。

【法官后语】

本案为股东资格确认纠纷，华软公司欲通过本案诉讼达到两个目的：一是确认其作为科信深度公司的出资人身份及出资份额；二是要求在工商登记中显名。对于实际出资人身份及出资份额问题，在审判中往往属于易查明的事实问题，各方在二审中已无争议。而隐名出资人显名的问题，即使在《最高人民法院关于适用〈中华人民共和国公司法〉若干问题的规定（三）》（以下简称《公司法司法解释三》）出台后，在适用法律过程中也易引发争议。

隐名出资所涉的法律关系，不仅涉及隐名出资人与名义出资人之间的法律关系，还涉及公司内部其他股东以及公司外部第三人的权益。对隐名出资人显名权的限制，其一，体现为限制隐名出资人违反法律、行政法规的强制性规定而与名义出资人签订代持协议，通过合法形式掩盖非法目的。此情况下，代持协议无效，隐名出资人并无成为公司显名股东的可能。其二，限制隐名出资人的显名权源自公司人合性的要求。有限公司的人合性要求各股东之间建立一种相互了解、友好信任的关系。在隐名投资的情况下，公司其他股东并不知晓实际出资人存在，他们所认同的股东是名义股东。如对实际出资人的显名权不加限制，即使其投资并无违法无效之处，也可能对有限公司的日常经营造成障碍。此外，各股东之间存在特别约定，如股东间因为注重某些名义投资人的身份、技能而特别约定其股东身份不能擅自变更，如公司章程对股东资格取得作出了限制性的规定，也应因有限公司人合性的要求而得到确认。此种情形下，即使实际出资人的身份、出资份额已无争议，其显名权亦受限制。《公司法司法解释三》第二十四条第三款为此提供了法律依据："实际出资人未经公司其他股东半数以上同意，请求公司变更股东、签发出资证明书、记载于股东名册、记载于公司章程并办理公司登记机关登记的，人民法院不予支持。"

《公司法司法解释三》第二十四条在适用中仍存在争议。本案突出的法律争议为如何理解"同意"。如果隐名出资人的身份一直为其他股东知晓并认可，如果隐名出资人实际以参加股东会等形式参与公司经营，是否可以认为其他股东已扫除了隐名出资人显名的障碍？如其他股东在隐名出资人要求显名之诉前即已“同意”，诉讼中其是否还享有否决隐名出资人显名的权利？上述问题即本案较为特殊的争议焦点：名义股东对隐名出资人的股东资格和显名诉求并无异议；诉讼中不同意隐名出资人显名的股东，曾与隐名出资人就发起成立目标公司签订过协议，且曾代持过隐名出资人的出资；隐名出资人曾列席股东会并发表意见。

合议庭注意到，隐名出资人的相关主张与最终并未发布的《最高人民法院关于审理公司纠纷案件若干问题的规定（一）（征求意见稿）》中的倾向性意见有诸多对应之处，该征求意见稿第十九条规定：“出资人与他人约定以该他人名义出资的，其约定不得对抗公司。但有限责任公司半数以上的其他股东明知实际出资人的出资，且公司已经认可以其以股东身份行使权利的，如无违反法律强制性规定的情节，人民法院可以认定实际出资人对公司享有股权……”但合议庭最终未对《公司法司法解释三》第二十四条中的“同意”做扩大理解，将前述情形作为“其他股东是否同意显名”这一法律事实的考察要素，而是将“同意”的事项限缩于司法解释明确规定的“请求公司变更股东、签发出资证明书、记载于股东名册、记载于公司章程并办理公司登记机关登记”，并因其他股东并未对上述事项作出过同意的意思表示，而最终驳回了隐名出资人要求显名的诉讼请求。

作出上述裁判的理由主要有：其一，《公司法司法解释三》第二十四条的规定是明确的，所赋予其他股东针对相应事项同意或否定的权利是法定的，不宜作扩大解释。其二，商事活动瞬息万变，在某些关键时刻，稳定的公司治理结构关乎公司的生存、发展。在隐名出资人自愿隐去其名义股东身份的情况下，其他股东对隐名出资人出资的接受并不代表认同其作为经营管理伙伴的认可，哪怕曾经在经营过程中出于各种原因允许出资人参与经营管理，在未就“是否同意将隐名出资人变更为公司股东”此等问题表明态度的情况下，隐名出资人以隐名方式参与公司更符合各方合意。其三，公司法律关系具有很强的涉他性，从商事外观主义原则出发，应优先保护外部善意当事人的权利。隐名出资人基于隐名出资享有合法权益，也应承担因其所选择的隐名出资方式所带来法律责任，包括可能无法显名的法律风险。当然，为扫除显名障碍，享有合法出资权利的隐名出资人可与其他股东就相关事项在事先作出明确的约定。

编写人：北京市第一中级人民法院　刘婷

5

“股东”参与清算并注销公司后不得否认股东资格

——於某华诉许某英股东资格确认案

【案件基本信息】

1. 裁判书字号

江苏省无锡市中级人民法院（2019）苏02民终2143号民事判决书

2. 案由：股东资格确认纠纷

3. 当事人

原告（上诉人）：於某华

被告（被上诉人）：许某英

第三人：金辰建设公司

【基本案情】

博汇公司系于2015年6月26日设立的有限责任公司，注册资本为2000万元，登记股东为许某英（持股比例80%）、於某华（持股比例20%），法定代表人为许某英，博汇公司于2017年2月16日核准注销。

博汇公司向工商部门备案的资料中，经於某华确认由其本人签名的文件包括落款日期为2016年10月1日的确认书及股东会决议、落款日期为2017年2月14日的确认书及清算报告。其中落款日期为2016年10月1日的确认书载明“本人在博汇公司历次设立、变更登记材料中签名均为有效。此次备案登记材料中的签名为本人亲笔签名”，落款日期为2016年10月1日的股东会决议载明“全体股东一致通过如下决议：经股东会研究决定，注销博汇公司。成立清算组，清算人员3名分别为许某英、於某华、苏某珠，负责人许某英”。落款日期为2017年2月14日的确认书载明“本人在博汇公司此次注销申请登记中的签名为本人亲笔签名。特此确认”，落款日期为2017年2月14日的清算报告中於某华作为清算组成员和股东签名确认。

於某华与许某英一致确认，博汇公司向工商部门备案的资料中包括 2015 年 6 月 19 日的公司章程及股东会决议、指定代表或者共同委托代理人授权委托书中“於某华”的签名均非於某华本人所签，系由案外人许某代签。

2018 年 11 月 2 日，於某华以许某英为被告提起诉讼，诉请确认於某华不是博汇公司的股东，不承担任何股东义务。此前，金辰建设公司已另案起诉於某华、许某英等，要求其对博汇公司的债务承担责任。

案件审理过程中，於某华陈述，对于博汇公司成立不知情，於某华没有到博汇公司上班，也没有签过字或者拿过钱。博汇公司实际是许某和吴某设立的，许某英只是公司的会计。许某与吴某是朋友关系。有时可能一起出差，为了让吴某给自己订房间，於某华提供给吴某自己的身份信息，印象中可能将自己的身份证原件给过吴某，到底给了多长时间已经记不清了。

【案件焦点】

於某华是否为博汇公司股东，是否应当承担股东义务。

【法院裁判要旨】

江苏省江阴市人民法院经审理认为：当事人对自己提出的主张，有责任提供证据。於某华主张其不是博汇公司的股东，不应当承担任何股东义务依据不足，理由如下：

第一，《中华人民共和国公司法》第三十二条第三款规定，公司应当将股东的姓名或者名称向公司登记机关登记；登记事项发生变更的，应当办理变更登记。未经登记或者变更登记的，不得对抗第三人。公司法上述规定的目的是维护交易安全和对善意第三人的保护，公司股东一经工商登记即具有公示效力，未经登记或者变更登记的，不得对抗第三人。博汇公司自 2015 年 6 月 26 日登记成立至 2017 年 2 月 16 日核准注销，其间於某华均为博汇公司工商登记的股东。现於某华主张其并非博汇公司股东，应当由其承担举证责任。

第二，於某华与许某英虽主张“博汇公司向工商部门备案的资料中包括 2015 年 6 月 19 日的公司章程及股东会决议、指定代表或者共同委托代理人授权委托书中‘於某华’的签名均非於某华本人所签，系许某代签”，但於某华本人在落款日期为2016年10月1日、2017年2月14日的两份确认书中均签字认可在博汇公司历次设立、变更登记材料中涉及其个人的签名均为有效，上述行为应认定为系於某华对之前工商部门备案资料中涉及“於某华”签名的追认，由此产生的法律后果应当由於某华承担。

第三，审理中已查明因原博汇公司涉及民事诉讼，债权人诉请於某华承担法律责任。於某华主张自身并非博汇公司股东，却又以股东身份参加博汇公司清算组，行使股东权利，致使本案立案前博汇公司已经通过自行清算办理注销登记。於某华作为博汇公司工商登记的股东，对外具有公示效力，在博汇公司与第三方发生的往来债权纠纷中，其是否应承担责任、承担何种责任，应当结合於某华的行为在具体案件中加以认定，而非概括确认其是否担责，故於某华在本案中诉请要求确认其不应当承担任何股东义务缺乏法律依据。综上，於某华的诉讼请求于实不符，于法无据，本院依法不予支持。

江苏省江阴市人民法院依照《中华人民共和国公司法》第三十二条第三款，《中华人民共和国民事诉讼法》第六十四条，《最高人民法院关于适用〈中华人民共和国民事诉讼法〉的解释》第九十条、第二百五十八条之规定，判决如下：

驳回於某华的诉讼请求。

於某华不服一审判决，提出上诉。二审法院同意一审法院意见。并依据《中华人民共和国民事诉讼法》第一百七十条第一款第（一）项之规定，判决：

驳回上诉，维持原判。

【法官后语】

身份证件承载了身份识别的重要功能，在商事活动中商事主体的身份证件具有重要意义。它是识别主体资格、确认权益归属、明确责任承担的重要载体。本案中於某华的诉请无法得到支持，主要基于以下几个原因。

一是“商事外观主义”原则的要求。企业登记事项一经公示，即可产生对抗力和公信力。通过赋予公示的登记事项来保护登记人的合法权益，通过赋予公示的登记事项以公信力来保护善意第三人，从而维护交易安全。本案中，博汇公司自登记成立至核准注销期间，於某华均为博汇公司工商登记的股东。如果仅凭其在公司设立时的签字非系本人所签，就一概否认其股东资格，将导致商事交易的混乱，尤其是随着公司认缴资本制度的施行，认缴出资期限拉长，股东个人信用与公司信用变得更为密不可分，轻易突破商事外观主义的要求，将可能损害基本的交易安全，大大提高交易成本。

二是“禁反言”原则的要求。民事活动应当遵循诚实信用原则，诚实信用原则的基本内涵之一即为“禁止反言”。当事人在进行民事活动时，应当对其行为的后果进行预判，不能随意对自身已经完成的行为进行否认。具体而言，本案中，即使存在於某华与许某英陈述的“博汇公司向工商部门备案的资料中‘於某华’的签名均非於某华本人所签，系许某代签”的情况，但由于於某华本人在落款日期为2016年10月1日、2017年2月14日的两份文件中，均签字认可在博汇公司历次设立、变更登记材料中涉及其个人的签名均为有效，该确认应视为对之前代理行为的追认，由此产生的法律后果应由於某华承担。

三是“谁主张谁举证”原则的要求。“打官司就是打证据”这是对诉讼风险的基本认知。“谁主张谁举证”是民事诉讼的基本原则。股东资格与工商登记不一致的情况，在实践中也一定程度的存在。严格讲，工商登记具有的是“推定效力”，而非“绝对效力”，也即允许当事人通过反证予以推翻，但前提是有确凿的证据。本案中，经过法院调查，当事人始终无法提交自身身份被冒用的确凿依据，也无法对自身直接清算注销公司提供可以信服的依据，据此，举证不能的后果应由其承担。

实践中，身份被冒用的情况时有发生，部分冒用行为本身涉及刑事犯罪，对被冒用人带来极大的风险，严重损害了当事人的合法权益。有鉴于此，除保护好自身身份信息及证件外，在遇到身份被冒用时，应当积极以合法的方式，通过行政、司法手段依法维权，避免因行为不当扩大自身风险。

编写人：江苏省江阴市人民法院　王杰兵　王莹　刘晓成

二、股东出资纠纷

6

公司增资过程中的虚假出资认定标准

——乾立公司诉鄢某祥等股东出资案

【案件基本信息】

1. 裁判书字号

湖北省武汉市硚口区人民法院（2018）鄂0104民初5792号民事判决书

2. 案由：股东出资纠纷

3. 当事人

原告：乾立公司

被告：鄢某祥、刘某刚、方某、程某畴

第三人：杨某勇

【基本案情】

乾立公司原名为泽明公司，于2009年11月成立，注册资本48万元，股东为程某畴（出资24万元，持股50%）、刘某刚（出资19.2万元，持股40%）、鄢某祥（出资4.8万元，持股10%）。鄢某祥、刘某刚系代方某持股。2010年3月23日，鄢某祥、刘某刚、程某畴签署了《股东会变更决议》，决议：变更注册资本为100万元。变更后出资额为程某畴50万元、刘某刚40万元、鄢某祥10万元。刘某刚、鄢某祥仍系代方某持股。2010年4月19日，工商银行出具了《企业注册资本（金）入资专用存款证明》及三张《现金存款凭证》，载明泽明公司的验资账户中，程某畴存入26万元，刘某刚存入20.8万元，鄢某祥存入5.2万元。上述合计52万元增资款实际均系自泽明公司基本账户支出的现金，验资后上述款项又返还到基本账户。随后，泽明公司将注册资本变更登记为100万元。2012年，大华会计师事务所对泽明公司的资产出具了《审计报告》，载明："账面反映增资52万元，系股东日常以非同一人通过现金及银行存款进账计入实收资本扣除从实收资本转出挂其他应付款后的差额即为增资额。"2012年4月，泽明公司股东变更登记为杨某勇（持股100%）。2012年9月，泽明公司名称变更登记为乾立公司。

另查明，泽明公司于2009年10月27日向方某出具收到投资款48万元的收据，备注"方某分给鄢某祥4.8万元，程某畴24万元，刘某刚19.2万元"。泽明公司于2010年9月27日、2010年10月20日分别向刘某刚出具收到投资款15万元、5万元的收据，于2011年4月6日向程某畴出具收到投资款90万元的收据。

乾立公司认为，鄢某祥、刘某刚、方某、程某畴在原泽明公司增资中的52万元为虚假出资，故诉至法院，请求判令鄢某祥、刘某刚、程某畴补缴增资款共计520000元，并赔偿经济损失2248311.58元，方某对上述债务承担连带责任。

【案件焦点】

鄢某祥、刘某刚、方某、程某畴在乾立公司增资过程中是否存在虚假出资。

【法院裁判要旨】

湖北省武汉市硚口区人民法院经审理认为：从增资验资过程看，验资资金实际均来源于乾立公司基本账户。从开具收据的行为方式看，乾立公司在成立时向方某出具的收据载明了各股东出资额，体现了款项支付的出资意图，而乾立公司向刘某刚、程某畴出具的收据从金额与内容均无法体现出资意图。从资金组成来源看，《审计报告》中构成52万元增资款项列支均为乾立公司连续性的日常出入账，无法与该公司其他经济往来款相区分。鄢某祥、刘某刚、方某、程某畴无充分证据证明在乾立公司增资过程中履行了出资义务。

鄢某祥、刘某刚、程某畴未履行出资义务，应补缴出资款，并承担未按期足额缴纳出资款造成的银行利息损失。根据《中华人民共和国侵权责任法》第八条规定，二人以上共同实施侵权行为，造成他人损害的，应当承担连带责任。方某作为乾立公司的实际出资人和实际控制人，应对为其代持股的鄢某祥、刘某刚的义务承担连带清偿责任，但不应对程某畴认缴份额内的出资责任承担连带清偿责任。

湖北省武汉市硚口区人民法院依照《中华人民共和国公司法》第二十八条，《最高人民法院关于适用〈中华人民共和国公司法〉若干问题的规定（三）》第十三条、第二十条，《中华人民共和国侵权责任法》第八条之规定，作出如下判决：

一、被告鄢某祥于本判决生效后十日内向原告乾立公司补缴出资款52000元，并支付利息损失（以52000元为本金，从2010年4月19日起按照中国人民银行同期贷款利率标准计算至款项实际缴清之日止）；

二、被告刘某刚于本判决生效后十日内向原告乾立公司补缴出资款208000元，并支付利息损失（以208000元为本金，从2010年4月19日起按照中国人民银行同期贷款利率标准计算至款项实际缴清之日止）；

三、被告方某对上述第一项、第二项鄢某祥、刘某刚补缴出资款合计260000元及支付利息损失的义务承担连带清偿责任；

四、被告程某畴于本判决生效后十日内向原告乾立公司补缴出资款260000元，并支付利息损失（以260000元为本金，从2010年4月19日起按照中国人民银行同期贷款利率标准计算至款项实际缴清之日止）；

五、驳回原告乾立公司的其他诉讼请求。

【法官后语】

虚假出资是指公司的发起人、股东未履行或未完全履行出资义务，以欺骗手段造成已出资的假象，取得股权的行为。而在公司增资过程中判断股东是否履行了出资义务，比公司成立时的情形更为复杂。

在公司成立过程中，实践呈现的虚假出资形式主要包括：以无实际现金流通的虚假银行进账单、对账单骗取验资报告；以虚假的实物出资手续骗取验资报告；以实物、知识产权、土地使用权出资，但未办理产权转移手续；为了应付验资，将款项短期转入公司账户后又立即转出，公司未实际使用该款项进行经营等。在公司增资过程中，容易出现公司日常经营业务账目、其他债权债务造成的进出款账目与股东出资款账目相混同的情形。在公司增资过程中判断公司账户收到的相关款项是否属于股东出资款应具体考察款项支付时的行为目的是否具有出资意图。

本案的法律争议核心在于公司增资过程中，股东向公司存入的投资款减去支出款的差额是否可视为股东对公司缴纳的出资。本案中，鄢某祥、刘某刚、方某、程某畴认为其对乾立公司的出资为在公司增资前后一段期间，股东存入公司账户的投资款与公司支出款相抵销后的余额的观点，即将公司注册资本、公司资产、公司净资产的概念相互混同。公司是独立的企业法人，享有独立的法人财产权。公司注册资本不同于公司资产。公司的资产不仅包括公司注册资本，还包括公司对外负债、资产收益和经营收益等。公司注册资本仅是公司资产中股东认缴的出资部分。公司净资产是指公司全部资产减去全部负债后的余额。公司净资产是公司自有资产的价值，会随着公司经营状况的改变而改变，而公司注册资本是相对不变的，故公司净资产价值的大小并不能证明股东出资是否到位。鄢某祥、刘某刚、方某、程某畴以日常经济往来的入账金额或出入账差额高于其认缴出资额而主张其足额履行了出资义务，实为以公司资产和公司净资产的概念替换了公司注册资本。同时，从行为方式来看，尽管公司经营活动中常有记账、出具收据不规范的情形存在，但乾立公司在成立时向方某出具了载明收到投资款48万元的收据，该收据详细备注了每名股东在公司成立时的出资额度，从金额构成方式可以推断出该笔投资款具有缴纳出资的意图。而乾立公司增资时，尽管乾立公司同样也向刘某刚、程某畴开具了收到投资款的收据，但金额与各股东应缴纳的增资款金额不对应，从记载内容无法判断出具有缴纳出资的意图。因此，本案中鄢某祥、刘某刚、方某、程某畴在公司增资过程中未实际缴纳出资款，应承担补缴出资款和赔偿相应损失的义务。

编写人：湖北省武汉市硚口区人民法院　李婷

7

将实缴出资转出用于支付股东在公司成立前期所支出的费用是否构成抽逃出资

——王某芳诉尼某涛股东出资案

【案件基本信息】

1. 裁判书字号

福建省厦门市中级人民法院（2019）闽02民终2473号民事判决书

2. 案由：股东出资纠纷

3. 当事人

原告（上诉人）：王某芳

被告（被上诉人）：尼某涛

第三人：吉好学教育科技公司

【基本案情】

吉好学教育科技公司于2016年5月12日成立，公司章程载明，股东为案外人李某欣与尼某涛，执行董事为李某欣，公司注册资本为300万元，实缴资本为100万元，其中，李某欣认缴出资额为120万元，出资比例占40%，实缴资本40万元，尼某涛认缴出资额为180万元，出资比例占60%，实缴资本60万元。2016年12月14日，李某欣与王某芳、尼某涛分别订立股权转让协议，将持有的吉好学教育科技公司35%、5%的股权，分别转让给王某芳、尼某涛。同日，吉好学教育科技公司召开股东会形成决议，免去李某欣公司执行董事职务，选举王某芳为执行董事，免去李某欣公司经理职务，聘任王某芳为公司经理，继续选举尼某涛为公司监事，并将公司章程修正为：王某芳认缴出资额为105万元，出资比例占35%，实缴资本40万元，尼某涛认缴出资额为195万元，出资比例占65%，实缴资本60万元。

另查，吉好学教育科技公司于2016年6月17日及6月20日向崃欣机电公司转款60万元，该款由崃欣机电公司转与尼某涛。

在本案审理中，尼某涛提出为吉好学教育科技公司的开业准备代垫款项100余万元，已超出从公司转出的60万元，王某芳对此不予认可，此节事实是否成立，成为本案的事实争点。据此，王某芳向法院提出诉讼请求：1. 依法判令被告尼某涛返还从吉好学教育科技公司抽逃的出资60万元；2. 本案诉讼费用由被告承担。

【案件焦点】

1. 将实缴资本转出用于支付股东在公司成立前期所支出的费用，是否符合抽逃出资的法定构成要件；2. 尼某涛在公司成立前期所支出的费用是否达到60万元。

【法院裁判要旨】

福建省厦门市集美区人民法院经审理认为：

一、将实缴资本转出用于支付股东在公司成立前期所支出的费用，是否符合抽逃出资的法定构成要件

王某芳提出，被告没有证据证明崃欣机电公司与本案的关系，实缴资本60万元已通过崃欣机电公司转与被告，依《最高人民法院关于适用〈中华人民共和国公司法〉若干问题的规定（三）》（以下简称《公司法司法解释三》）第十二条规定，被告通过虚构债权债务关系将其出资转出，其行为构成抽逃出资。

尼某涛提出，《公司法司法解释三》第十二条规定在具有5个具体表现的同时，还要求公司权益受到损害，本案中，将实缴资本转出用于支付股东在公司成立前期所支出费用的行为，不会损害到公司利益，故不构成抽逃出资。

本院认为，《公司法司法解释三》第十二条规定："公司成立后，公司、股东或者公司债权人以相关股东的行为符合下列情形之一且损害公司权益为由，请求认定该股东抽逃出资的，人民法院应予支持……"该条文规定要件有两个，一个是形式要件，具体表现为该条罗列的"通过虚构债权债务关系将其出资转出"等情形，另一个是实质要件，即"损害公司利益"，倘若尼某涛所述"将实缴资本转出系用于支付股东在公司成立前期所支出的费用"情况属实，则该笔资金转出系公司就尼某涛所代垫资金的偿还，不会损害到公司的利益，故实质要件难以成立，该项资金的转出不构成抽逃出资。

二、尼某涛在公司成立前期所支出的费用是否达到60万元

尼某涛提出，根据其提供的相关书证、电子证据及证人证言，可证实其在公司设立前期支出的费用超过60万元。

王某芳提出，以上证据无法证实待证事实，且在公司设立前期尼某涛有收益，应通过清算来核算收入支出情况，才能确定尼某涛的代垫资金数额。

本院认为，欲判断尼某涛在公司成立前期所支出的费用是否达到60万元，需对尼某涛所主张的各项支出项目进行核查：1. 关于公司成立的装修项目支出。尼某涛举证有厦门豫辉工程施工合同、水晶湖郡204室装修预算书、收款收据及证人刘某辉的证言，证实其支出费用为31万元，王某芳质证认为，对各份书证及证人证言的表面真实性予以认可，但是不知道合同相对方是谁，付款原因是什么，只能证明刘某辉和潘某红给尼某涛开了收据，无法确定该证据与本案的关联性。本院认为，审查涉案之施工合同、预算书、收款收据，其内容真实，能够相互印证，结合证人刘某辉当庭所作的证言，可证实该项费用的支出系为吉好学教育科技公司装修所用，金额为31万元，本院对此节事实予以确认。2. 关于房租支出。尼某涛举证有证人王某玲的证言及承租房屋不动产权证书、房屋租赁协议，证明王某玲系涉案公司所在地的房屋所有权人的代理人，尼某涛于2016年4月向其交纳房租及定金62405元，王某芳质证认为，该份证据只能证明尼某涛有开支，但与本案没有关联性。本院认为，结合证人王某玲的证言及涉案公司所在地房屋所有权人的权属证明、房屋租赁协议，可证明尼某涛在公司设立前期为公司支出租金62405元，本院予以确认。3. 关于向星搜科技公司支出代理费用支出，尼某涛举证有《〈梦想星空〉才艺电视大赛厦门集美地区合作协议》及证人陈某燕的证言，证实其支出费用为12万元，王某芳质证认为，对合作协议真实性予以认可，但与本案无关联性，同时认为证人证言不实，无法证明待证事实。本院认为，审查涉案之合作协议与证人陈某燕的工作证明及证言（其当庭陈述："我就职于星搜科技公司……这个协议是我代表签订的……我有跟对方谈这个事情，价格是120000元……我看到尼某涛现金支付给我公司财务"），可证实尼某涛曾代表吉好学教育科技公司与星搜科技有限公司订立协议并支付12万元，本院对此予以确认。4. 关于购买乐器支出，尼某涛举证有《乐器购买委托协议》《乐器设备照片》等证据，王某芳质证认为，对该组证据的真实性、合法性、关联性均不予认可，未经清算无法确认照片中的物资

为个人物资或公司物资。在本案审理期间，经尼某涛申请，本院审判人员到涉案公司所在地进行现场勘察，经比对《乐器购买委托协议》与现场乐器，发现现场所摆放的乐器中，佩卓夫125钢琴1台、佩卓夫116钢琴1台、古筝4台、吉他13把、行进大鼓4个、小军鼓10个、架子鼓（电）2个、架子鼓（红色）1个、葫芦丝19个等乐器与《乐器购买委托协议》所载明的情况相符，由此可证明尼某涛确曾采购过相关乐器，经比对《扩声设备系统方案》与现场音箱等设备，发现现场摆放的音箱、卡拉OK合并式功放、电脑点歌机、无线手持话筒及触摸屏系统等设备，与《扩声设备系统方案》中的相关设备基本相符，前述价值按照《乐器购买委托协议》《扩声设备系统方案》中载明的价格核算，支出至少应在11万元以上。综合以上各项支出，尼某涛的支出已达60万元以上。至于王某芳提出，公司在成立前期亦有收益一节，经查尼某涛提供的证人李某成证言，其在庭审中在回答王某芳代理人询问“开支七八万元，收学员多少”时陈述：“（共招收学员）200多个。两百个学生活动价是一人198元。”此项陈述虽有述及公司在成立前期亦有收入情况，但前提仍是建立在员工等开支为七八万元之上，故无法径行认定尼某涛的收益情况。

综合以上两个方面的分析，本院认为，尼某涛所述“将实缴资本转出系用于支付股东在公司成立前期所支出的费用”情况属实，该行为未损害到公司的利益，不应认定为抽逃出资。

据此，依据《中华人民共和国公司法》第三十五条，《公司法司法解释（三）》第十二条，《中华人民共和国民事诉讼法》第六十四条第一款之规定，判决如下：

驳回原告王某芳的全部诉讼请求。

王某芳不服原审判决，提起上诉。福建省厦门市中级人民法院认为，根据在案证据及庭审查明的事实，尼某涛作为吉好学教育科技公司的股东，在公司设立时已经履行了股东的出资义务。对于公司设立后转出的60万元款项，尼某涛也举证证实系用于支付其个人在公司创立初期垫付用于租赁场地、装修场所、购买乐器设备等的资金，该做法并未违反法律法规的强制性规定，也未损害公司利益，一审法院据此认定尼某涛的行为不构成抽逃出资，合理合法，并无不当。王某芳的上诉理由缺乏事实和法律依据，不能成立，依法予以驳回。一审判决认定事实清楚，适用法律正确，依法予以维持。依照《中华人民共和国民事诉讼法》第一百七十条第一款第（一）项规定，判决如下：

驳回上诉，维持原判。

【法官后语】

资本制度是公司制度的核心，公司的信用基础取决于公司资本。因此，资本维持原则要求公司在存续过程中保持与公司资本相当的公司财产，具体表现之一就是禁止抽逃出资。实践中，有些股东在实缴出资后通过各种方式将出资抽回，用于个人周转或其他目的；但由于抽逃出资通常具有模糊性和隐蔽性，与公司正常使用资金行为之间的界限不明晰，这使得抽逃出资在个案中很难被认定。本案对股东将实缴资本转出用于支付股东在公司成立前期所支出的费用这一行为进行认定，从特殊到一般，总结出抽逃出资的构成要件，对于统一抽逃出资的认定标准具有积极意义，同时也有利于公司资本维持原则的践行。

一、抽逃出资行为的认定

认定抽逃注册资金的要件有两个，一个是形式要件，包括“将出资款转入公司账户验资后又转出”“通过虚构债权债务关系将其出资转出”等《公司法司法解释三》第十二条规定的各种具体情形。另一个是实质要件，即“损害公司权益”。若仅符合法律规定的形式要件，但不符合“损害公司权益”这一实质要件，不应认定该行为构成抽逃出资。判断是否符合“损害公司权益”这一实质要件，就要判断是否违反了资本维持原则，体现为公司资本或股本的减少。

本案中，形式构成要件上，尼某涛为公司成立前期垫付的资金，均有相应的合同和资产佐证，与公司构成债权债务关系，不符合“通过虚构债权债务关系将其出资转出”的行为构成要件。实践中造成该种争议的原因，在于有限责任公司经营权与所有权分置不明确，公司成立初期需要购置大量的经营性资产，资金来源紧张且紧迫，除了股东缴纳实际出资，仍需要外部资金投入，方能保证公司运转。股东此时既是股权所有者也是公司经营者，一方面享受公司的利润分配，另一方面负责公司的正常经营。而公司的正常运营与股东的利益密切相关，股东在公司成立初期相较于外部投资人更愿意为公司垫付资金购置资产或者签订与经营相关的合同。实质构成要件上，尼某涛前期垫付资金与其实缴资本之间是性质相异的两笔资金，前者使尼某涛成为公司的债权人，后者使其成为公司的股东。因尼某涛前期垫付的资金，公司获得了相应的资产，包括房屋装修成果、房屋使用权、合作协议上之利益、乐器等，公司后期返还相应费用，并不会导致资产减少。若是返还实缴出资，而尼某涛仍享有股东权利，公司仍要向尼某涛分配利润，此时公司资产减少，构成抽逃出资。因此，本院认定本案案涉资金的转出不构成抽逃出资。

二、对于抽逃出资行为的举证责任分配

基于股东抽逃出资义务存在隐蔽性和欺诈性等特点，其行为很难为作为原告的公司、其他股东、债权人知晓（三者按照举证能力强弱排列，公司最强，其他股东次之、债权人举证能力最弱），证明抽逃出资义务的证据距离原被告的远近不同（被告距离近，原告距离远），原、被告对于抽逃出资义务的信息获取也明显不对称，故如果按照举证责任分配的一般规则即“谁主张谁举证”，让原告对被告股东是否抽逃出资义务的事实承担举证责任，将会产生明显不公平的结果，导致诉讼利益的失衡。故《公司法司法解释（三）》第二十条规定，当事人之间对是否已履行出资义务发生争议，原告提供对股东履行出资义务产生合理怀疑证据的，被告股东应当就其已履行出资义务承担举证责任。依据该条规定，一方面，考虑到原告在举证上处于劣势，而被告股东具有举证上的优势，应由被告股东举证证明其已经履行义务。另一方面，为防止原告滥诉未简单规定为举证责任倒置，同时要求原告应提供能够产生合理怀疑的初步证据后再将举证责任倒置。在司法实践中，初步证据一般是仅要求原告能提出对股东存在抽逃出资产生合理怀疑的表面证据或者证据线索即可。本案中，原告初步举证证明在账面上60万元从公司账户转入尼某涛账户，产生抽逃出资的合理怀疑。尼某涛举证证明该金额系公司返还其垫付的前期费用，不构成抽逃出资，尼某涛须举证证明其垫付的前期金额大于60万元。因尼某涛能够证明其垫付的金额大于60万元，所以本院对其抽逃出资的行为不予认定。

在证明对象上，判断是否存在虚假债权债务关系，商业交易是否真实正常，要调查交易对象是否存在、与涉嫌侵占人有无非正常关系，交易标的、数量是否为生产经营所必需，交易价格与市场价格有无巨大悬殊，交易方式是否符合市场规则和法定规则，等等。具体到本案中，本院对案件的关键证据进行严格审查。本案从尼某涛提出其为公司成立初期经营垫付资金所涉及的交易本身真实性出发，严格审查证据链条的完整性，对合同存在的真实性、合同生效要件、约定商品与实际交付商品是否相符、多个法律关系的客观事实是否相符、证据印证规则、关联性认证等一系列方面进行综合分析，发现被告尼某涛前期垫付资金所涉交易皆存在真实性，最终驳回了原告的诉讼请求。

将实缴资本转出用于支付股东在公司成立前期所支出的费用的行为并未损害公司的利益，不违反资本维持原则，不应认定为抽逃出资。在认定该行为是否构成抽逃出资时，应严格证据证明规则，要求形成完整的证据链条，尤其要判断案涉交易是否真实存在、交易合同与交易标的是否相符等。举证责任分配上，原告必须举出初步证据，让法官产生对被告的合理怀疑；然后再施行举证责任倒置，由与交易密切相关的被告进行举证。

编写人：福建省厦门市集美区人民法院　黄湧
厦门大学法学院在读研究生　李玲玉

三、股东知情权纠纷

8

公司有权拒绝股东查阅申请书中未记载的材料

——四方继保公司诉四海云能公司股东知情权案

【案件基本信息】

1. 裁判书字号

北京市第一中级人民法院（2019）京01民终10528号民事判决书

2. 案由：股东知情权纠纷

3. 当事人

原告（被上诉人）：四方继保公司

被告（上诉人）：四海云能公司

【基本案情】

2013年12月2日，四海云能公司依法注册成立。四方继保公司系四海云能公司的股东。2019年3月1日，四方继保公司员工刘某向刘峰、谭满章等人发送了一份主题为“请提供：四海云能公司公司章程及修正案、股东大会决议等文件”的邮件，要求四海云能公司在收到函件之日起两个工作日向其提供2017年1月至今的全部公司章程及修正案、股东大会决议、监事会会议决议及财务会计报告。四海云能公司认可收到上述邮件，但认为并非书面申请。2018年3月5日，四方继保公司员工贾某苗向四海云能公司员工冯某发送了一份主题为“请协助提供宏海公司2017年度审计报告”的邮件。2018年6月19日，冯某回复该邮件，并附pdf版的宏海公司12月财务报表一份。同日，冯某向刘某发送了一份邮件，并附pdf版的北京2017年度审计报告扫描件一份。四方继保公司当庭表示确已收到四海云能公司向其提供的2017年的财务会计报告。一审庭审中，四方继保公司明确表示要求四海云能公司向其提供自2013年12月2日至2019年4月30日的相关材料。

四方继保公司主张四海云能公司未向其提供相关资料，故向一审法院起诉请求判令：1. 四海云能公司向四方继保公司提供自2013年12月2日至2019年4月30日的公司章程及修正案、股东会会议记录及决议、董事会会议记录及决议、监事会会议记录及决议供四方继保公司查阅、复制；2. 四海云能公司向四方继保公司提供自2013年12月2日至2019年4月30日的财务会计报告及会计账簿（包括总分类账、现金日记账、明细账对应的记账凭证及原始凭证、现金流量表、利润分配表、损益表、资产负债表、财务情况说明书等）供四方继保公司查阅、复制。

四海云能公司辩称：不同意四方继保公司的诉讼请求。1. 四方继保公司掌管四海云能公司自2013年12月2日至2016年11月21日的公司章程及修正案、股东会会议记录及决议、董事会会议记录及决议、监事会会议记录及决议，其他的记录、决议其可前往相关部门自行查询；2. 四海云能公司已于2018年3月20日向四方继保公司提供了2017年的财务报告表和财务会计报告；3. 四海云能公司并未收到四方继保公司提出的要求查阅会计账簿的书面申请。

【案件焦点】

四方继保公司未在行使股东知情权的书面申请中记载查阅公司账簿的内容，四海云能公司是否有权拒绝其查阅。

【法院裁判要旨】

北京市海淀区人民法院经审理认为：《中华人民共和国公司法》第三十三条规定，股东有权查阅、复制公司章程、股东会会议记录、董事会会议决议、监事会会议决议和财务会计报告。股东可以要求查阅公司会计账簿。股东要求查阅公司会计账簿的，应当向公司提出书面请求，说明目的。公司有合理根据认为股东查阅会计账簿有不正当目的，可能损害公司合法利益的，可以拒绝提供查阅，并应当自股东提出书面请求之日起十五日内书面答复股东并说明理由。公司拒绝提供查阅的，股东可以请求人民法院要求公司提供查阅。本案中，四方继保公司系四海云能公司工商局登记备案的股东，四海云能公司称四方继保公司曾系公司大股东，掌管自2013年12月2日至2016年11月21日的公司章程及修正案等材料，但依法不影响四方继保公司对其行使股东知情权，四方继保公司依然有权通过行使股东知情权向四海云能公司主张查阅、复制相关材料。本案中，四方继保公司已通过邮件形式向四海云能公司提出书面请求并说明目的，并合理要求在公司住所地行使权利，四方继保公司可以依据上述法律规定的内容，向四海云能公司要求行使其股东知情权，对四方继保公司要求的超出法律规定范围内的诉讼请求不予支持。

北京市海淀区人民法院依照《中华人民共和国公司法》第三十三条，《中华人民共和国民事诉讼法》第六十四条之规定，判决：

一、四海云能公司于判决生效后10日内，将该公司自2013年12月2日至2019年4月30日的公司章程、股东会会议记录、董事会会议决议、监事会会议决议，以及自2013年12月2日至2016年12月31日、2018年1月1日至2019年4月30日的财务会计报告备于公司住所地，供四方继保公司进行查阅、复制；

二、四海云能公司于判决生效后10日内，将该公司自2013年12月2日至2019年4月30日的会计账簿备于公司住所地，供四方继保公司进行查阅；

三、驳回四方继保公司的其他诉讼请求。

四海云能公司不服原审判决，提起上诉。北京市第一中级人民法院经审理认为：《中华人民共和国公司法》第三十三条第一款规定："股东有权查阅、复制公司章程、股东会会议记录、董事会会议决议、监事会会议决议和财务会计报告。"第二款规定："股东可以要求查阅公司会计账簿。股东要求查阅公司会计账簿的，应当向公司提出书面请求，说明目的。公司有合理根据认为股东查阅会计账簿有不正当目的，可能损害公司合法利益的，可以拒绝提供查阅，并应当自股东提出书面请求之日起十五日内书面答复股东并说明理由。公司拒绝提供查阅的，股东可以请求人民法院要求公司提供查阅。"根据前述规定，股东有权查阅、复制公司章程、股东会会议记录、董事会会议决议、监事会会议决议和财务会计报告，同时，股东要求查阅公司会计账簿的，应履行书面向公司申请查阅的前置程序，公司拒绝提供查阅的，股东方有权在法定期限内向人民法院提起诉讼行使查阅权利。本案中，四方继保公司提起诉讼，要求查阅、复制四海云能公司自2013年12月2日至2019年4月30日的公司章程及修正案、股东会会议记录及决议、董事会会议记录及决议、监事会会议记录及决议及前述期间内财务会计报告和会计账簿，四海云能公司则以四方继保公司未履行行使股东知情权前置程序为由，拒绝四方继保公司查阅、复制公司相关材料，对此二审法院认为，应依据四方继保公司要求行使查阅权查阅公司资料类别的不同，分别审查其诉讼请求是否成立。

针对四方继保公司要求查阅、复制四海云能公司自2013年12月2日至2019年4月30日的公司章程及修正案、股东会会议记录及决议、董事会会议记录及决议、监事会会议记录及决议和财务会计报告的诉讼请求，据前述，《中华人民共和国公司法》第三十三条第一款中并未规定股东查阅、复制公司章程、股东会会议记录、董事会会议决议、监事会会议决议和财务会计报告需提前以书面形式通知公司，股东可随时要求查阅复制上述材料，亦可在不经提前书面通知的情况下直接提起诉讼行使该项权利，故四海云能公司以四方继保公司未履行行使股东知情权的前置程序为由拒绝四方继保公司查阅、复制公司章程、股东会会议记录、董事会会议决议、监事会会议决议的主张缺乏事实和法律依据，二审法院不予支持。关于四方继保公司要求查阅四海云能公司公司章程及修正案、股东会会议决议、董事会会议记录和监事会会议记录一节，二审法院认为，股东知情权系股东的法定权利，是股东行使股东权利和保护自身权益的基本权利和重要途径，亦为股东行使其他权利的前提，故在不影响公司正常经营管理以及不存在过分加重公司负担的情况下，不应过于严苛地限制股东查阅一般文件档案材料的范围，同时，《中华人民共和国公司法》第九十七条规定，股东可以查阅公司股东大会会议记录、董事会会议决议和监事会会议决议，该条款虽然并非针对有限责任公司的股东做出的规定，但上述材料属于应当置备于公司且公司内部需要公开的材料，因此允许有限责任公司股东查阅复制上述材料并未超过股东行使知情权的合理范畴，至于公司章程修正案，该材料实质上属于公司章程的组成部分，股东进行查阅复制应属其行使知情权的当然之意。综上，四方继保公司要求查阅、复制上述材料具有事实和法律依据，其诉讼请求应予支持。因四方继保公司认可已收到四海云能公司2017年度财务会计报告，故对四方继保公司要求四海云能公司提供该年度财务会计报告的请求，二审法院不予支持。四海云能公司虽主张四方继保公司掌握2013年12月2日至2016年四海云能公司的相关资料，但对此并未提供证据予以证明，应承担举证不能的不利后果，其主张缺乏事实和法律依据，二审法院不予支持。针对四海云能公司主张因未进行2018

年度审计而无法提供2018年财务报告一节，四海云能公司该主张与有限责任公司应保证公司资料真实、完整的义务相悖，且该事由不足以对抗股东行使查阅、复制公司材料的权利，故对四海云能公司该项主张，二审法院不予支持。《最高人民法院关于适用〈中华人民共和国公司法〉若干问题的规定（四）》第十条第一款规定："人民法院审理股东请求查阅或者复制公司特定文件材料的案件，对原告诉讼请求予以支持的，应当在判决中明确查阅或者复制公司特定文件材料的时间、地点和特定文件材料的名录。"现四方继保公司同意前往四海云能公司住所地查阅相关材料，四海云能公司亦予以确认，二审法院对此不持异议，四海云能公司应于指定时间将前述资料置备于其住所地，保证四方继保公司行使股东知情权。

关于四海云能公司主张，四方继保公司未就查阅公司会计账簿提出申请，故不同意其进行查阅一节。根据《中华人民共和国公司法》第三十三条第二款的规定，股东查阅公司会计账簿的，应履行向公司提出书面通知的前置程序，否则公司有权拒绝。就本案而言，经查，四方继保公司于2019年3月1日向四海云能公司相关人员发出电子邮件，要求行使股东知情权，但四方继保公司在上述邮件中要求查阅的材料为公司"2017年1月至今的全部公司章程及修正案、股东大会决议、监事会会议决议及财务会计报告"，其中并未涉及公司会计账簿，故四方继保公司并未就查阅公司会计账簿向四海云能公司提出请求，未履行前述法律规定的必要程序，四方继保公司以直接提起诉讼的方式要求查阅四海云能公司会计账簿缺乏法律依据，对其该项诉讼请求不予支持。四海云能公司该上诉主张成立。一审法院判令四海云能公司向四方继保公司提供会计账簿进行查阅有误，应予以纠正。

综上所述，北京市第一中级人民法院依照《中华人民共和国公司法》第三十三条，《最高人民法院关于适用〈中华人民共和国公司法〉若干问题的规定（四）》第十条，《最高人民法院关于适用〈中华人民共和国民事诉讼法〉的解释》第九十条，《中华人民共和国民事诉讼法》第一百七十条第一款第（二）项规定，判决：

一、撤销北京市海淀区人民法院（2019）京0108民初34337号民事判决；

二、四海云能公司于判决生效后10日内将自2013年12月2日起至2019年4月30日止的公司章程及修正案、股东会会议记录及决议、董事会会议记录及决议、监事会会议记录及决议、财务会计报告（除四海云能公司2017年度财务会计报告）置备于四海云能公司住所地，供四方继保公司查阅、复制，自查阅之日起不得超过十个工作日；

三、驳回四方继保公司的其他诉讼请求。

【法官后语】

股东知情权是公司股东的法定权利。现代公司制度中，出资人将财产交付公司形成公司资产，且公司将其确认为股东后，股东对其用于出资的财产即不再享有所有权，而只能依据该财产对应的份额享有股东权利。股东向公司投入财产的目的在于实现财产增值，而公司日常的经营管理由董事、经理等高级管理人员负责，股东为了实现出资目的，需要通过查阅公司财务会计报表、资料、账簿和财会原始凭证等实现对公司经营情况的监督和管理，故各国公司法均将股东知情权作为股东的法定权利予以确定。

公司相对于股东而言，具有独立的人格和权利，对外承担独立责任，股东虽然对公司享有各项权利，但不应滥用权利侵害公司利益。股东查阅的公司会计账簿、凭证等公司资料，不仅体现股东出资的价值，也包含公司经营管理的整体情况和商业秘密，故有必要对股东行使知情权作出一定限制，以平衡股东之间的利益以及股东与公司之间的利益。

我国公司法规定股东行使股东知情权应履行前置程序以及说明目的，该种制度设计即考虑到保证股东权利和维护公司利益的现实需求。公司在经营管理中会形成不同种类的公司资料，如对外签订的各类合同、公司机构形成各类会议决议、公司账户交易记录和凭证等，不同性质的资料，对公司经营管理的影响程度亦有不同，故对于股东行使知情权查阅复制不同材料的程序亦存在不同的标准。

根据《中华人民共和国公司法》第三十三条规定，股东有权查阅、复制公司章程、股东会会议记录、董事会会议决议、监事会会议决议和财务会计报告，而股东要求查阅公司会计账簿时，则应向公司提出书面请求并说明目的。究其原因，在于公司章程、会议决议属于公司进行日常经营管理的依据，而财务会计报告反映公司经营的整体情况，且需要向工商管理部门等主体进行报备，对于股份有限公司而言，甚至需要向不特定多数主体公示，故这些文件在性质上属于相对公开的材料，在公司内部，并非仅有股东有权获取，故股东查阅这些材料无须受到限制。而公司会计账簿，以及形成会计账簿所必需的原始凭证，如银行交易记录，关系到公司经营的具体情况，包括公司对外交易具体数额、交易对象、交易价款等信息，属于公司的商业秘密，如不当对外披露，将可能对公司交易机会、盈利能力等产生重大影响，故需要赋予公司审查股东行权目的的机会，防止股东不当行使权利损害公司利益。在此情况下，股东要求查阅公司会计账簿，应按照前述法律规定的内容，向公司提出书面申请，并明确查阅的内容和目的，该前置程序属于法定条件，股东要求查阅会计账簿的，应严格履行。据前述，股东在书面申请时，其要求查阅的内容应当是明确和具体的，包括所需查阅材料的名称、时间范围、具体的行权要求等，公司针对股东书面申请的内容进行答复和行为。当股东与公司就股东行使知情权产生争议并提起诉讼后，法院亦应根据股东在申请行使股东知情权时形成的书面申请的内容认定其主张是否成立。因此，股东履行前置程序时是否严谨准确，将直接关系到其诉讼请求能否成立。

就本案而言，四方继保公司主张，其已向四海云能公司发送邮件，要求查阅公司资料，但四海云能公司未提供相关资料供其查阅复制，故提起诉讼要求行使股东知情权，其诉讼请求既包括要求查阅、复制公司章程及修正案、公司“三会”的会议记录及决议、财务会计报告，亦包括查阅、复制会计账簿及凭证。根据公司法的规定，该两部分诉讼请求的审查标准并不相同，故应对四方继保公司的诉讼请求分别认定。针对其诉讼请求中要求查阅、复制公司章程、会议记录及决议和财务会计报告的部分，如前述，该部分材料属于公司内部的公开文件，不涉及公司的商业秘密，参与公司经营、管理的人员均可获得，股东当然可随时要求查阅，对上述材料的复制亦与公司经营安全无涉。《中华人民共和国公司法》第三十三条规定，股东无须事先提出申请，即可随时要求公司提供材料以供查阅、复制，本案中，四海云能公司亦未对四方继保公司该部分要求提出抗辩。

四方继保公司亦要求查阅、复制四海云能公司的会计账簿及相应凭证，据前述，该部分公司资料因涉及公司商业秘密，在公司内部也并非公开文件，《中华人民共和国公司法》第三十三条针对股东查阅该部分资料亦设置了特别的规定，即股东行权的前置程序。本案中，四方继保公司主张已通过向四海云能公司发送电子邮件的方式履行了前置程序，四海云能公司予以否认，故本案需对其中涉及的两个问题进一步审查：其一，发送电子邮件提出行使股东知情权的形式可否认定为提出书面申请；其二，四方继保公司在邮件中提出申请查阅的内容是否为一项符合法律规定的申请，即四方继保公司要求查阅资料的范围是否与其提起诉讼要求查阅的内容一致。针对第一个问题，虽然公司法设置前置程序对股东利益与公司利益进行平衡，但股东知情权毕竟是股东监督管理公司经营、判断自身权利价值的途径和法定权利，而法律规定前置程序的直接目的系给予公司核实、准备的机会，公司知悉即可，因此在书面申请的形式上，不必过于苛责，在股东提出的申请存在明确文字内容的情况下，即可认定提出书面申请，而无须认定必须通过纸质或其他实体载体的形式提出，故四方继保公司以电子邮件提出行权申请符合法理和法律的本意，应认定为符合法律规定的形式。第二个问题则是本案的核心问题。根据已经查明的事实，四方继保公司虽然提出了书面申请，但其在邮件中要求四海云能公司提供的材料为“2017 年 1 月至今的全部公司章程及修正案、股东大会决议、监事会会议决议及财务会计报告”及“2017 年度审计报告”，其中并未涉及公司财会账簿及凭证的内容。四方继保公司上述行为履行了前置程序的形式，却忽视了前置程序的内容，即在书面申请中提出查阅、复制的内容为无须履行前置程序即可要求公司提供的材料，而真正需要通过履行前置程序进行查阅的内容，却未在书面申请中记载，这种“张冠李戴”的行为当然无法产生已就查阅公司会计账簿及凭证履行了法定程序的效果，其书面申请并不产生法律上的后果，其该部分诉讼请求缺乏事实和法律依据，不应予以支持。一审法院并未区分四方继保公司书面申请的内容，在四方继保公司未就查阅公司会计账簿及凭证的请求履行法定前置程序的情况下，判令四海云能公司提供上述材料，系对法律规定的误解，处理结果有误，故二审法院予以纠正，驳回四方继保公司要求四海云能公司提供自 2013 年 12 月 2 日至 2019 年 4 月 30 日的财务会计报告及会计账簿（包括总分类账、现金日记账、明细账对应的记账凭证及原始凭证、现金流量表、利润分配表、损益表、资产负债表、财务情况说明书等）供四方继保公司查阅、复制的诉讼请求。

在此需引申说明的是，股东起诉要求公司提供的材料的范围，应与其在书面申请中要求公司提供资料的范围一致，包括材料形成的时间、材料的名称等。本案中，四方继保公司在邮件中要求四海云能公司提供 2017 年 1 月至提出申请之日的公司材料，而其诉讼请求为要求四海云能公司提供自 2013 年 12 月 2 日起至 2019 年 4 月 30 日止的相关材料以查阅、复制，除去四方继保公司未在书面申请中提出查阅公司会计账簿及凭证一节不谈，仅在查阅会计账簿及凭证的时间范围上，四方继保公司诉讼请求的范围也超出了其书面申请的范围，超出部分当然不应得到支持。至于四方继保公司诉讼请求中要求提供的章程、决议、记录等资料亦超出书面申请范围一节，如前述，股东查阅该部分材料无须提前书面申请，即股东就此提起诉讼并不以是否事先书面申请以及申请的内容作为条件，就该部分材料而言，股东诉请是否超出书面申请的范畴，并非法院认定阻却其行使查阅、复制权的依据，审查诉讼请求的范围即可，在没有证据证明股东该请求具有滥用知情权或恶意行使知情权的情况下，原则上应予以支持。

编写人：北京市第一中级人民法院　徐硕

9

股东设立关联公司从事同类业务则行使知情权具有“不正当目的”

——开为公司诉伊斯顿公司股东知情权案

【案件基本信息】

1. 裁判书字号

江苏省苏州市中级人民法院（2019）苏05民终4947号民事判决书

2. 案由：股东知情权纠纷

3. 当事人

原告（被上诉人）：开为公司

被告（上诉人）：伊斯顿公司

【基本案情】

伊斯顿公司成立于2006年6月，经营范围为生产医疗器械：三类6846植入材料和人工器官、二类6810矫形外科（骨科）手术器械。

2007年12月，开为公司入股伊斯顿公司。开为公司股东为刘某波、刘某云、开为实业；法定代表人为刘某波；注册有 Carefix 注册商标；开为公司经营范围为三类医疗器械（6846 植入材料和人工器官、6865 医用缝合材料及黏合剂）、二类医疗器械的销售，医药、生物制品专业领域内的技术开发、技术咨询，技术服务，技术转让。

康定公司成立于 2009 年 6 月，股东为刘某波、刘某云、开为实业等，上述三位股东合计出资比例为 91%；法定代表人为刘某波；经营范围为医疗器械生产、经营［三类 6846 植入材料和人工器官、二类 6810 矫形（骨科）外科用其他器材、一类 6810 类……］；从事货物及技术的进出口业务的生产经营许可。

开为公司向一审法院提起诉讼请求：1. 伊斯顿公司提供自 2009 年至判决之日的公司会计账簿和会计凭证供开为公司及其委托的法律及财务专业人员查阅、复制、审计；2. 诉讼费用由伊斯顿公司负担。伊斯顿公司则主张开为公司查账有不正当目的，可能损害其合法利益，其有权拒绝。开为公司成为伊斯顿公司股东后，在伊斯顿公司不知情的情况下，开为公司三股东刘某波、刘某云、开为实业以 91% 的绝对控股权成立了康定公司。刘某波同时为开为公司和康定公司法定代表人。康定公司许可生产销售等 14 种医疗器械产品，其中 6 种与伊斯顿公司相同。开为公司与康定公司系关联公司，开为公司实际控制并参与康定公司经营。而康定公司经营与伊斯顿公司主营业务有实质性竞争关系的业务，其有理由相信开为公司一旦取得伊斯顿公司有关生产、销售数据、客户信息、产品价格等商业秘密，将会向康定公司通报，损害伊斯顿公司合法权益，故请求驳回开为公司的诉请。

【案件焦点】

1. 开为公司行使股东知情权是否具有可能损害伊斯顿公司合法利益的不正当目的；2. 开为公司的行为是否属于为他人经营与公司主营业务有实质性竞争关系业务的情形。

【法院裁判要旨】

江苏省苏州市吴中区人民法院经审理认为：开为公司非康定公司股东，伊斯顿公司亦未举证证明开为公司直接参与康定公司经营，不属于法律规定股东自营或为他人经营的范畴。伊斯顿公司认为开为公司查阅会计资料后会向康定公司通报，但未举证证明。故判决：

一、伊斯顿公司于判决生效之日起十日内提供会计账簿和会计凭证供开为公司查阅；

二、驳回开为公司其他诉讼请求。

宣判后，伊斯顿公司提出上诉。

江苏省苏州市中级人民法院经审理认为：从股权结构来看，开为公司是伊斯顿公司的股东之一，开为公司的股东刘某波、刘某云、开为实业以91%的股权绝对控股康定公司，刘某波同时为开为公司和康定公司法定代表人，可以认定开为公司与康定公司为关联公司，开为公司拥有对康定公司的控制权；从公司业务范围来看，伊斯顿公司主营生产医疗器械，开为公司主营销售医疗器械，开为公司网站显示其关联工厂即康定公司，开为公司负责销售康定公司生产的医疗器械，而伊斯顿公司、康定公司生产的医疗器械在种类上高度相似，可以认定康定公司和伊斯顿公司主营业务存在实质性竞争关系，开为公司作为康定公司的关联公司，与伊斯顿公司存在利益冲突；从查阅公司会计账簿的理由来看，虽然开为公司并非康定公司股东，伊斯顿公司亦未提供证据证明开为公司实际参与康定公司经营，但开为公司入股伊斯顿公司在先，开为公司的三名股东投资设立康定公司在后，开为公司与康定公司之间这种特殊的参股并控股关系，无法得出开为公司仅系为了确保或行使股东权利而请求查阅的结论。综上，伊斯顿公司的股东开为公司通过设立关联公司康定公司，从事与伊斯顿公司主营业务有实质性竞争关系的业务，属于为他人经营与公司主营业务有实质性竞争关系业务的情形，应当认定开为公司行使知情权存在《中华人民共和国公司法》第三十三条第二款规定的“不正当目的”，对开为公司的诉讼请求不予支持，判决：

一、撤销苏州市吴中区人民法院（2018）苏0506民初9380号民事判决；

二、驳回开为公司的诉讼请求。

【法官后语】

股东知情权的行使需以正当目的为基础。《最高人民法院关于适用〈中华人民共和国公司法〉若干问题的规定（四）》第八条明确了四种情形应当认定为股东有“不正当目的”，其中第一种情形为“股东自营或者为他人经营与公司主营业务有实质性竞争关系业务的，但公司章程另有规定或者全体股东另有约定的除外”。案涉公司股权结构复杂，主营业务专业性强，也无判例可以参考，故在新情形下查明案件事实、准确适用法律更具难度，法官从以下三个角度予以突破：

一、查明关联公司的股权结构、经营范围，厘清“实质性竞争关系”的内涵

“实质性竞争关系”是指股东和公司之间存在利益冲突。因此，法官首先查实了案涉三公司的股权结构，查明开为公司在入股伊斯顿公司以后，开为公司的三名股东以合计出资91%的比例，成立康定公司。据此可以认定开为公司间接持股康定公司，二者具有关联关系，存在利益一致性。

随后，法官考察了案涉公司的“主营业务”，查询营业执照以及经食品药品监督管理部门注册许可生产的医疗器械产品型号，详细比较其中的异同，发现伊斯顿公司、康定公司生产的医疗器械在种类上存在高度相似。开为公司作为一家医疗器械销售型企业，在入股伊斯顿公司之后，虽未直接从事医疗器械生产，但其设立的关联公司康定公司是一家典型的医疗器械生产型企业。在登录开为公司网站后，亦可知开为公司主要销售的产品即康定公司生产的医疗器械。

综上，可以认定开为公司作为康定公司的关联公司，与伊斯顿公司存在利益冲突。

二、准确适用法律条文，科学划分“股东自营或者为他人经营”的情形

“股东自营”指股东直接从事的业务，股东为直接获益方；“他人”往往是指公司的竞争者或者诉讼对手。本案中，伊斯顿公司和康定公司互为医疗器械生产行业的竞争对手，开为公司虽未生产相关产品，但开为公司通过设立关联公司康定公司，从事与伊斯顿公司主营业务有实质性竞争关系的业务。故本案中开为公司的间接持股行为属于为他人经营与公司主营业务有实质性竞争关系业务的情形。

三、严谨把握证明标准，审慎判断“可能损害公司合法权益”的程度

《中华人民共和国公司法》第三十三条第二款规定对“不正当目的”进行了限缩，即同时要求“可能损害公司合法利益”。此处不能要求公司举证证明股东此时行使知情权必然会或已经损害公司利益，公司只需证明股东行使知情权可能导致公司的合法利益受损，即完成了举证证明责任。同时，由于“不正当目的”属于主观心理，只能借助于股东的客观行为来合理认定或法律推定。法官重点考察了开为公司入股伊斯顿公司和间接控股康定公司的时间节点，以及开为公司查阅公司会计账簿的理由，再结合开为公司与伊斯顿公司存在利益冲突的客观事实，认定开为公司

存在将伊斯顿公司的商业秘密等信息通报给竞争对手康定公司的可能性，即已达到“可能损害公司合法权益”的程度。

本案能够科学认定“不正当目的”，对类案审理具有探索性和引导性，同时对平衡股东知情权和公司合法权益也具有指导意义。

编写人：江苏省苏州市中级人民法院　许嘉云

10

股权回购安排不属于知情权中的不正当目的

——上海智马公司诉北京智马公司股东知情权案

【案件基本信息】

1. 裁判书字号

北京市第一中级人民法院（2019）京01民终7237号民事判决书

2. 案由：股东知情权纠纷

3. 当事人

原告（被上诉人）：上海智马公司

被告（上诉人）：北京智马公司

【基本案情】

北京智马公司于2015年2月28日成立。股东为高某、上海智马公司、银嘉传媒公司。公司章程第八条规定，股东享有如下权利：“（八）有权查阅股东会会议记录和公司财务会计报告。”2018年4月27日，上海智马公司致函高某，要求高某依照之前的协议回购上海智马公司在北京智马公司的股权。2018年6月29日，上海智马公司向北京智马公司发函，要求北京智马公司提供自成立以来的财务会计报告、查阅并复制公司自成立以来的财务账簿及相应原始凭证等。2018年3月，北京智马公司工作人员通过电子邮件向上海智马相关人员发送部分资产负债表、利润表等电子文件。2018年7月，上海智马公司委托工作人员查阅了部分财务资料。诉讼中，上海智马公司表示需要委托一名注册会计师查阅公司会计账簿、会计凭证（原始凭证、记账凭证）。

上海智马公司起诉请求：1. 北京智马公司提供2016年度、2017年度、2018年度会计账簿及原始凭证供上海智马公司查阅、复制；2. 诉讼费用由北京智马公司负担。北京智马公司辩称：不同意上海智马公司的诉讼请求。上海智马公司曾要求退出公司，查阅原始凭证和劳动合同、业务合同的文件可能存在恶意的主观目的。

【案件焦点】

回购股权安排是否属于股东知情权中的“不正当目的”。

【法院裁判要旨】

北京市海淀区人民法院经审理认为：《最高人民法院关于适用〈中华人民共和国公司法〉若干问题的规定（四）》第八条规定：“有限责任公司有证据证明股东存在下列情形之一的，人民法院应当认定股东有公司法第三十三条第二款规定的‘不正当目的’：（一）股东自营或者为他人经营与公司主营业务有实质性竞争关系业务的，但公司章程另有规定或者全体股东另有约定的除外；（二）股东为了向他人通报有关信息查阅公司会计账簿，可能损害公司合法利益的；（三）股东在向公司提出查阅请求之日前的三年内，曾通过查阅公司会计账簿，向他人通报有关信息损害公司合法利益的；（四）股东有不正当目的的其他情形。”本案中，北京智马公司并未提供证据证明上海智马公司存在上述司法解释规定的“不正当目的”。

北京市海淀区人民法院依照《中华人民共和国公司法》第三十三条、第九十七条，《最高人民法院关于适用〈中华人民共和国公司法〉若干问题的规定（四）》第八条、第九条之规定，判决如下：

一、北京智马公司于本判决生效之日起30日内将该公司2016年度、2017年度、2018年度的会计账簿和会计凭证（原始凭证、记账凭证）备好，供上海智马公司及该公司委托的一名注册会计师查阅；

二、驳回上海智马公司的其他诉讼请求。

北京智马公司不服提起上诉。北京市第一中级人民法院经审理认为：股东知情权依附于股东身份而存在，虽然上海智马公司曾致函北京智马公司的高某要求其回购股权，但上海智马公司仍系北京智马公司的股东，在股东未丧失公司股东身份之前仍可按照公司法或章程的规定行使相应的股东权，除非章程或股东与公司之间另有约定。上海智马公司要求回购股权的事实，并不符合《最高人民法院关于适用〈中华人民共和国公司法〉若干问题的规定（四）》第八条规定的“不正当目的”之情形。

北京市第一中级人民法院依照《中华人民共和国民事诉讼法》第一百七十条第一款第（一）项之规定，判决如下：

驳回上诉，维持原判。

【法官后语】

本案系因股东知情权引发的“不正当目的”判断问题。对于《中华人民共和国公司法》第三十三条“不正当目的”这一具有价值判断的术语，在司法实践中容易引发各方争议。对于“不正当目的”的界定，可以从“正向解释”和“反向排除”两方面入手予以类型化表达。本案通过“反向排除”的方法，认为回购股权安排并非可能损害公司利益的不正当目的，公司不能以股东曾要求或将来可能要求退出公司为由，限制股东查阅账簿权利的行使。

一、“不正当目的”之辩

《中华人民共和国公司法》第三十三条规定确立了公司对股东查账请求权的阻却事由，即股东有不正当目的，可能损害公司合法利益的，公司可以拒绝股东对账簿的查阅。“不正当目的”这一概念具有模糊性，在法律适用中具有进一步解释的空间。从文义解释来看，“正当”是指合乎事理，符合法律，“目的”是股东主观查账心理动机的表示，而“不正当目的”则可理解为不合乎法与理的查账动机。从体系解释来看，《中华人民共和国公司法》第三十三条对“不正当目的”进行了限缩，要求可能损害公司利益。从上述解读来看，可能损害公司利益的不正当目的，系一种知情权主体（股东）心理活动的描述，无法直接预测与探知，只能通过股东的主体行为来合理判断或推定。

二、“不正当目的”的正向解释与方向排除

通过司法实践的经验积累，《最高人民法院关于适用〈中华人民共和国公司法〉若干问题的规定（四）》第八条对不正当目的进行了正向列举。关于“不正当目的”的反向排除，从逻辑上讲，只要股东行使权利秉持的是“正当目的”，是在诚信原则下对维护股东利益直接相关的合理目的，自然享有查阅账簿的权利。不少立法例有类似规定。如《美国标准公司法》第16.02条规定，“股东只有满足下列情况方可检查、复制……(1)该要求的作出是善意的、用于正当目的；(2)就其目的和要求检查的记录做了合理的具体陈述；且(3)该记录与其目的有直接联系……”笔者认为，此处的正当目的，可以包括以下几种：一是了解公司的财务经营状况；二是为相关股权评估或商业交易进行准备工作；三是为调查潜在不当行为进行证据搜集准备；四是同公司、股东或利害关系人诉讼时获取相关信息；五是其他适宜目的。

值得注意的是，正当目的也是一种主观状态之描述，也需要借助行为来判断。在双方对是否具有“正当目的”产生争议时，如何分配举证责任就显得至关重要。笔者认为，鉴于股东知情权的基础属性，对于股东向公司提出的书面请求中载明的查账“目的”，应当从宽掌握。股东对“正当目的”的证明义务仅仅是一种说明性意义上、最低限度的义务，不需要高强度的正当化。

易言之，只要理由合乎情理，即应当允许股东查阅。公司主张股东所述理由不实或损害公司利益的，应对股东具有“不正当目的”承担举证证明责任，此时的证明标准要达到“高度盖然性”之要求。

从前述“正当目的”的分析来看，单纯了解公司的财务经营状况，或是为相关商业交易进行准备工作，均属于正当目的的范畴，应当准许查账。股权回购作为商事交易的常见安排，是股东的约定权利，于公司而言，不存在损害公司“合法”利益的情况。从“不正当目的”的解释看，股权回购也无法落入《最高人民法院关于适用〈中华人民共和国公司法〉若干问题的规定（四）》规定的四种情况之一。故本案中，虽然上海智马公司曾致函北京智马公司的高某要求其回购股权，但上海智马公司当前仍系北京智马公司的股东，在股东未丧失公司股东身份之前仍可按照公司法或章程的规定行使股东知情权。上海智马公司要求回购股权的事实，并不符合“不正当目的”之情形。

编写人：北京市第一中级人民法院　郭帅

11

股东查阅权范围的认定与裁量

——杜某诉迈锐菲特公司股东知情权案

【案件基本信息】

1. 裁判书字号

福建省厦门市思明区人民法院（2019）闽0203民初5087号民事判决书

2. 案由：股东知情权纠纷

3. 当事人

原告：杜某

被告：迈锐菲特公司

【基本案情】

迈锐菲特公司成立于2016年7月14日，股东为李某和杜某。目前，该公司的法定代表人为李某。

2018年12月27日，杜某委托恒海律师事务所律师向迈锐菲特公司发出《律师函》，以杜某的股东知情权、经营参与权受到侵害，公司股东李某擅自挪用公司资金进行大额投资、个人资产与公司资产混同、隐瞒公司实际经营收入等为由，要求迈锐菲特公司在收到函件3日内将会计账簿、合同文本、税收凭证、债权债务凭证、公司职位薪水证明等与公司经营管理相关的文件交给杜某查阅。该函件被寄往迈锐菲特公司的住所地，并于2018年12月28日被签收。

杜某表示，此后迈锐菲特公司并未作出回复，亦未提供相关资料。杜某于2019年1月14日向本院递交诉状。杜某向本院提出诉讼请求：1. 判令迈锐菲特公司向杜某提供自2016年7月14日起至判决生效之日止的会计账簿、税收凭证、债权债务凭证、公司职位薪水证明等与公司经营管理相关的文件以供杜某查阅（查阅时允许会计师辅助进行）；2. 本案诉讼费用由迈锐菲特公司承担。

【案件焦点】

税收凭证、债权债务凭证和公司职位薪水证明等其他与公司经营管理相关的文件是否属于《中华人民共和国公司法》第三十三条第二款规定的“公司会计账簿”。

【法院裁判要旨】

福建省厦门市思明区人民法院认为，股东知情权是股东享有的重要权利，杜某作为迈锐菲特公司的股东，依法享有了解公司经营状况的权利。《中华人民共和国公司法》第三十三条第二款规定，股东可以要求查阅公司会计账簿。股东要求查阅公司会计账簿的，应当向公司提出书面请求，说明目的。公司有合理根据认为股东查阅会计账簿有不正当目的，可能损害公司合法利益的，可以拒绝提供查阅，并应当自股东提出书面请求之日起十五日内书面答复股东并说明理由。公司拒绝提供查阅的，股东可以请求人民法院要求公司提供查阅。杜某作为迈锐菲特公司股东，已依法向迈锐菲特公司书面请求查阅公司会计账簿的要求，并说明其行使股东权利的原因和目的。迈锐菲特公司在无证据证明杜某查阅会计账簿有不正当目的，可能损害公司合法利益的情况下，拒绝杜某查阅会计账簿不符合法律规定。因此，杜某要求在会计师陪同下查阅会计账簿的诉讼请求，有事实和法律依据，法院予以支持。关于杜某主要要求查阅税收凭证、债权债务凭证和公司职位薪水证明等其他与公司经营管理相关文件的诉讼请求，则缺乏法律依据，法院不予支持。

福建省厦门市思明区人民法院依照《中华人民共和国公司法》第三十三条第二款，《最高人民法院关于适用〈中华人民共和国公司法〉若干问题的规定（四）》第十条，《中华人民共和国民事诉讼法》第六十四条第一款、第一百四十四条之规定，判决如下：

一、被告迈锐菲特公司应于本判决生效之日起十五日内提供2016年7月14日起至本判决生效之日止的会计账簿供原告杜某查阅；前述查阅活动应于被告迈锐菲特公司的住所地进行，原告杜某有权在其本人在场的情况下，由会计师辅助进行查阅；

二、驳回原告杜某的其他诉讼请求。

【法官后语】

一、股东知情权概述

股东知情权是指公司股东了解公司经营信息的权利，其主要功能在于解决股东与管理层之间的信息不对称，以便于监督管理层，降低代理成本，以利于维护股东的合法权益。作为公司的投资人、出资者，股东有权了解公司的一切情况，特别是公司经营决策和公司财产使用的情况。自公司法1994年施行尤其于2006年修订以来，股东知情权诉讼逐渐发展成为司法实践中一种非常活跃的公司诉讼类型，但是，这类诉讼也是一直存在诸多争议点的公司诉讼类型。[①] 2016年至2018年全国法院共审结股东知情权纠纷6600件，仅次于股权转让纠纷和股东资格确认纠纷，股东知情权诉讼已成为与公司有关的第三大诉讼类型。[②] 股东知情权的权利结构包括查阅权、质询权与信息接收权，分别对应公司法上的查阅权制度、质询权制度以及公司法、证券法上的公司信息披露制度。[③] 本案争议的焦点正是查阅权的范围，即《中华人民共和国公司法》第三十三条规定的股东有权查阅的“会计账簿”是否包括本案原告杜某所主张的“税收凭证、债权债务凭证和公司职位薪水证明等文件”。

二、股东查阅权范围下的“会计账簿”争议

《中华人民共和国公司法》第三十三条第二款规定，股东可以要求查阅公司会计账簿。根据《中华人民共和国会计法》第九条、第十四条和第十五条规定可知：(1)“会计账簿”包括总账、明细账、日记账和其他辅助性账簿；(2) 各单位发生的各项经济业务事项应当在依法设置的会计账簿上统一登记、核算，不得违反法律和国家统一的会计制度的规定私设会计账簿登记、核算；(3) 会计账簿记录应与实物及款项的实有数额相符、与会计凭证的有关内容相符、与会计报表的有关内容相符，会计账簿之间相对应的记录也应相符。

---

① 参见刘俊海：《新公司法的制度创新：立法争点与解释难点》，法律出版社2006年版，第201～210页。转引自李建伟：《股东知情权诉讼研究》，载《中国法学》2013年第2期。

② 陈洪磊：《有限责任公司股东知情权行使中的利益衡量—基于〈公司法解释四〉实施后的291份裁判文书的整理分析》，载《法律适用》2019年第16期。

③ 李建伟、姚晋升：《论股东知情权的权利结构及其立法命题》，载《暨南学报》（哲学社会科学版）2009年第31期。

虽然“会计账簿”似乎有明确的法律定义，但司法实践中，原告股东诉求查阅某些文件能否扩大解释为“会计账簿”，常成为股东知情权诉讼的主要争议焦点之一。有学者整理研究我国1993年至2011年的股东知情权诉讼，发现股东知情权诉讼的原告股东所主张查阅的公司文件中，原始会计凭证和其他公司文件（主要包括财务账册、对账单、合同书、资金进出凭证等）的比例达11.92%，[①] 但对这两类文件法律没有明文规定，审判中常生争议。[②] 其中，关于股东查阅原始会计凭证的裁判争议，学者有专门的分析：在2015年以前的司法审判中对会计账簿查阅权中是否包括会计凭证问题的77件案例中，52件同意查阅，占比68%；25件不同意查阅，占比32%；出现这样的结果是基于法院对公司法上“会计账簿”的扩张解释和对《中华人民共和国会计法》第十四条和第十五条的适用。[③] 法院支持查阅原始会计凭证案例的主要理由为：会计凭证是判断会计账簿内容的真实性和完整性的必不可少的依据，或支持查阅能使股东更好地实现其经营管理权；法院反对查阅则是基于对公司法上“会计账簿”的文义解释。因此，原告股东诉求查阅某些文件能否扩大解释为“会计账簿”在实际法律适用上有一定的自由裁量空间。

三、本案股东查阅权范围的认定

在股东知情权诉讼中，只有原告股东满足了以下要件后，法院才会进一步认定原告股东主张的查阅权范围：(1) 符合股东知情权诉讼的前置程序。股东应先提出书面请求，说明目的；(2) 股东自行查阅或委托专业人员查阅；(3) 股东查阅会计账簿必须具有“正当目的”；[④] (4) 公司没有行使拒绝权或其拒绝权不成立。即公司有合理根据认为股东查阅会计账簿有不正当目的，可能损害公司合法利益的，可以拒绝提供查阅，并应当自股东提出书面请求之日起十五日内书面答复股东并说

---

① 其余公司文件类型为：(1)《中华人民共和国公司法》第三十三条第一款规定的有限公司的章程、股东会会议记录、董事会会议决议、监事会会议决议和财务会计报告等基本文件；(2) 第三十四条第二款规定的会计账簿。

② 李建伟：《股东知情权诉讼研究》，载《中国法学》2013年第2期。

③ 李美云：《〈会计法〉在民事诉讼运用中的理论基础与制度优化》，载《法学杂志》2019年第40期。理论上，会计凭证分为原始凭证和记账凭证，故该学者研究的“会计凭证”也就包含原始凭证，或称原始会计凭证。

④ 关于股东“不正当目的”的认定，《最高人民法院关于适用〈中华人民共和国公司法〉若干问题的规定（四）》第八条有明确规定。

明理由。本案中，杜某作为迈锐菲特公司股东，已依法向迈锐菲特公司书面请求查阅公司会计账簿，并说明其行使股东权利的原因和目的。迈锐菲特公司在无证据证明杜某查阅会计账簿有不正当目的，可能损害公司合法利益的情况下，拒绝杜某查阅会计账簿不符合法律规定。故本案需要再进一步认定："税收凭证、债权债务凭证和公司职位薪水证明"是否属于股东查阅权的范围。

依在案证据，本案原告杜某与被告迈锐菲特公司未就股东知情权的范围另作约定，故法院依据有关法律及司法解释来认定原告杜某的查阅权范围：(1) 杜某要求查阅的"公司职位薪水证明"不是"工资条"这样的在公司经营往来过程中直接产生的原始凭证，也不是公司会计人员用于编制会计账簿的记账凭证，因此法院认为其不属于会计凭证，更不属于"会计账簿"，故不支持该查阅请求。(2) 杜某要求查阅的"税收凭证、债权债务凭证"属于"原始会计凭证"，因税收和债权债务涉及公司的收支情况，依法必须如实反映在公司的会计账簿上。(3) 作为原始会计凭证的"税收凭证、债权债务凭证"可能涉及被告迈锐菲特公司的商业秘密，公司为维持正常的经营秩序，需要得到股东对公司决策的理解支持。现无明确法律依据且在案证据未表明查阅上述会计凭证是原告股东行使经营管理权的必要的手段，因此，经裁量法院认为，"税收凭证、债权债务凭证"这类会计凭证，在本案中不宜扩张解释为《中华人民共和国公司法》第三十三条规定的"会计账簿"。故判决驳回杜某主张查阅"税收凭证、债权债务凭证"的诉讼请求。

编写人：福建省厦门市思明区人民法院　邱瑛　罗彬

12

股东知情权已经生效法律文书确认，股东仍可另行起诉要求委托专业人员代为行使查阅权

——马某芳诉远东公司股东知情权案

【案件基本信息】

1. 裁判书字号

江苏省宜兴市人民法院（2019）苏0282民初3978号民事判决书

2. 案由：股东知情权纠纷

3. 当事人

原告：马某芳

被告：远东公司

【基本案情】

1993年4月22日，远东公司成立，马某芳未列入登记股东名册。2002年1月1日，马某芳出资5万元，获得“股权证书”。2011年12月29日，马某芳诉至本院，要求行使股东知情权。

2012年6月27日，本院作出（2012）宜商初字第0073号民事判决书，确认马某芳于2002年1月1日向远东公司缴纳“股本金”5万元，由此成为公司实质股东；据此判令：远东公司应向马某芳提供自2002年1月1日以来的股东会会议记录、董事会决议、监事会会议决议、公司财务会计报告、利润分配表供马某芳查阅和复制；提供自2002年1月1日以来作为公司经营活动所制作的会计账簿以供马某芳查阅。远东公司不服该判决，向无锡市中级人民法院上诉、向江苏省高级人民法院申诉均未获支持，前判决书发生法律效力。

2013年7月16日，本院根据马某芳的申请，对上述案件立案执行。执行中，

马某芳查阅复制了远东公司相关审计报告、董事会决议等公司资料。执行中，马某芳向本院提出要求委托专业人员查阅账簿，本院以涉及商业秘密、仅限股东本人查阅为由未予允许。后马某芳与远东公司及执行法官因查阅地点、时间、执行笔录签字等原因多次产生争议。2014年4月4日，本院执行笔录记载，马某芳及其丈夫陈某民未按照约定时间前往指定地点查阅，陈某民坚持要求委托专业财务人员查阅，执行人员以无明确依据为由未予同意，并催告马某芳在指定期限内前来行使知情权。因马某芳拒绝前来，本院于2014年4月11日将该执行案件作结案处理。

嗣后，马某芳对上述结案处理提出异议，本院裁定驳回其异议请求。裁决理由主要为：执行依据判决主文中明确远东公司提供材料的对象是马某芳，非其他专业人员。该案执结于2014年，当时法律未明确规定股东可以委托专业人员陪同查阅，故执行结案行为并无不当。2018年10月25日，无锡中院裁定驳回马某芳的复议申请。据此，马某芳诉至本院，诉讼请求：1. 判令被告提供自被告成立之日起至判决生效之日止的公司章程（包括章程修正案）、股东会会议记录、董事会会议决议、监事会会议决议和财务会计报告供原告查阅和复制，原告委托的律师或注册会计师可以予以协助；2. 判令被告提供自被告成立之日起至判决生效之日止的会计账簿（包括总账、明细账、日记账、其他辅助性账簿）和会计凭证（含记账凭证、相关原始凭证及作为原始凭证附件入账备查的相关资料）供原告查阅，原告委托的注册会计师可以予以协助；3. 被告承担本案诉讼费用。审理中，马某芳变更诉讼请求为：1. 判令被告提供自被告成立起至判决之日止的公司章程（包括章程修正案）、股东会会议记录、董事会会议决议、监事会会议决议和财务会计报告（包括但不限于年度、半年度、季度和月度财务会计报表，含资产负债表、利润表、现金流量及相关附表等、会计报表附注、财务情况说明书等）供原告委托的律师、注册会计师查阅、复制；2. 判令被告提供自被告成立起至判决生效之日止的会计账簿（包括总账、明细账、日记账、其他辅助性账簿）和会计凭证（含记账凭证、相关原始凭证及作为原始凭证附件入账备查的相关资料）供原告委托的律师、注册会计师查阅；3. 被告承担本案诉讼费用。

【案件焦点】

1. 生效法律文书已经确认股东知情权的前提下，股东委托他人代为行使查阅权是否必须通过审判程序解决；2. 本案应恢复执行程序还是另行裁判。

【法院裁判要旨】

江苏省宜兴市人民法院经审理认为：股东有权查阅、复制公司章程、股东会会议记录、董事会会议决议、监事会会议决议和财务会计报告，股东也可以要求查阅公司会计账簿。根据《中华人民共和国会计法》规定，各单位必须根据实际发生的经济业务事项进行会计核算，填制会计凭证，登记会计账簿，编制财务会计报告，会计凭证包括原始凭证和记账凭证。据此，马某芳要求查阅和复制公司章程、股东会会议记录、财务会计报告及查阅会计账簿的请求合法有据，且已由本院生效判决予以支持，马某芳变更后的诉请并不包括该项内容，对此本案不再理涉。

同时认为，执行程序中，股东因申请委托他人代为行使股东知情权应通过审判程序解决，此类争议属于股东知情权的行使方式，与一事不再理原则不相冲突。即使当事人请求查阅的内容与前案相同，但争议的实质是知情权行使方式，诉请并不一致，不具有包含关系，不属于重复起诉。财务会计报告、会计账簿及会计凭证等资料具有一定的专业性、复杂性，应当允许专业人士予以协助，但马某芳委托的专业人员应遵守相应的保密义务。关于查阅地点的确定，从维护公司正常经营和保护公司商业秘密等因素考虑，查阅地点确定于远东公司内较为适宜。

江苏省宜兴市人民法院依照《中华人民共和国公司法》第三十三条，《最高人民法院关于适用〈中华人民共和国公司法〉若干问题的规定（四)》第十条之规定，作出如下判决：

一、远东公司于本判决发生法律效力之日起十日内提供自成立以来的公司章程、股东会会议记录、董事会会议决议、财务会计报告，供马某芳委托的专业人员进行协助查阅和复制；

二、远东公司于本判决发生法律效力之日起十日内提供自成立以来的公司会计账簿供马某芳委托的专业人员予以协助查阅；

三、上述第一项、第二项查阅事项应在工作时间内进行，查阅地点为远东公司经营场所内。

【法官后语】

股东知情权是指股东享有对有关公司决策、经营、管理、财务运行状况等重要信息了解和掌握利的权利，是股东依法实现其他股东权利的基础，公司资料的查阅权是股东知情权的主要内容之一。中小股东通过行使股东知情权，了解公司经营状况、监督公司经营管理、维护自身合法权益。然而现实情况是，公司往往以各种理由拒绝股东行使知情权，导致股东与公司之间因行使股东知情权产生的纠纷时有发生。

自 2017 年 9 月 1 日开始实施的《最高人民法院关于适用〈中华人民共和国公司法〉若干问题的规定（四)》第十条第二款规定，股东依据人民法院生效判决查阅公司文件材料的，在该股东在场的情况下，可以由会计师、律师等依法或者依据执业行为规范负有保密义务的中介机构执业人员辅助进行。该规定对股东知情权的行使方式进行了补充，明确可以由会计师等中介机构人员予以协助。然而，在该规定实施之前，判决书中往往只确认股东本人的知情权。因公司会计账簿等资料具有一定的专业性、复杂性，股东本人进行查阅具有一定的难度，故对于该类判决的执行，股东往往会在执行过程中要求专业人员予以协助。而执行法官会以该要求超出判决书的范围不予支持，导致股东陷入两难境地。

执行程序中，股东因申请委托他人代为行使股东知情权应通过审判程序解决，此类争议属于股东知情权的行使方式，与一事不再理原则不相冲突。即使当事人请求查阅的内容与前案相同，但争议的实质是知情权行使方式，诉请并不一致，不具有包含关系，不属于重复起诉。财务会计报告、会计账簿及会计凭证等资料具有一定的专业性、复杂性，应当允许专业人士予以协助，但股东委托的专业人员应遵守相应的保密义务。就本案而言，马某芳在已由生效法律文书确定其股东知情权范围后，又诉至法院要求判令允许专业人员予以协助，该请求属于股东知情权的行使方式，并非一事两诉，不属于重复起诉，对其诉讼请求应予支持。

编写人：江苏省宜兴市人民法院　陆妍

13

民办非企业单位的股东可以类推适用公司法享有股东知情权

——邵某祥诉陈某、福寿陵园股东知情权案

【案件基本信息】

1. 裁判书字号

江苏省盐城市亭湖区人民法院（2019）苏0902民初5789号民事判决书

2. 案由：股东知情权纠纷

3. 当事人

原告：邵某祥

被告：陈某、福寿陵园

【基本案情】

福寿陵园为2009年在民政局登记的民办非企业单位，当时注册资本为10万元，陵园设有章程，但各投资人未在民政局登记在册，根据民政局的工作人员陈述，民办非企业单位属于公益性组织，不存在登记股东事项。福寿陵园成立之初，各投资人均持有福寿陵园发放的股权确认书。2013年之前，陵园由陈某山负责管理，2013年之后由陈某负责管理。福寿陵园从成立以后，未向各投资人发放过财务会计报告。

2010年12月23日，陈某（甲方）与邵某祥（乙方）签订了一份《协议书》，载明："甲方在盐城市亭湖区青墩镇投资兴建福寿陵园公墓需要资金，经与乙方协商，达成如下协议：1. 甲方于2009年7月16日与青墩镇人民政府签订的协议投资兴建福寿陵园公墓，坐落于亭湖区青墩镇龙庙村九组，占地面积约为80亩。2. 乙方借给甲方资金100万元人民币，按照甲方需要分期到位。3. 甲方按照乙方资金到

位的时间起算利息，年息1.5%，每年结算，四年还清。4. 甲方于2013年元月起每年给予乙方当年红利3%（即每年纯利润的3%）。5. 本协议至此陵园墓穴售完，红利结清到账后自然失效。”后邵某祥按照陈某的需要将100万元借款分期向陈某支付完毕。2011年1月1日，陈某向邵某祥出具借条一张，载明：“借到邵某祥人民币100万元，利息按照合同执行。”2011年11月8日，陈某与冯某军、丁某东、金某国、邵某祥等人在协商后形成了《关于增资扩股吸收陈某山同志为新股东的决议》，主要内容为：同意吸收陈某山为福寿陵园的新股东。福寿陵园最终总体投资规模为4340万元，现划分为100股，每股为43.4万元。原有股东分配情况：冯某军8%、丁某东5%、金某国3%、邵某祥3%，上述人员的股份不变，对股金不足的部分不需要再补足，原股权的差额部分作为先前投入的收益。现陈某山自愿认购福寿陵园30%的股份，即陈某山注入资金1300万元，除上述股份外，剩余股份为陈某所有，即陈某的股份为51%。2012年5月20日，福寿陵园的股东签订了股份确认书，认定：陈某占股43%、陈某山30%、杨某君8%、冯某军8%，丁某东5%、金某国3%、邵某祥3%。2014年1月15日、4月30日，福寿陵园向各股东发出通知称：因陵园发展急需投资，需要资金，总投入540万元，要求各股东筹足资金交至陵园财务部。通知发出后，邵某祥未予理睬。2017年9月26日，福寿陵园通过公证方式向邵某祥邮寄“关于与邵某祥借转股后矛盾处理的答复意见”：一、同意继续合作，可以按照实际本金计算本息至2011年11月8日，认购福寿陵园当下的市值股权。市值总额可通过司法审计和评估确认。二、同意通过司法程序解决，按照法院裁决执行。2017年11月，邵某祥向江苏省射阳县人民法院起诉，要求陈某返还其借款100万元及相应利息。射阳县人民法院经审理后，作出（2017）苏0924民初7399号民事判决书，判决陈某向邵某祥返还借款100万元及相应利息。判决后陈某不服，向江苏省盐城市中级人民法院提起上诉。经江苏省盐城市中级人民法院审理后，作出（2018）苏09民终3665号民事判决书，撤销原判决，驳回邵某祥的诉讼请求。在该判决书中，明确认定2012年5月20日福寿陵园签订股份确认书后，邵某祥与陈某就之前出借的款项达成新的合意，在2011年11月8日以后，邵某祥与陈某之间由最初的借贷关系转变为邵某祥投资福寿陵园的股东身份，并享有3%的股权。该判决生效后，邵某祥于2019年7月26日向福寿陵园和陈某发出通知，要求福寿陵园在接到通知书后十五日内提供财务会计报告供其查阅、复制，并将3%股权登记其名下。福寿陵园、陈某收到通知后未予回复，也未向邵某祥提供材料供其查阅。邵某祥遂诉至本院，请求依法判决被告陈某、福寿陵园向原告提供2011年11月8日起至2018年12月31日止的股东会会议记录和财务会计报告供原告查阅、复制，提供从2011年11月8日起到2018年12月31日止的会计账簿（包括资产负债表、损益表、利润分配表、财务变动情况说明、注册会计师对财务报告出具的审计报告、总账、明细账、日记账、记账凭证及相关原始凭证）供原告查阅；请求依法判令被告陈某将3%的股权登记到原告名下。

【案件焦点】

1. 民办非企业单位的股东是否享有股东知情权；2. 民办非企业单位的股东出资人能否要求股权登记。

【法院裁判要旨】

江苏省盐城市亭湖区人民法院经审理认为：股东知情权是指股东享有知道和了解公司经营状况信息的权利。根据《中华人民共和国公司法》有关规定，股东有权查阅公司的会计账簿。本案中，福寿陵园并非公司法意义上的股份制企业，但作为出资人的合法权益应受保护。原告作为出资人，现其要求享有知情权，符合法律规定，即其有权知悉组织的日常管理和财务支出情况，故可参照公司法的规定，从其成为出资人后，依法应享有知情权。起诉前，原告已通知被告，要求其履行相关义务，但被告未能履行，也未说明不同意原告查阅的理由。因此，原告起诉要求查阅、复制2011年11月8日起至2018年12月31日止的股东会会议记录和财务会计报告的诉讼请求，依法成立。但复制的内容，应限为公司章程、股东会会议记录和财务会计报告。关于原告主张将3%的股权登记到原告名下的请求。因福寿陵园并非公司法意义上的股份制企业，不存在股权确认的情形，实际上原告是要求确认其资产份额，现福寿陵园的"股份确认书"上已明确载明原告的持股情况为3%，即被告福寿陵园认可原告的持股比例为3%。而被告福寿陵园的所有出资人均未在民政局有记载，且民政局没有办理该项登记内容的业务，故原告要求被告将3%股权登记在其名下，则没有法律上的财产权依据，原告的该请求依法不能支持。

江苏省盐城市亭湖区人民法院依照《中华人民共和国公司法》第三十四条、第七十三条，《中华人民共和国民事诉讼法》第一百四十二条之规定，作出如下判决：

一、被告福寿陵园应于本判决发生法律效力之日起十日内提供2011年11月8日起至2018年12月31日止的股东会会议记录和公司财务会计报告，供原告邵某祥查阅、复制；提供财务资料（含会计账簿、记账凭证、原始凭证、财务会计报告、财务账册及银行对账单等）供原告邵某祥在被告福寿陵园指定的办公区域、正常工作时间十五个工作日内查阅；

二、驳回原告邵某祥的其他诉讼请求。

【法官后语】

一、民办非企业单位的股东是否享有股东知情权

1998年10月，国务院颁布了《民办非企业单位登记管理暂行条例》，将民办非企业单位界定为：企业事业单位、社会团体和其他社会力量以及公民个人利用非国有资产举办的，从事非营利性社会服务活动的社会组织。民办非企业股东是否享有股东知情权，法律没有作出明确规定。但公司法规定了股东享有包括知情权在内的各种权利，合伙企业法亦规定合伙人对合伙企业享有会计账簿等财务资料的查阅权，这些权利属于法律所要保护的合法权益，从整个法律体系加以解释，股东作为民办非企业单位的出资人，享有的合法权益应当包括知悉组织的日常管理和财务支出情况，故可参照公司法的规定，依法应享有知情权。

二、民办非企业单位的股东的股权登记问题

民办非企业单位是从事非营利性社会服务活动的社会组织，股东（出资人）向其投入的财产属于民办非企业单位所有，且投入的财产终极归属于社会而非出资人，故股东（出资人）对其财产不具有财产权益，其要求确认出资份额的诉请没有法律上的财产权依据。同时，民办非企业单位并非公司法意义上的股份制企业，不存在股权确认的情形，且作为民办非企业单位的登记管理机关民政部门没有办理该项登记内容的业务，其股东要求股权登记没有法律上的财产权依据，依法不能支持。

编写人：江苏省盐城市亭湖区人民法院　刘敏

14

有限责任公司股东无权以行使股东知情权为由查阅公司原始凭证

——吴某诉灰石公司股东知情权案

【案件基本信息】

1. 裁判书字号

北京市第二中级人民法院（2019）京02民终15365号民事判决书

2. 案由：股东知情权纠纷

3. 当事人

原告（被上诉人）：吴某

被告（上诉人）：灰石公司

【基本案情】

灰石公司成立于2008年5月8日，工商登记信息显示吴某系其股东。吴某与灰石公司均确认灰石公司章程并未约定股东知情权的查阅范围。

2019年3月28日，吴某向灰石公司邮寄《股东知情权告知函》，要求灰石公司于2019年3月30日前向吴某提交公司经营情况报告、重大事项报告、2017年及2018年全年财务报告（包括财务报表、资产负债表、损益表、现金收支明细表、会计报表详细附注和说明）及原始财务凭证、公司营业执照及相关批文、金额在5万元及5万元以上的合同、公司所有投资协议、公司章程及章程修正案供吴某查阅或复制。灰石公司确认收到该告知函，但未予书面答复。

后吴某诉至一审法院，要求：1. 灰石公司提供2017年、2018年的会计账簿，包括总账、明细账、日记账（包括现金日记账、银行存款日记账）、现金收支明细表、自2008年成立之日起至2019年9月30日止的银行账户交易明细、银行对账单交易明细供吴某查阅；2. 灰石公司提供2017年、2018年财务会计报告，包括会计报表、会计报表附注、财务情况说明书、资产负债表、损益表供吴某查阅、复制；3. 灰石公司提供自2017年1月1日起至2019年9月30日止的股东会会议记录（包括股东会会议笔录纪要、投资协议、公司经营情况报告、重大事项报告、相关批文、金额在5万元及5万元以上的合同）供吴某查阅、复制。

【案件焦点】

1. 吴某是否有权行使股东知情权；2. 股东知情权的查阅范围是否包括公司会计凭证；3. 吴某行使股东知情权是否具有不正当目的。

【法院裁判要旨】

北京市东城区人民法院经审理认为：首先，吴某作为灰石公司的股东，有权按照《中华人民共和国公司法》（以下简称《公司法》）的规定行使股东知情权。吴某向灰石公司邮寄了《股东知情权告知函》，灰石公司亦确认收到，吴某在该函中要求查阅的范围虽未明确会计账簿，但其实质也属书面请求公司提供查阅财务账簿的方式之一，故吴某提起股东知情权诉讼已经履行法定的前置程序。其次，关于股东知情权的查阅范围是否包括原始凭证。根据《中华人民共和国会计法》（以下简称《会计法》）的相关规定，会计凭证包括原始凭证和记账凭证，而原始凭证既是会计账簿形成的基础，又是验证会计账簿对公司财务状况的记录是否完整准确的依据，故吴某有权要求查阅原始凭证。最后，对于灰石公司提出吴某提起本案诉讼是为了干扰其正常经营，有破坏灰石公司商业信誉等不当目的的抗辩意见，因灰石公司未提供证据予以证明，法院对此不予采信。综上，北京市东城区人民法院于2019年10月28日作出判决，判决：

灰石公司提供2017年、2018年会计账簿，包括总账、明细账、日记账（包括现金日记账、银行存款日记账）、现金收支明细表、2017年1月1日至2019年9月30日的银行账户交易明细、银行对账单交易明细供吴某查阅，提供2017年、2018年财务会计报告（包括会计报表、会计报表附注、财务情况说明书、资产负债表、损益表）、自2017年1月1日起至2019年9月30日止的股东会会议记录（包括股东会会议笔录纪要）供吴某查阅、复制。

灰石公司不服一审判决，提出上诉。北京市第二中级人民法院经审理认为：因吴某自认现金收支明细表、银行账户交易明细、银行对账单交易明细均属于会计凭证中的原始凭证，且亦未能提供证据证明其该部分查阅请求属于《公司法》第三十三条规定的股东有权查阅的公司会计账簿范围，故一审法院对于吴某该部分请求予以支持欠妥，二审法院依法予以改判，同时一审法院未对查阅与复制的地点予以确定，二审法院予以明确。其他裁判意见同一审法院。二审判决如下：

一、撤销北京市东城区人民法院（2019）京0101民初13341号民事判决；

二、自本判决生效之日起十日内，灰石公司在其办公场所提供该公司2017年、2018年的会计账簿，包括总账、明细账、日记账（包括现金日记账、银行存款日记账）供吴某查阅；

三、自本判决生效之日起十日内，灰石公司在其办公场所提供2017年、2018年财务会计报告，包括会计报表、会计报表附注、财务情况说明书、资产负债表、损益表供吴某查阅、复制；

四、自本判决生效之日起十日内，灰石公司在其办公场所提供自2017年1月1日起至2019年9月30日止的股东会会议记录（包括股东会会议笔录纪要）供吴某查阅、复制；

五、驳回吴某的其他诉讼请求。

【法官后语】

股东知情权指公司股东了解公司经营信息的权利，其权利创设价值取向在于中小股东便于及时监督管理层处理公司事务，维护自身权益。《公司法》第三十三条第一款规定了有限责任公司股东行使股东知情权的一般查阅复制范围，包括公司章程等，该条第二款亦对有限责任公司股东查阅会计账簿的前置程序和必备条件进行了特别规定，股东应先向公司提出书面请求，说明其查阅目的，且以没有不正当目的和不会损害公司合法利益为前提，才得以查阅与其查阅目的相关的公司账簿。此外，《最高人民法院关于适用〈中华人民共和国公司法〉若干问题的规定（四）》（以下简称《公司法解释四》）亦对有限责任公司股东知情权相关问题进行了规定。但关于有限责任公司股东是否有权查阅公司原始凭证这个问题，现有立法并未对此进行过明确规定，学理界存在观点纷争，司法实践中的裁判观点也未完全一致，有观点认为中小股东在脱离公司原始凭证的情况下很难准确了解公司的实际经营状况，故股东有权查阅公司原始凭证。但从原始凭证的法定类别、公司法领域的利益平衡原则及相关立法背景资料多重角度而言，股东知情权的法定查阅范围并不包括原始凭证，具体理由如下：

首先，根据《会计法》第十三条第一款和第十四条第一款的规定，原始凭证包含会计凭证，而会计凭证与会计账簿又相互区别，故即便原始凭证与会计账簿存在一定关联性，但从法定类别而言，会计账簿并不包括原始凭证，同时鉴于《公司法》第三十三条对股东可查阅的财会资料范围仅限于财务会计报告和会计账簿，故原始凭证已超出现有立法对股东行使股东知情权所规定的查阅范围，不可随意对该条进行扩大解释，将股东知情权的法定允许查阅范围扩大至原始凭证。

其次，从公司法领域的利益平衡原则而言，股东知情权的立法目的系维护中小股东合法权益，但基于股东与公司之间的利益平衡原则，结合原始凭证相较于其他财务资料之特殊重要性，为避免因股东知情权被滥用而出现公司负担过重、影响公司日常运营、损害公司商业秘密等公司利益严重受损情形，不宜将原始凭证纳入股东知情权的法定查阅范围，公司有权拒绝向股东提供原始凭证。

最后，通过探究相关立法背景资料可知，2016年4月公布的《公司法解释四》（征求意见稿）第十六条（查阅原始凭证）规定，有限责任公司的股东起诉请求查阅公司会计账簿及与会计账簿记载内容有关的记账凭证或者原始凭证等材料的，应当依法受理。公司提供证据证明股东查阅记账凭证或者原始凭证等有不正当目的，可能损害公司合法利益的，应当驳回诉讼请求。但在后来正式发布的《公司法解释四》中，已不再支持前述征求意见稿所载的股东有权以行使股东知情权为由查阅公司会计凭证的观点。

综上，有限责任公司股东无权以行使知情权为由查阅原始凭证。此外，在司法实践中，还应严格按照《公司法解释四》第十条的规定，判决支持原告诉讼请求的，在判决书中明确查阅或复制公司特定文件材料的时间、地点和特定文件材料的名录，切勿遗漏细节问题。

编写人：北京市第二中级人民法院　石东　贾凯迪

15

有限责任公司股东知情权的程序和实体规制思考

——李某华诉陶然公司股东知情权案

【案件基本信息】

1. 裁判书字号

北京市第二中级人民法院（2019）京02民终14806号民事判决书

2. 案由：股东知情权纠纷

3. 当事人

原告（被上诉人）：李某华

被告（上诉人）：陶然公司

【基本案情】

原告于1999年12月成为被告公司股东，被告每年都给股东股份分红款。但是2016年、2017年、2018年被告扣发原告的股份分红款。原告依据《中华人民共和国公司法》和《陶然公司章程》向被告提出书面查账申请，查阅和复制目的：了解公司的整体经营状况；取得利润分配方案讨要股份分红款。原告的查账申请书于2019年1月30日以挂号信方式寄达，被告庭审辩称未收到。2019年5月29日原告又以国内标准快递方式送达，被告拒收。

原告李某华向一审法院提出的诉讼请求为：1. 查阅和复制陶然公司2016年、2017年、2018年由股东大会通过的利润分配方案；2. 查阅和复制陶然公司2000年至2018年的财务会计报告；3. 查阅和复制陶然公司2000年1月1日至2019年1月30日的公司董事会决议、监事会决议、股东大会会议记录、股东名册、公司的债券存根；4. 查阅2015年1月1日至2019年1月30日的会计账簿、记账凭证；5. 由被告承担诉讼费及本案诉讼的合理费用。

【案件焦点】

1. 李某华是否已经依照法律规定履行了股东知情权的前置程序；2. 李某华行使股东知情权的范围。

【法院裁判要旨】

北京市西城区人民法院经审理认为：《中华人民共和国公司法》第三十三条规定：股东有权查阅、复制公司章程、股东会会议记录、董事会会议决议、监事会会议决议和财务会计报告。股东可以要求查阅公司会计账簿。股东要求查阅公司会计账簿的，应当向公司提出书面请求，说明目的。公司有合理根据认为股东查阅会计账簿有不正当目的，可能损害公司合法利益的，可以拒绝提供查阅，并应当自股东提出书面请求之日起十五日内书面答复股东并说明理由。公司拒绝提供查阅的，股东可以请求人民法院要求公司提供查阅。《最高人民法院关于适用〈中华人民共和国公司法〉若干问题的规定（四）》第八条规定：有限责任公司有证据证明股东存在下列情形之一的，人民法院应当认定股东有公司法第三十三条第二款规定的“不正当目的”：（一）股东自营或者为他人经营与公司主营业务有实质性竞争关系业务的，但公司章程另有规定或者全体股东另有约定的除外；（二）股东为了向他人通报有关信息查阅公司会计账簿，可能损害公司合法利益的；（三）股东在向公司提出查阅请求之日前的三年内，曾通过查阅公司会计账簿，向他人通报有关信息损害公司合法利益的；（四）股东有不正当目的的其他情形。

现李某华已经按照上述法律规定履行了前置程序，且陶然公司亦未举证证明李某华行使股东知情权有上述法律规定之不正当目的，其仅辩称李某华妨碍公司正常经营并非拒绝李某华行使法定权利的合理理由，故对于陶然公司的抗辩意见，本院不予采纳。

关于股东可以查阅的材料范围。李某华要求查阅和复制的 2016 年、2017 年、2018 年由股东大会通过的利润分配方案属于股东会决议的内容，陶然公司认可制作有上述文件并一直要求原告查阅，故该项请求本院予以支持；其要求查阅和复制的 2000 年至 2018 年的财务会计报告符合法律规定，本院予以支持；其要求查阅和复制的 2000 年 1 月 1 日至 2019 年 1 月 30 日的公司董事会决议、监事会决议、股东大会会议记录、股东名册、公司的债券存根，陶然公司称未发行债券没有债券存根，李某华亦未举证证明公司保有债券存根，故该项请求本院不予支持，其余材料陶然公司认可制作并持有，故本院予以支持；其要求查阅的 2015 年 1 月 1 日至 2019 年 1 月 30 日的会计账簿、记账凭证符合法律规定，本院予以支持。

综上所述，依照《中华人民共和国公司法》第三十三条，《中华人民共和国会计法》第九条第一款、第十四条、第十五条第一款，《最高人民法院关于适用〈中华人民共和国公司法〉若干问题的规定（四)》第八条，《中华人民共和国民事诉讼法》第六十四条之规定，判决如下：

一、被告陶然公司于本判决生效之日起十五日内提供被告陶然公司 2016 年、2017 年、2018 年由股东大会通过的利润分配方案，提供 2000 年至 2018 年的财务会计报告，提供 2000 年 1 月 1 日至 2019 年 1 月 30 日的公司董事会决议、监事会决议、股东大会会议记录、股东名册供原告李某华查阅及复制；

二、被告陶然公司于本判决生效之日起十五日内提供被告陶然公司 2015 年 1 月 1 日至 2019 年 1 月 30 日的会计账簿、记账凭证供原告李某华查阅。

陶然公司不服一审判决，提出上诉。北京市第二中级人民法院经审理认为：

《中华人民共和国公司法》第三十三条规定：股东有权查阅、复制公司章程、股东会会议记录、董事会会议决议、监事会会议决议和财务会计报告。股东可以要求查阅公司会计账簿。股东要求查阅公司会计账簿的，应当向公司提出书面请求，说明目的。公司有合理根据认为股东查阅会计账簿有不正当目的，可能损害公司合法利益的，可以拒绝提供查阅，并应当自股东提出书面请求之日起十五日内书面答复股东并说明理由。公司拒绝提供查阅的，股东可以请求人民法院要求公司提供查阅。李某华作为陶然公司股东，有权行使股东知情权，要求查阅、复制陶然公司股东会会议记录、董事会决议、监事会决议等，并有权查询陶然公司会计账簿。李某华向陶然公司提出了书面申请，并说明了目的。陶然公司拒绝李某华的查阅请求，但并无证据证明李某华存在法定的不正当目的。但李某华要求查阅陶然公司的记账凭证，缺乏法律依据，《中华人民共和国公司法》与《最高人民法院关于适用〈中华人民共和国公司法〉若干问题的规定（四)》中均未规定股东可以查阅公司的记账凭证，一审法院判决李某华可以查阅陶然公司记账凭证，于法无据，本院予以纠正。另，依据《最高人民法院关于适用〈中华人民共和国公司法〉若干问题的规定（四)》第十条第一款规定，人民法院审理股东请求查阅或者复制公司特定文件材料的案件，对原告诉讼请求予以支持的，应当在判决中明确查阅或者复制公司特定文件材料的时间、地点和特定文件材料的名录。一审法院并未明确查阅地点，本院予以纠正。

综上所述，陶然公司的上诉请求部分成立，本院依照《中华人民共和国公司法》第三十三条，《中华人民共和国会计法》第九条第一款、第十四条、第十五条第一款，《最高人民法院关于适用〈中华人民共和国公司法〉若干问题的规定（四）》第八条、第十条，《中华人民共和国民事诉讼法》第一百七十条第一款第（二）项规定，判决如下：

一、变更北京市西城区人民法院（2019）京 0102 民初 31429 号民事判决第一项为陶然公司于本判决生效之日起十五日内在其办公场所提供陶然公司 2016 年、2017 年、2018 年由股东大会通过的利润分配方案，提供 2000 年至 2018 年的财务会计报告，提供 2000 年 1 月 1 日至 2019 年 1 月 30 日的公司董事会决议、监事会决议、股东大会会议记录、股东名册供李某华查阅及复制；

二、变更北京市西城区人民法院（2019）京 0102 民初 31429 号民事判决第二项为陶然公司于本判决生效之日起十五日内在其办公场所提供陶然公司 2015 年 1 月 1 日至 2019 年 1 月 30 日的会计账簿供李某华查阅。

【法官后语】

公司股东作为公司的出资者，对公司享有知情权是当代各国公司法都共同承认的权利。《中华人民共和国公司法》（以下简称《公司法》）区分有限责任公司和股份有限公司两种类型，分别在第三十三条和第九十七条予以明确规定。然而由于公司法对股东知情权的规定过于笼统和原则化，必然导致法官依此确定涉及股东知情权范围的公司文件材料时无法找到明晰的法律规则指引，此时有些法官往往会援引《中华人民共和国会计法》（以下简称《会计法》）等经济法规则加以分析确定。而另一些法官则认为，股东知情权规定于《公司法》，表明该权利属于私法赋予的权利。《会计法》属于公法中的经济法分支，依公法规则来界定私法权利的范围，混淆了公法、私法的不同调整对象，属法律适用不当，因此在审理股东知情权案件时仅依据《公司法》规定来确定股东可以查阅的文件材料范围，由此导致股东知情权案件裁判标准产生了差异。围绕有限责任公司的股东知情权诉讼存在的前置程序争议、查阅范围争议，不仅困扰诉讼各方当事人，也给法院审判工作带来了较大挑战。

关于前置程序争议。根据《公司法》第三十三条的规定，股东要求查阅公司会计账簿的，应当向公司提出书面请求，说明目的。公司有合理根据认为股东查阅会计账簿有不正当目的，可能损害公司合法利益的，可以拒绝提供查阅，并应当自股东提出书面请求之日起十五日内书面答复股东并说明理由。公司拒绝提供查阅的，股东可以请求人民法院要求公司提供查阅。

笔者通过在中国裁判文书网检索相关判例，反映出的法院裁判尺度差异主要在于股东书面请求查阅会计账簿的送达效力、送达时间及书面请求能否以起诉方式替代。部分案例对股东书面请求的送达效力及送达时间进行了细致入微的审查，体现出了严格审查前置程序的立场①。但也有部分案例对前置程序持宽松立场，认为股东提起诉讼，法院向公司送达起诉材料后，公司便知悉股东的查阅会计账簿请求，从而满足了上述股东书面请求程序的要求②。

总结审判实践中对于前置程序的处理意见，可归类为三种不同观点。第一种观点认为，前置程序是法院起诉受理的条件，未履行该程序法院应裁定不予受理或驳回股东起诉③；第二种观点认为，前置程序是股东知情权受保护的实体要求，未达成法院应判决驳回股东诉讼请求④；第三种观点认为，股东起诉应视作向公司提出书面申请，若公司拒绝，法院应支持股东的诉讼请求。⑤ 笔者赞成第二种观点。该观点蕴含了公司自治优先的理念，符合公司治理规则宽松化、自由化的时代需要。股东履行该前置程序可看作民法上的私力救济，而求诸诉讼则属公力救济，将私力救济置于公力救济之前，既尊重了公司法的自治原则，也体现了谦抑司法的理念。

关于查阅范围争议。股东知情权指向的公司“特定文件材料”，依据《公司

---

① 参阅（2018）闽民终1196号民事判决书、（2019）粤01民终19086号民事判决书、（2019）皖12民终5572号民事判决书、（2018）陕01民终9394号民事判决书。

② 参阅（2019）京02民终15365号民事判决书、（2018）川01民终18151号民事判决书。

③ 参阅（2019）新2122民初2691号民事裁定书、（2019）甘0111民初1578号民事裁定书。

④ 参阅（2019）最高法民申4231号民事裁定书、（2018）陕01民终9394号民事判决书。

⑤ 参阅（2019）京02民终15365号民事判决书、（2018）川01民终18151号民事判决书。

法》第三十三条的规定，包含两种类型：其一是股东享有绝对知情权的资料，包括公司章程、股东会会议记录、董事会会议决议、监事会会议决议和财务会计报告，对此股东可以无条件地查询并复制；其二是股东享有相对知情权的资料，法律规定的是会计账簿，对此股东仅能查询，且需说明正当目的。然而实践中经常出现股东起诉要求查询公司会计凭证、原始凭证和其他非法定材料的案件。

会计凭证、原始凭证与公司法规定的会计账簿并不相同，但又属于公司会计账簿的记账基础。《会计法》第十四条第一款规定，会计凭证包括原始凭证和记账凭证。第十五条第一款规定，会计账簿登记，必须以经过审核的会计凭证为依据，并符合有关法律、行政法规和国家统一的会计制度的规定。会计账簿包括总账、明细账、日记账和其他辅助性账簿。第十七条规定，各单位应当定期将会计账簿记录与实物、款项及有关资料相互核对，保证会计账簿记录与实物及款项的实有数额相符、会计账簿记录与会计凭证的有关内容相符、会计账簿之间相对应的记录相符、会计账簿记录与会计报表的有关内容相符。

对股东要求查询公司会计凭证、原始凭证和其他非法定材料的请求是否支持，不同案件给出了截然不同的终审判决结果。部分案件认为，虽然公司法没有明确规定股东可以查阅会计凭证和原始凭证，但基于利益平衡及确保信息真实的考虑，股东知情权范围不宜作限缩解释，且有限责任公司是人合性公司，严格限定股东知情权范围不符合股东知情权制度的设置目的，故认为会计凭证、原始凭证可以纳入知情权范围。① 部分案件还将股东知情权扩大到了其他非法定材料范围②。包括本案在内的部分案件则明确将会计账簿与会计凭证、原始凭证、其他非法定材料予以区分，以法无明文规定为由驳回了股东要求查阅会计凭证、原始凭证、其他非法定材料的诉讼请求③。

对此笔者认为针对股东要求查询公司会计凭证、原始凭证和其他非法定材料的案件，可以遵循以下思路进行处理：一是章程有规定的，依照章程规定。章程是股东意思自治的产物，若章程扩张知情权范围，则不存在限制、消解股东权利的问

---

① 参阅（2019）冀民终883号民事判决书、（2018）闽民终1196号民事判决书。

② 参阅（2019）皖民终291号民事判决书、（2019）浙民终50号民事判决书。

③ 参阅（2019）豫15民终5134号民事判决书、（2019）京02民终15365号民事判决书。

题，故应该予以准许，依照章程规定进行裁判，此与《最高人民法院关于适用〈中华人民共和国公司法〉若干问题的规定（四）》第七条有关股东可以依据章程主张股东知情权的规定是一致的。二是即使章程未规定，对于依据会计法与会计账簿直接关联的资料，其作为印证、核实法定资料真实性的依据，应当结合股东要求查阅的必要性、其查阅目的正当性，以及是否属于公司商业秘密等情形，综合判断应否纳入股东知情权范围，而非一概以法无明文规定为由予以驳回，以确保股东知情权的有效行使。

编写人：北京市西城区人民法院　杨晓龙

16

股东起诉要求查阅公司会计账簿不受“一事不再理”原则的限制

——张某臣、王某强诉建文公司股东知情权案

【案件基本信息】

1. 裁判书字号

天津市第二中级人民法院（2019）津02民终1250号民事裁定书

2. 案由：股东知情权纠纷

3. 当事人

原告（上诉人）：张某臣、王某强

被告（被上诉人）：建文公司

【基本案情】

张某臣、王某强系建文公司的股东，其二人于2018年4月9日向建文公司提出书面请求，申请查阅公司账目。2018年4月16日，建文公司出具书面答复，分别驳回张某臣、王某强上述申请。2018年7月4日，张某臣、王某强诉至天津市河

西区人民法院，请求法院判令：1. 查看从2005年7月至2018年6月的原始账簿；2. 诉讼费用由建文公司承担。2018年8月9日，天津市河西区人民法院作出（2018）津0103民初8904号民事判决：建文公司于判决生效后三十日内协助王某强、张某臣查阅自2005年7月至2018年6月的公司原始账簿。判决生效后，张某臣、王某强于2018年9月27日申请强制执行［执行案号：（2018）津0103执4874号］，该案已于2018年11月14日执行完毕。

2018年12月6日，张某臣、王某强就查阅建文公司账目的事项，再次起诉至天津市河西区人民法院。建文公司辩称，不同意张某臣、王某强相应的查阅请求。

【案件焦点】

股东起诉要求查阅公司会计账簿是否受到“一事不再理”原则的限制，股东就知情权诉讼并已执行完毕后再行起诉是否构成重复起诉。

【法院裁判要旨】

天津市河西区人民法院经审理认为：就查阅公司账目的事项，已经在（2018）津0103民初8904号民事判决中作出处理，并已执行完毕。现张某臣、王某强以与前诉相同的当事人、相同的诉讼标的、相同的诉讼请求再次起诉，属于重复起诉。

天津市河西区人民法院依照《中华人民共和国民事诉讼法》第一百五十四条第一款第（三）项，《最高人民法院关于适用〈中华人民共和国民事诉讼法〉的解释》第二百四十七条规定，裁定：

驳回张某臣、王某强的起诉。

张某臣、王某强不服一审裁定，提出上诉。天津市第二中级人民法院经审理认为：本案不适用“一事不再理”原则，不构成重复起诉。1. 本案与（2018）津0103民初8904号案件，虽然诉讼请求的内容相同，但表现为要求公司提供会计账簿以便查阅的前后两个独立的行为请求，且后诉的诉讼请求不是在实质上否定前诉裁判结果，不存在否定前诉既判力的问题；2. 本案查阅会计账簿的请求权基础为股东知情权，该权利是一种与股东资格相联系的基础性权利，为一个持续的权利，以该权利为基础派生出的查阅账目的行为请求权必然也应为一个持续存在的权利，只要股东在具有正当目的及合理理由的情况下，其行使知情权不应受次数与期间的限制；3. 基于股东知情权的特殊性，前诉判决的执行完毕并不导致后诉诉讼请求权的灭失，行为请求权在判决执行完毕后，其权利基础犹在，股东若想再次查阅会计账簿以保护其股东知情权，公司若不同意其申请，依然可以再次起诉。综上所述，张某臣、王某强起诉要求查阅建文公司会计账簿（2005～2018年房屋租赁合同及收入的明细账与4名注册股东乔某斌、庞某顺、姜某生、王某恭在2005年～2018年领取工资及缴纳五险一金数额的明细账），不构成重复起诉。

天津市第二中级人民法院依照《中华人民共和国民事诉讼法》第一百六十九条第一款、第一百七十条第一款第（二）项、第一百七十一条，《最高人民法院关于适用〈中华人民共和国民事诉讼法〉的解释》第三百三十二条规定，裁定如下：

一、撤销天津市河西区人民法院（2018）津0103民初15816号民事裁定；

二、本案指令天津市河西区人民法院审理。

【法官后语】

随着经济社会的发展，公司股东对自身权益愈加重视。实践中，对股东已经通过诉讼行使知情权查阅公司账目并已执行完毕，能否再次起诉的问题有两种观点。第一种观点认为属重复诉讼，第二种观点认为不构成重复起诉。笔者同意第二种观点。理由如下：

1. 不构成重复诉讼。“一事不再理”是民事诉讼的基本原则，是法院对于法院既判力的认可，指的是当事人不得就已经判决的同一案件再行起诉。就既判力的时间范围来看，针对的是法院确定终局判决时所判断的当事人之间诉争事实状态或权利状态。本案张某臣、王某强对前诉所判决的结果并无异议，再次起诉亦不是否认原判决，而是终审判决生效并执行完毕后，基于新的请求再次起诉，非重复诉讼。一审法院对于该诉的审查应是一种形式的审查，而对于实质审查则需要在实体审理后加以判断，且后诉法院无论判决结果如何均不会与前诉生效判决相悖，不存在否定前诉既判力的问题。

2. 裁定驳回起诉不利于股东权利保护，实体审理更为符合立法精神。知情权是股东行使资产收益权与参与公司经营管理权的基本前提，股东基于其与公司的该身份关系，有权要求随时查阅公司会计账簿，《中华人民共和国公司法》（以下简称《公司法》）第三十三条规定：股东可以要求查阅公司会计账簿。但是对于查阅的次数，《公司法》并未作出限制，因此可以理解为股东可就同一事项多次行使知情权，毕竟《公司法》对于会计账簿只允许查阅而不允许复制，但基于公司人格的独立性，法律亦需要考量公司利益的保护，故《公司法》第三十三条亦规定，“公司有合理根据认为股东查阅会计账簿有不正当目的，可能损害公司合法利益的，可以拒绝提供查阅”。综上，可以看出，股东查阅公司会计账簿为基于知情权的基本权利，可以查阅是常态，只有在特殊情形下，公司才可对其查阅申请予以拒绝，而且这种拒绝不是绝对的，《公司法》第三十三条规定，“公司拒绝提供查阅的，股东可以请求人民法院要求公司提供查阅”。但股东要求查阅公司会计账簿应否得到支持，需要法院综合股东事由与公司理由在平衡股东与公司利益间作出判断，而该项判断属于实体审查的范畴，若简单地以重复诉讼为由将股东要求查阅公司会计账簿的诉请挡在实体审查门外，则不利于股东权利的保护。

3. 裁定驳回起诉与股东知情权的权利属性相悖，本案进入实体审理具有充足的法理依据。知情权是基于股东身份而享有的权利，因此基于其实体法中的身份属性，故在民事诉讼中其存在一定的特殊性。(1) 查阅公司会计账簿的基础为股东知情权，该权利是与股东资格相联系的基础性权利，为一种持续的权利，以该权利为基础派生出的要求公司提供会计账簿供其查阅的行为请求权也应为一种持续存在的权利，股东在具有正当目的及合理理由的情况下，其要求查阅公司会计账簿不应受次数与期间的限制。(2) 股东要求查阅会计账簿的知情权纠纷，有其不同于普通民商事诉讼的特殊性，不能简单套用针对契约关系的调整方法来解决。一般的契约关系，在前诉判决执行完毕后，其权利基础通过判决执行已处于圆满状态，权利人即丧失了再次提出诉讼请求的基础。而关于查阅公司会计账簿的前诉判决的执行完毕并不导致后诉请求权的灭失，行为请求权即使在判决执行完毕后，其权利基础犹在，股东若想再次查阅公司会计账簿以保护其股东知情权，公司若不同意，股东可以再次起诉。(3) 参照民事诉讼中抚养、探视等基于身份关系的诉讼，虽然通过法院诉讼离婚时会对子女抚养、探视权等纠纷有生效判决加以确认，但是基于身份关系的特殊性，如一方要求变更抚养权、增加抚养费或调整探视次数等再次诉讼的，亦不受“一事不再理”原则的限制。

编写人：天津市第一中级人民法院　余庆

天津市第二中级人民法院　王兴哲

四、公司盈余分配纠纷

17

股东未提交决议请求分配利润案件的认定标准

——陈某诉新柚壹加公司公司盈余分配案

【案件基本信息】

1. 裁判书字号

北京市第一中级人民法院（2019）京 01 民终 1904 号民事判决书

2. 案由：公司盈余分配纠纷

3. 当事人

原告（上诉人）：陈某

被告（被上诉人）：新柚壹加公司

【基本案情】

新柚壹加公司于 2014 年 12 月 15 日注册成立，注册资本 10 万元，公司股东为陈某、陈某妍，陈某认缴出资 4 万元，陈某妍认缴出资 6 万元。陈某妍任公司执行董事、经理，陈某任公司监事。公司章程规定：股东会由全体股东组成，是公司的权力机构，行使包括审议批准公司的利润分配方案和弥补亏损的方案等职权。股东会会议由股东按照出资比例行使表决权。

2015 年 6 月 1 日，陈某收到新柚壹加公司支付的分红款 2 万元，后再未收到公司分红款。

2016 年 1 月 22 日，陈某、陈某妍签署股东会决议：2015 年度财务报告应当以书面报告为准；2016年度公司运营资金的募集问题待股东审阅过书面财务报告后5个工作日内书面答复，不再另行召开股东会，逾期视为股东放弃表决权利。

陈某提起本案诉讼，称陈某妍利用职务之便转移本属于新柚壹加公司的经营收入，同时股东陈某妍个人资产与公司资产混同，依据相关法律规定，新柚壹加公司应当向陈某分红。其诉讼请求为：判令新柚壹加公司支付2015年6月至2018年6月的分红款139020元（2015年6月1日获得了1月至5月的分红款2万元，按照每月平均的分红款计算，主张到2018年止）。

为证明其主张，陈某提交了公证书，内容为微信聊天记录截图，证明有三个微信公众号都属于新柚壹加公司，但公众号的盈利有打入新柚壹加公司账户的，有打入陈某妍个人账户的，可证明资产混同的事实。另主张，陈某妍另成立了金阳公司，构成同业经营，且陈某妍向金阳公司转移经营收入。金阳公司成立于2015年11月30日，公司执行董事为陈某妍。新柚壹加公司不认可向金阳公司转过钱，并称金阳公司的执行董事“陈某妍”不是新柚壹加公司的法人代表“陈某妍”，两个公司并无关系。陈某向一审法院起诉请求：判令新柚壹加公司支付2015年6月至2018年6月的分红款139020元，并承担本案诉讼费。

【案件焦点】

1. 股东未提交决议请求分配利润时，对“滥用股东权利”情形的理解；2. 股东未提交决议请求分配利润时，应如何承担举证责任。

【法院裁判要旨】

北京市海淀区人民法院经审理认为：《中华人民共和国公司法》第四条规定，公司股东依法享有资产收益、参与重大决策、选择管理者等权利。股东的盈余分配请求权，是指股东基于其股东地位依法享有的请求公司按照自己的持股比例向自己分配股利的权利。本案中，陈某依其股东身份向法院主张盈余分配，但未提交合法有效的利润分配股东会决议。陈某在本案诉讼中称陈某妍利用职务之便转移本属于新柚壹加公司的经营收入，同时股东陈某妍个人资产与公司资产混同，故依据《最高人民法院关于适用〈中华人民共和国公司法〉若干问题的规定（四）》第十五条规定，要求新柚壹加公司向陈某分红。陈某就此提交了公证书，证明有三个微信公众号都属于新柚壹加公司，盈利有打入新柚壹加公司账户的，有打入陈某妍个人账户的，资产混同，其中相关凭证都是一个客户的微信提供的。新柚壹加公司对上述公证书中的信息不认可，称大多都是截图；新柚壹加公司亦不认可向金阳公司转过钱，并称金阳公司的执行董事“陈某妍”不是新柚壹加公司的法人代表“陈某妍”，两个公司并无关系。根据民事诉讼法的规定，当事人就其主张的事实有责任提交证据，书证应当提交原件。陈某在本案中就其主张的上述事实提交了公证书，但公证的内容系个人微信聊天记录，相关凭证亦为微信聊天过程中案外人发送的图片，在新柚壹加公司对其信息截图的真实性提出质疑且无其他证据佐证的情况下，对陈某上述证据的证明力不予认可。因陈某提交的证据，不足以证明公司股东陈某妍违反法律规定滥用股东权利，导致公司不分配利润，给股东陈某造成损失的情形，故对陈某的诉讼主张不予支持。综上所述，依照《中华人民共和国公司法》第四条、第十一条、第三十七条，《中华人民共和国民事诉讼法》第六十四条第一款之规定，判决：

驳回陈某的诉讼请求。

陈某不服一审判决，提出上诉。北京市第一中级人民法院经审理认为：本案中，陈某作为新柚壹加公司的股东，在公司股东会未作出利润分配方案的情况下，诉请公司分配利润，此时，应适用《最高人民法院关于适用〈中华人民共和国公司法〉若干问题的规定（四）》第十五条的规定，陈某应证明新柚壹加公司存在“违反法律规定滥用股东权利导致公司不分配利润，给其他股东造成损失”的情形。

公司法解释的上述条款，指向的是公司部分股东滥用股东权利，导致公司出现了利润分配不公平的情形，具体包括变相给部分股东分配利润，或转移、隐瞒公司利润，导致部分股东无法享受利润分配的情形。

本案中，陈某主张新柚壹加公司的大股东陈某妍存在以下滥用股东权利的情形：一是自营或者为他人经营与所任职公司同类的业务，二是利用职务便利为自己或者他人谋取属于公司的商业机会，转移、侵吞公司财产。首先，陈某主张的第一种情形，属于股东同业竞争范畴，与公司法解释所规定的利润分配不公平的情形并不一致，陈某应按照法律规定，另行主张权利。其次，对于陈某主张的第二种情形，如果存在陈某妍转移公司利润的情况，则属于公司法解释所规定的利润分配不公的情形。此时，陈某应对陈某妍存在上述滥用股东权利的行为承担举证证明责任，但陈某提供的公证书内容均是陈某妻子邹玲与案外人的微信聊天截图，本院无法确认案外人的真实身份和聊天内容的实质真实性，而陈某提供的网络稿件，属于媒体宣传性报道，其实质真实性亦无法确认，故本院认为，陈某的举证不足以证明陈某妍存在转移公司利润的情况，陈某应就此承担举证不能的法律后果。

综上所述，陈某的上诉请求不能成立，应予驳回；一审判决认定事实清楚，适用法律正确，应予维持。依照《中华人民共和国民事诉讼法》第一百七十条第一款第（一）项规定，判决如下：

驳回上诉，维持原判。

【法官后语】

本案涉及《最高人民法院关于适用〈中华人民共和国公司法〉若干问题的规定（四）》第十五条颁布后对股东利润分配请求权案件审理的变化，具体分析如下：

1. 股东利润分配请求权，即股东的分红权是股东自益权的一种，属于股权中的财产性权利。《中华人民共和国公司法》第四条规定，公司股东依法享有资产收益、参与重大决策和选择管理者等权利。第三十四条规定，股东按照实缴的出资比例分取红利；公司新增资本时，股东有权优先按照实缴的出资比例认缴出资。但是，全体股东约定不按照出资比例分取红利或者不按照出资比例优先认缴出资的除外。股东投资成立公司，获取投资收益是大部分股东的主要投资目的，故分红权是股东权利中的重要组成部分，也是大多数股东最关注的权利之一。司法实践中，赋予了股东起诉公司要求公司分红的权利，但法律对上述权利的行使进行了一定的限制。

2. 股东利润分配请求权的行使，应以公司自治原则为前提。公司是否分配利润，一般而言，应由公司内部治理机制决定，公司章程中对股东是否分配利润、分配利润的原则和方式，属于公司股东的内部约定，股东应受此约束，法院裁判通常亦不应突破上述约定。通常情况下，只有公司股东会就特定年度的股东分红做出相应决议的情况下，股东才能依据内部决议要求公司分红。现实中也存在公司决策机关未作出分红决议，但股东内部实际已经对公司利润进行了分配，上述股东的一致性意志或行为也应视为公司实际做出分红决议。同样，若公司股东会就股东分红权做出合理限制，股东亦应遵守上述约定。

3.《最高人民法院关于适用〈中华人民共和国公司法〉若干问题的规定(四)》对公司自治原则的突破。《最高人民法院关于适用〈中华人民共和国公司法〉若干问题的规定(四)》第十五条规定：股东未提交载明具体分配方案的股东会或者股东大会决议，请求公司分配利润的，人民法院应当驳回其诉讼请求，但违反法律规定滥用股东权利导致公司不分配利润，给其他股东造成损失的除外。该条的颁布，属于对公司自治原则的突破，是对《中华人民共和国公司法》第二十条“公司股东应当遵守法律、行政法规和公司章程，依法行使股东权利，不得滥用股东权利损害公司或者其他股东的利益”的呼应。审判实践中，出现了较多控制公司经营的股东利用公司股份多数决优势或实际经营公司的优势，变相侵害其他股东分红权的情况，立法中赋予了股东未决议情况下的请求分配利润权，但上述法条中“违反法律规定滥用股东权利导致公司不分配利润，给其他股东造成损失的除外”规定得较为抽象，成了个案裁量的难点所在。

关于未决议请求分配利润的认定情况，首先，应当明确，公司虽有盈利，但从经营角度考虑不分红，仍属于公司内部自治的合理范畴，该决议结果对所有股东是共同适用的，不会存在权利失衡的情况，此种情况并不属于《最高人民法院关于适用〈中华人民共和国公司法〉若干问题的规定(四)》第十五条“滥用股东权利”的情形。此时股东如果对股权收益情况不满，只能通过股权转让或者请求公司回购股权的方式维护自身权益。其次，笔者认为，《最高人民法院关于适用〈中华人民共和国公司法〉若干问题的规定(四)》第十五条的“滥用股东权利导致公司不分配利润”需要出现实际上造成股东之间利润分配不均衡的情况，即控股股东或经营股东隐瞒利润或不当转移利润，实际获得了部分公司利润的分配，但其余股东却无法同等享受分红的权利，此时，方可适用该条款按照同等获利情况对其他股东进行分红。目前常见的包括公司向部分股东或该股东的关联人员发放高额薪酬、为部分股东购买过多服务及财产、向特定股东关联方转移利润。

4. 具体到本案中，陈某主张新柚壹加公司的大股东陈某妍存在以下滥用股东权利的情形：一是自营或者为他人经营与所任职公司同类的业务，二是利用职务便利为自己或者他人谋取属于公司的商业机会，转移、侵吞公司财产。陈某主张的第一种情形属于同业竞争范畴，大股东同时经营其他同类义务，其行为本身并不会直接造成大股东实际取得公司盈利或公司分配利润不均衡的情况，故第一种情形并非陈某直接诉请公司分配利润的合理依据。具体到第二种情形中，还需区分以下两种情况。若陈某妍抢夺了公司的商业机会，以本人关联公司取代新柚壹加公司进行经营，应认定陈某妍存在损害公司利益的情形，但由于上述收益并不当然归属于新柚壹加公司，陈某应首先选择股东代表诉讼的方式要求陈某妍向新柚壹加公司返还不当收入。但如果实际业务方还是新柚壹加公司，陈某妍直接将属于新柚壹加公司的收入转入本人或关联方账户，则符合《最高人民法院关于适用〈中华人民共和国公司法〉若干问题的规定（四）》第十五条的规定，应按照陈某妍的实际获利和双方的持股比例情况，支持陈某的公司分红诉请。本案中，陈某仅提交了部分微信截图证据，未能提交新柚壹加公司的财务资料和款项流转凭证，无法直接证明陈某妍存在变相转移公司利润的行为，故最终判决其承担举证不能的法律后果。但陈某诉请的案情，反映了现实公司经营中常出现的大股东把控公司，转移公司财产，损害小股东利益的情形，此时，请求法院强制利润分配成为小股东可选择的一种新的救济途径。

编写人：北京市第一中级人民法院　王晴

18

股东会决议暂不分配利润原因消除后，可以请求分配利润

——天怡投资公司诉依兰风电公司公司盈余分配案

【案件基本信息】

1. 裁判书字号

黑龙江省高级人民法院（2019）黑民终391号民事判决书

2. 案由：公司盈余分配纠纷

3. 当事人

原告（被上诉人）：天怡投资公司

被告（上诉人）：依兰风电公司

【基本案情】

2007 年 12 月 18 日，黑龙江发电公司、汇丰电气公司、鹤峰能源公司出资成立依兰风电公司。2008 年 9 月 16 日，天怡投资公司受让依兰风电公司 44.76% 的股权。2010 年 3 月 29 日，黑龙江发电公司将其持有的依兰风电公司股权无偿划转给大唐集团。大唐集团后更名为大唐公司。2011 年 6 月 28 日，天怡投资公司持有依兰风电公司的股权比例变更为 13.43%。依兰风电公司部分经营情况：2012 年、2015 年，依兰风电公司亏损；2009 年、2010 年、2011 年、2013 年、2014 年、2016 年、2017 年，依兰风电公司均盈利。2011 年 4 月 8 日，依兰风电公司召开第三次股东会，审议批准了董事会提交的公司 2010 年利润分配议案。因大唐集团所属公司与天怡投资公司就依兰风电公司的股权，还有相关事宜有待解决，暂不予向大唐公司、天怡投资公司分配利润。按照股东出资比例，对鹤峰能源公司分配利润（此次股东会分配的 2010 年利润实际包含 2009 年利润）。2012 年 6 月 28 日，依兰风电公司召开第五次股东会，决议向鹤峰能源公司分配 2011 年未分配的利润。2014 年 4 月 25 日，依兰风电公司第七次股东会没有讨论 2013 年利润分配问题。2015 年 5 月 19 日，依兰风电公司召开第八次股东会，审议批准了董事会提交的公司 2014 年利润分配议案，因股东双方有未决事项，暂不进行利润分配。天怡投资公司对 2014 年度利润分配议案存在异议。天怡投资公司认为依兰风电公司应向其支付未分配的公司利润，故起诉至法院，请求判令依兰风电公司向天怡投资公司支付 2010 年度至 2017 年度公司未分配利润 22159679.18 元及利息。

【案件焦点】

依兰风电公司应否向天怡投资公司分配利润。

【法院裁判要旨】

黑龙江省哈尔滨市中级人民法院经审理认为：《中华人民共和国公司法》第四条规定："公司股东依法享有资产收益，参与重大决策和选择管理者等权利。"天怡投资公司有权依法请求分配利润。《最高人民法院关于适用〈中华人民共和国公司法〉若干问题的规定（四）》第十四条规定："股东提交载明具体分配方案的股东会或者股东大会的有效决议，请求公司分配利润，公司拒绝分配利润且其关于无法执行决议的抗辩理由不成立的，人民法院应当判决公司按照决议载明的具体分配方案向股东分配利润。”依兰风电公司第三次、第五次股东会决议，已经将2009年度、2010年度、2011年度股东可分配利润予以确定，并且已经按照鹤峰能源公司的股权比例分配了利润。剩余利润按照股权比例，可以计算出大唐公司和天怡投资公司的应分配利润。虽然天怡投资公司同意暂不分配利润，但其没有放弃分配利润的权利，可以请求依兰风电公司分配利润。《最高人民法院关于适用〈中华人民共和国公司法〉若干问题的规定（四）》第十五条规定：“股东未提交载明具体分配方案的股东会或者股东大会决议，请求公司分配利润的，人民法院应当驳回其诉讼请求，但违反法律规定滥用股东权利导致公司不分配利润，给其他股东造成损失的除外。”天怡投资公司提起诉讼后，依兰风电公司仍然没有向天怡投资公司支付2009年度、2010年度、2011年度应分配利润，而且没有召开股东会讨论确定2013年度、2016年度、2017年度可分配利润数额及是否分配利润，只是单方提交了上述三年度的经营情况和股利分配方案，存在滥用股东权利导致不分配利润的情形，给天怡投资公司造成了损失。

黑龙江省哈尔滨市中级人民法院依照《中华人民共和国公司法》第四条，《最高人民法院关于适用〈中华人民共和国公司法〉若干问题的规定（四）》第十四条、第十五条规定，作出如下判决：

一、依兰风电公司于判决生效后十五日内给付天怡投资公司未分配利润20349450.16元；

二、依兰风电公司于判决生效后十五日内给付天怡投资公司自2012年6月8日起至实际给付之日止的利息（以12472371.27元为基数，按照中国人民银行一年期同期贷款利率计算）；

三、驳回天怡投资公司的其他诉讼请求。

依兰风电公司不服一审判决，提出上诉。黑龙江省高级人民法院经审理认为：《最高人民法院关于适用〈中华人民共和国公司法〉若干问题的规定（四）》第十五条规定：“股东未提交载明具体分配方案的股东会或者股东大会决议，请求公司分配利润的，人民法院应当驳回其诉讼请求，但违反法律规定滥用股东权利导致公司不分配利润，给其他股东造成损失的除外”。依兰风电公司分别于2011年、2012

年召开第三次、第五次股东会，对 2009 年度、2010 年度、2011 年度可分配利润予以确定，并按照鹤峰能源公司的持股比例，向鹤峰能源公司分配了利润。据此可以确定，依兰风电公司针对 2009 年至 2011 年的利润，作出了载明具体分配方案的股东会决议。但因天怡投资公司与大唐公司股权事宜尚未解决，该股东会决议对天怡投资公司与大唐公司的利润暂不分配。对于该尚未解决的纠纷，哈中院于 2015 年 6 月 2 日作出了（2014）哈民三商初字第 135 号民事判决，且已于 2018 年 5 月 21 日执行完毕。此时，依兰风电公司暂不分配利润的原因已经消除，具备分配利润的条件。故自 2018 年 5 月 22 日，依兰风电公司应当按照上述股东会决议，向天怡投资公司分配 2009 年至 2011 年相应的利润。2012 年、2015 年，依兰风电公司经营亏损，无利润可供分配。虽然依兰风电公司 2013 年、2014 年、2016 年、2017 年存在盈利，有可供分配的利润，但天怡投资公司并未提供依兰风电公司针对 2012 年至 2017 年载有具体分配利润方案的股东会或股东大会决议，其亦未提交依兰风电公司大股东大唐公司滥用股东权利，导致公司不分配利润的证据。故依据上述《最高人民法院关于适用〈中华人民共和国公司法〉若干问题的规定（四）》第十五条的规定，本院对天怡投资公司主张分配 2012 年之后依兰风电公司利润的请求，不予支持。

黑龙江省高级人民法院依照《中华人民共和国民事诉讼法》第一百七十条第一款第（二）项规定，作出如下判决：

一、撤销哈尔滨市中级人民法院（2018）黑 01 民初 625 号民事判决；

二、依兰风电公司于本判决送达之日起十日内给付天怡投资公司未分配利润 15038525. 99 元及利息（2018 年 5 月 22 日起至实际给付之日止，以 15038525. 99 元为基数，按照中国人民银行一年期同期贷款利率计算）；

三、驳回天怡投资公司的其他诉讼请求。

【法官后语】

公司盈余分配纠纷系股东的利润分配请求权问题，是股东享有按照出资或股份比例请求分配公司利润的权利。本案涉及公司盈余分配纠纷中的两个焦点问题，一是股东会决议不分配公司利润的原因消除后，公司是否应当按决议内容分配利润；二是在公司盈利的背景下，如何认定系大股东滥用股东权利导致不召开股东会决议分配利润，并致使小股东利益受损。

第一个焦点问题涉及具体利润分配请求权问题。具体利润分配请求权是在公司具有可分配利润时，股东根据股东会或者股东大会的决议而享有的请求公司向其支付利润的权利。对于利润分配的条件，一是利润分配的实质条件，《中华人民共和国公司法》第一百六十六条规定，公司若有盈余，先缴纳税款，再提取10%作为公司法定公积金，直至达到公司注册资本的50%以上时才可不再提取；公司以前年度若有亏损，还需以当年利润先予弥补。二是利润分配的程序条件，《中华人民共和国公司法》第三十七条、第四十六条是对公司董事会、股东会职权的规定，董事会的职权是制订公司盈余分配方案，股东会的职权是对分配方案进行审议批准。关于公司董事会、股东会职权的规定是人民法院认定公司盈余分配属于公司自主决策事项的主要原因。如果股东会或股东大会关于公司盈余分配的决议已经形成，则股东有权向公司行使债权。而且，股东可以不按实缴的比例分配利润，甚至特定股东可以不分配利润，但如股东会或股东大会决议排除对个别股东进行利润分配，则要经过该股东的同意，否则对该股东不生效。就本案而言，天怡投资公司并未放弃利润分配，且依兰风电公司股东会关于暂不执行利润分配决议的原因也仅为天怡投资公司尚在诉讼中，故在暂不分配利润的原因消除后，天怡投资公司有权要求公司按照股东会的决议内容支付利润。

第二个焦点问题涉及抽象利润分配请求权问题。该权利属于期待权，是股东基于其股东资格和地位所享有的请求公司作出决议进行利润分配的权利。在《最高人民法院关于适用〈中华人民共和国公司法〉若干问题的规定（四）》颁布之前，我国司法实践中的通常做法是否定抽象盈余分配请求权的可诉性，严格贯彻是否分配和如何分配公司利润属于公司自治范畴的原则。但是，大股东违反不得滥用股东权利原则，压榨、排挤小股东，导致公司不分配利润，侵害小股东利润分配权的情况时有发生，严重破坏了公司自治。《最高人民法院关于适用〈中华人民共和国公司法〉若干问题的规定（四）》第十五条但书规定了在股东滥用权利导致公司不分配利润，给其他股东造成损失的情况下，即使没有分配方案或决议，也可以强制分配利润。该条规定进一步明确了股东利润分配请求权的理论基础，即分配权来源于股东平等原则的要求，其直接法律依据为《中华人民共和国公司法》第二十条第一款，即股东不得滥用权利损害其他股东的利益。[①] 就本案而言，虽然依兰风电公司在2013年、2014年、2016年、2017年均有盈利，但是股东会未对利润分配问题进行决议，且天怡投资公司作为小股东，虽主张依兰风电公司大股东大唐公司滥用股东权利，致使依兰风电公司不分配利润，致其遭受损失，但是滥用股东权利侵害中小股东利益导致公司不分配利润的认定条件，需要依据“谁主张谁举证”的原则，即天怡投资公司要有证据证明依兰风电公司的大股东具有滥用股东权利的具体行为以及该行为导致其盈余分配请求权或投资的合理预期受到了损害。一般而言，给在公司任职的股东或者其指派的人发放与公司规模、营业业绩、同行业薪酬水平明显不符的过高薪酬；购买与经营不相关的服务或者财产供股东消费或者使用；为了不分配利润，大股东或者董事会、高级管理人员操纵公司隐瞒或者转移利润；股东的行为违反公司章程等股东签订的有关公司事务的协议等均可以视为滥用股东权利。[②] 但是在本案中，天怡投资公司未能举证证明大唐公司存在上述行为，则应由其承担相应的不利后果。

综上，依兰风电公司股东会关于暂不分配天怡投资公司利润的原因消除后，天怡投资公司享有具体利润分配请求权，依兰风电公司应给付此部分利润。但此后因依兰风电公司未召开股东会就利润分配问题进行决议，且天怡投资公司未举证证明大股东大唐公司滥用股东权利致其受到损害，故天怡投资公司享有的抽象利润分配请求权仍属于期待权，此部分请求不应予以支持。

编写人：黑龙江省高级人民法院　周纹婷

① 参见杜万华主编：《最高人民法院公司法司法解释（四）理解与适用》，人民法院出版社2017年版。

② 参见杜万华主编：《最高人民法院公司法司法解释（四）理解与适用》，人民法院出版社2017年版。

五、公司决议纠纷

19

公司的债权人有权请求确认股东会或者股东大会、董事会决议无效或者不成立

——元某金诉长白县饮食服务公司公司决议效力确认案

【案件基本信息】

1. 裁判书字号

吉林省白山市中级人民法院（2018）吉 06 民终 417 号民事裁定书

2. 案由：公司决议效力确认纠纷

3. 当事人

原告（被上诉人）：元某金

被告（上诉人）：长白县饮食服务公司

【基本案情】

1999 年 5 月 6 日，长白县饮食服务公司成立，其性质为自然人投资或控股的有限责任公司，其会计金某玉入股成为股东，2012 年 2 月 7 日，金某玉死亡，其现有继承人有其丈夫元某金和其两个女儿。因金某玉去世，长白县饮食服务公司于 2017 年 11 月 9 日由两名董事全票通过董事会决议，又于 2018 年 2 月 23 日由三名董事全票通过董事会决议，决议决定金某玉所持有的股份不得保留在公司，其继承人不得继承股东资格。其股份退还股本金，按实际时间计发当年（2017 年）红利给继承人。长白县饮食服务公司现有股东 17 名。双方发生争议。

【案件焦点】

1. 元某金是否有诉讼主体资格；2. 长白饮食服务公司2017年11月9日的董事会决议和2018年2月23日的董事会决议是否有效。

【法院裁判要旨】

吉林省长白朝鲜族自治县人民法院经审理认为：《中华人民共和国公司法》第七十五条规定："自然人股东死亡后，其合法继承人可以继承股东资格；但是，公司章程另有规定的除外。"长白县饮食服务公司的公司章程第十一条规定，股东伤亡可抽回股本金，并按实际时间计发当年红利，由法定继承人领取，不愿抽回本金者，经董事会批准，其股份可继续保留在公司。长白县饮食服务公司董事会并没批准元某金取得股东资格，故元某金并不当然成为长白县饮食服务公司的股东。《最高人民法院关于适用〈中华人民共和国公司法〉若干问题的规定（四）》第一条规定："公司股东、董事、监事等请求确认股东会或者股东大会、董事会决议无效或者不成立的，人民法院应当依法予以受理。"元某金并不能当然取得长白县饮食服务公司的股东资格，但他是股东金某玉的合法继承人，即使按2018年2月23日的董事会决议履行，其是长白县饮食服务公司的债权人，并且与董事会决议的内容存在利害关系，因此，针对本案，元某金具有诉讼主体资格。

《中华人民共和国公司法》第三十五条规定："公司成立后，股东不得抽逃出资。"长白县饮食服务公司的公司章程第十一条"股东伤亡可抽回股本金"的规定，违反法律规定，因此公司章程中关于"股东伤亡可抽回股本金"的规定无效。《中华人民共和国公司法》第七十一条第四款规定："公司章程对股权转让另有规定的，从其规定。"长白县饮食服务公司的公司章程第十一条规定，内部职工持有的股份只能在内部职工之间转让，不能在社会上转让。金某玉的股份可以在公司内部转让。长白县饮食服务公司的公司章程第十一条规定，股东转让出资由股东会作出决定，长白县饮食服务公司于2017年11月9日通过的董事会决议和2018年2月23日通过的董事会决议，是对股东转让出资作出的决定，其内容和程序，违反法律规定和公司章程规定，应当认定为无效决议。故判决：长白县饮食服务公司2017年11月9日和2018年2月23日通过的关于金某玉出资处理的董事会决议无效。

长白县饮食服务公司不服提起上诉，吉林省白山市中级人民法院经审理，确认吉林省长白朝鲜族自治县人民法院认定的事实和证据。经调解，双方达成协议，元某金申请撤回起诉，长白县饮食服务公司申请撤回上诉。吉林省白山市中级人民法院依照《中华人民共和国民事诉讼法》第一百七十三条、第一百五十四条第一款第（五）项，《最高人民法院关于适用〈中华人民共和国民事诉讼法〉的解释》第三百三十八条规定，裁定撤销吉林省长白朝鲜族自治县人民法院（2018）吉0623民初100号民事判决；准许长白县饮食服务公司撤回上诉；准许元某金撤回起诉。

【法官后语】

本案最终在二审法院调解达成协议，以长白县饮食服务公司给付元某金300万元而结束，但该案留给我们许多思考。

在本案立案之前，元某金曾向法院提起诉讼，要求长白县饮食服务公司公开账目，以确定其妻在公司的股权的现金价值，但因其不是股东身份而被迫撤诉。本次诉讼中，长白县饮食服务公司又以其没有诉讼主体资格相抗辩，如果法院认定其没有主体资格，作为继承人，既不享受股东权益，也不享有股权的处分权，其如何主张自己的权利？

长白县饮食服务公司根据公司章程第十一条规定作出董事会决议：原股东金某玉去世后，其持有的股份不得继续保留在公司，其继承人不能继承金某玉的股东资格。对其股权份额处理方式为退还股本金，按实际时间计发当年红利。即计发到2017年红利为止，股本金及红利由金某玉法定继承人领取。长白县饮食服务公司认为退还股本金的行为是公司董事会对公司股东去世后其继承人能否继承股东资格的问题，不是抽逃出资的范畴，并援引最高人民法院案例说明公司董事会作出的决议，与公司股东签订协议收购股东所持公司股权，并不违反法律规定。本案中的董事会决议并不是对金某玉所持股份由其他股东收购的决议，而是退还股本金和发放红利的决议。饮食服务公司并没有出现股份需减持的情形，该决议也损害了股东利益，因此，应当认定将股本金退还，属于抽逃出资的行为。

元某金虽提出确认董事会决议无效的诉讼，但其真实意愿就是索要股份的现有价值。长白县饮食服务公司章程中关于“股东伤亡可抽回股本金”的规定，是显失公平的，也是元某金无法接受的。在参股时，股本金是9.75万元，公司至始没有发放红利，现公司资产已由原来的108.95万元增加至现在的4000多万元，如果按照章程的规定，返还股本金和当年的红利，当年的红利无法确定，因此没有可操作性。只有元某金继承股权成为股东才是比较好的解决方案。但长白县饮食服务公司董事会拒绝批准元某金继承股权成为股东，元某金也不同意成为股东，本案只有双方协商或者第三方机构介入确定股份的现有价值，以转让股权的方式才能最终解决纠纷。一审法院审理过程中，多次进行了调解，但双方对股份的价格相差悬殊，始终无法达成协议，一审法院无法超过元某金的诉讼请求作出裁判，因此，一审法院只能就元某金的主张作出判决，但这并不能从根本上化解双方的矛盾。如果二审法院维持原判决，元某金不能成为股东，无权直接转让股份，双方的矛盾仍然得不到解决。二审法院针对双方的矛盾，积极进行调解，并提出了合理的方案，最终将双方的纠纷化解，达到案结事了的效果。另外，二审法院的结案方式是依照《最高人民法院关于适用〈中华人民共和国民事诉讼法〉的解释》第三百三十八条第一款规定："在第二审程序中，原审原告申请撤回起诉，经其他当事人同意，且不损害国家利益、社会公共利益、他人合法权益的，人民法院可以准许。准许撤诉的，应当一并裁定撤销一审裁判。"第二款规定："原审原告在第二审程序中撤回起诉后重复起诉的，人民法院不予受理。"这是新增加的规定，给二审法院化解矛盾增添了新的渠道。

编写人：吉林省长白朝鲜族自治县人民法院　季从军

20

监事召集并主持股东会会议的前提是执行董事不能或不履行召集、主持股东会会议职责

——韩某进诉金辇公司公司决议撤销案

【案件基本信息】

1. 裁判书字号

北京市第二中级人民法院（2019）京 02 民终 13832 号民事判决书

2. 案由：公司决议撤销纠纷

3. 当事人

原告（被上诉人）：韩某进

被告（被上诉人）：金辇公司

第三人（上诉人）：胡某伟、胡某华、李某

【基本案情】

金辇公司章程约定的法定代表人及执行董事系王某，股东为王某、李某、胡某华、胡某伟、韩某进等八人。2016年12月11日，金辇公司召开股东会，同意由郭某民、韩某进、胡某伟、胡某华、孔某、李某、王某、赵某霞组成新的股东会，并同意选举李某为监事。2017年6月23日、25日，监事李某分别以快递、短信形式向王某发送《关于召开临时股东会议的提议》，要求王某在收到提议之日起3日内召集，并在20日内召开临时股东会。2017年6月28日，李某向包括王某在内的各股东发送《关于召开金辇公司2017年第一次临时股东会会议的通知》短信，通知各股东定于2017年7月18日召开2017年第一次临时股东会会议。2017年6月30日，王某向金辇公司各股东发送《金辇公司2017年第一次临时股东会会议的通知》，决定于2017年7月17日召开第一次临时股东会。

2017年7月17日，包括王某、韩某进、李某、胡某华、胡某伟在内的八位股东均参加了王某召集的临时股东会，并形成如下决议：1.《关于解除李某、胡某华股东资格的议案》；2. 未足额出资的450万元公司注册资本由股东王某、韩某进、赵某霞、郭某民、孔某按照各自现有持股比例认购。王某、韩某进、郭某民、赵某霞、孔某（张某奎代）均在上述临时股东会决议上签字，胡某伟签署不同意。2017年7月18日，胡某伟、李某、胡某华参加了李某召集的临时股东会，形成决议如下：1. 同意罢免王某公司执行董事、经理、法定代表人职务。同意选举胡某伟为公司执行董事、法定代表人。2. 同意公司公章、财务专用章等全部印章及营业执照等全部证照及公司网上银行U盾由新选举的执行董事、法定代表人保管；王某立即将公司全部印章及证照和网银U盾移交给新当选的执行董事、法定代表人。3. 同意授权股东胡某华依据股东会决议内容办理金辇公司工商变更登记手续。胡某伟、胡某华、李某在上述临时股东会决议上签字。现金辇公司认为2017年7月18日临时股东会会议决议修改了公司章程，故诉至法院，要求撤销2017年7月18

日作出的金辇公司临时股东会决议。

另查，2017 年 7 月 20 日，胡某华、李某以公司决议效力确认纠纷为由起诉金辇公司，要求确认金辇公司于 2017 年 7 月 17 日作出的 2017 年第一次临时股东会决议无效。后于 2019 年 2 月 14 日申请撤诉。

【案件焦点】

2017 年 7 月 18 日召开的临时股东会会议是否存在会议召集程序、表决方式违反法律、行政法规或者公司章程，或者决议内容违反公司章程等情形。

【法院裁判要旨】

北京市丰台区人民法院经审理认为：第一，关于临时股东会的召集程序。金辇公司章程关于临时股东会的召集程序与《中华人民共和国公司法》第四十条及第四十一条的有关规定一致。本案中，监事李某于 2017 年 6 月 23 日、25 日分别以快递、短信形式向执行董事王某提议召开临时股东会，请王某收到提议之日起 3 日内召集，并在 20 日内召开，否则将视为执行董事不能履行或者不履行召集股东会会议职责。王某于 2017 年 6 月 25 日收到上述短信，于 2017 年 6 月 30 日发出召集临时股东会的通知。李某认为执行董事未在监事提议要求的日期内召集股东会应视为执行董事不能履行或者不履行召集股东会会议职责，故于 2017 年 6 月 28 日自行发出召开临时股东会的通知。对此本院认为，王某于 5 日内发出召集 2017 年 7 月 17 日临时股东会的通知，召集时间并未违反公司法或者公司章程提前 15 日通知的规定，应视为执行董事已经履行召集股东会会议职责。李某再于 2017 年 7 月 18 日主持召开临时股东会，会议的召集程序不符合法律和公司章程的规定。第二，关于临时股东会的表决方式。2017 年 7 月 17 日临时股东会形成的决议解除了李某、胡某华的股东资格，且该二人请求确认决议无效的相关诉讼已经撤诉，故该决议经股东会通过后，在被确认无效前，其效力不因公司股东或者其他人员是否认可而受到影响，由此可见，李某、胡某华在参与 2017 年 7 月 18 日临时股东会表决时并不具备表决主体资格，故决议表决方式不符合法律和公司章程的规定。第三，关于临时股东会决议的内容。金辇公司章程第八条规定："股东会由全体股东组成，是公司的权力机构，行使下列职权：……（二）选举和更换非由职工代表担任的执行董事、监事，决定有关执行董事、监事的报酬事项……"本案中，2017 年 7 月 18 日金辇公司形成的临时股东会决议主要对选举和更换公司执行董事、法定代表人，印章证照的交接，以及工商变更登记的处理进行了表决，上述事项均属于公司法和公司章程规定的股东会可以行使的职权范围，故决议内容不违反公司章程。因此，2017年7月18日召开的金犨公司临时股东会的召集程序、表决方式违反了公司法和公司章程。综上，依照《中华人民共和国公司法》第二十二条第二款、第四十条第三款、第四十一条第一款、第四十二条之规定判决如下：

撤销金犨公司2017年7月18日召开的临时股东会会议决议。

胡某伟、胡某华、李某不服原审判决，提起上诉。北京市第二中级人民法院同意一审法院裁判意见，认为监事李某在执行董事履行了召集股东会会议职责的情况下，于2017年7月18日主持召开临时股东会，其会议召集程序不符合法律和公司章程的规定，应予撤销。胡某伟、胡某华、李某的上诉请求与理由无法律及事实依据，不予支持。原审判决认定事实清楚，适用法律正确，应予维持。依照《中华人民共和国民事诉讼法》第一百七十条第一款规定，判决：

驳回上诉，维持原判。

【法官后语】

公司决议撤销之诉是指在特定情形下股东依据法律的规定撤销公司组织机构所作决议的一种诉讼形式。公司决议属公司自治及股东自治的范畴，决议的撤销涉及众多利益，可能会影响公司的正常运行，司法实践中应充分尊重公司股东会依法作出的决议。《中华人民共和国公司法》第二十二条第一款、第二款规定：公司股东会的决议内容违反法律、行政法规的无效；股东会的会议召集程序、表决方式违反法律、行政法规或者公司章程，或者决议内容违反公司章程的，股东可以自决议作出之日起六十日内，请求人民法院撤销。可见，法院对于召集程序和表决方式上存在瑕疵的股东会决议进行司法审查，可予以撤销，而对于股东会决议内容原则上不进行干涉，如违反公司章程，可予以撤销，但如果决议内容违反了法律、行政法规的强制性规定，应给予严厉的否认评价，即确认公司决议无效。本案中，争议焦点为2017年7月18日召开的临时股东会会议是否存在会议召集程序、表决方式违反法律、行政法规或者公司章程，或者决议内容违反公司章程等情形。具体而言涉及以下几个问题：

一、召集程序上是否存在瑕疵

《中华人民共和国公司法》第四十一条第一款规定："召开股东会会议，应当于会议召开十五日前通知全体股东；但是，公司章程另有规定或者全体股东另有约定的除外。"可知，公司法对于召集时间上的要求为提前15日通知，其目的在于使股东有充分的时间对股东会决议事项做准备，从而保障股东行使权利。本案中，执行董事王某于2017年6月25日收到监事提议召开股东会的短信，于2017年6月30日发出召集2017年7月17日临时股东会的通知，该召集时间并未违反公司法或者公司章程提前15日通知的规定，应视为执行董事已经履行召集股东会会议职责，故，2017年7月17日临时股东会的召集程序符合法律规定。

二、监事自行召集股东会的程序是否存在瑕疵

《中华人民共和国公司法》第四十条规定了股东会会议的召集与主持程序，即监事召集并主持股东会的前提是执行董事不能或者不履行召集、主持股东会的职责，如执行董事履行召集股东会会议的职责，则排除监事的相应权利。如何认定执行董事不能或者不履行召集、主持股东会的职责，对此法律并未明确规定，法院在司法审查中，可以从客观上不能履行和主观上拒绝履行或者消极不履行角度进行综合考察。

首先，从时间上来说看，执行董事未在监事提议要求的日期内召集股东会是否视为执行董事不能履行或者不履行召集股东会的会议职责？对此，法律并未对消极不履行的时间期间作出明确规定，法院应根据实际情况综合判断。只要执行董事收到监事要求召集股东会的提议后，在合理期限内（可考虑15日内为限），向股东发出了召开股东会的通知，即可以认定执行董事履行了召集股东会的职责。具体到本案中，监事李某于2017年6月23日、25日分别向执行董事王某提议召开临时股东会，请王某收到提议之日起3日内召集，并在20日内召开，否则将视为执行董事不能履行或者不履行召集股东会会议职责。王某于2017年6月25日收到上述短信，于2017年6月30日发出召集临时股东会的通知。其虽未在收到的提议的3日内召集，但于5日内发出召集2017年7月17日临时股东会的通知，属于在合理期间内发出召集通知，且召集时间并未违反公司法或者公司章程提前15日通知的规定，故应视为执行董事已经履行召集临时股东会会议职责。

其次，从内容上来看，执行董事未将监事提议的议题纳入股东会审查范围是否

视为执行董事不能履行或者不履行召集股东会的会议职责？对此，法律并未明确规定，但可参考公司法对于股东会会议议题的规定进行分析。公司法对股份有限公司及有限责任公司关于股东会审议议题作出了不同的规定，第一百零二条规定了股份有限公司召开股东大会，会议议题为必须通知的事项，股东大会不得对未通知的事项进行表决，否则就属于召集程序和表决方式上存在瑕疵，股东有权请求法院予以撤销；第四十一条规定了有限责任公司召开股东会提前15天通知全体股东，没有规定必须通知会议审议事项，亦没有要求不得对通知中未列明的事项进行表决。据此可知，对于执行董事是否将监事关于股东会审议事项的提议纳入会议通知及会议决议范围内，更应采取“宽容”态度，充分尊重公司自治及股东自治，不应当仅仅因为执行董事未将监事提议的议题纳入股东会审查范围就认定执行董事不能履行或者不履行召集股东会的会议职责。本案中，胡某伟、胡某华、李某主张股东会议上未对监事李某提出的议案进行审议，构成不履行召集股东会会议职责，没有事实及法律依据。

综上，监事李某在执行董事王某已经履行召集股东会会议职责的情况下自行召集2017年7月18日临时股东会，属召集程序不符合法律和公司章程的规定。

三、股东会的表决方式、决议内容对股东会决议效力的影响

根据公司法规定，提起股东会决议撤销之诉应符合法定条件，对于股东会的召集程序、表决方式在违反法律、行政法规或者章程的情况下，股东可以提起撤销之诉，而对于决议内容只有在违反公司章程的情形下才可以提起撤销之诉。具体到本案中，2017年7月18日临时股东会的召集程序不符合法律规定及章程约定，对此不再赘述。关于表决方式，2017年7月17日临时股东会形成的决议解除了李某、胡某华的股东资格，而该二人请求确认2017年7月17日临时股东会决议无效的相关诉讼已经撤诉，故该决议经股东会通过后，在被确认无效前，其效力不因公司股东或者其他人员是否认可而受到影响，由此可见，李某、胡某华在参与2017年7月18日临时股东会表决时并不具备表决主体资格，故2017年7月18日临时股东会决议的表决方式不符合法律和公司章程的规定。关于决议内容，金辇公司章程第八条规定：“股东会由全体股东组成，是公司的权力机构，行使下列职权：……（二）选举和更换非由职工代表担任的执行董事、监事，决定有关执行董事、监事的报酬事项……”2017年7月18日金辇公司公司形成的临时股东会决议主要对选

举和更换公司执行董事、法定代表人，印章证照的交接，以及工商变更登记的处理进行了表决，上述事项均属于公司法和公司章程规定的股东会可以行使的职权范围，故决议内容不违反公司章程。

编写人：北京市丰台区人民法院　王静　李坤

21

公司法意义上公司决议的识别

——郎某凯诉英迈特公司公司决议效力确认案

【案件基本信息】

1. 裁判书字号

北京市第三中级人民法院（2019）京03民终5740号民事裁定书

2. 案由：公司决议效力确认纠纷

3. 当事人

原告（上诉人）：郎某凯

被告（被上诉人）：英迈特公司

【基本案情】

英迈特公司章程载明：英迈特公司是全部由M. M. D. 矿山机械公司投资设立的。董事会为公司最高权力机构。董事会由5名董事组成，所有的董事由股东委派产生，任期三年，任期满后可由股东继续委派。股东将以书面形式通知英迈特公司董事的任免。对董事的更换，英迈特公司将通知原审批机关。

郎某凯主张其为英迈特公司持有20%股权的隐名股东。

2015年11月16日，M. M. D. 矿山机械公司董事会通过以下决议：因M. M. D. 矿山机械公司是英迈特公司的100%独资股东，因此，根据英迈特公司章程第14.2条，本董事会有充分完整的权限免除英迈特公司董事会中的董事职务。进一步决议郎某凯应该被免除英迈特公司的董事职务，立即生效。本决议通知应被直接送达到英迈特公司，以便必要时可以递交中国的官方机构进行审批/备案。

2015年11月16日，艾伦（英迈特公司的法定代表人和董事长）授权詹姆斯作为其不在中国境内时真实合法的全权代表。

2015年11月17日，詹姆斯向郎某凯等六人发送题为北京英迈特董事会议的邮件，通知召开董事会会议。

2015年11月17日，詹姆斯以邮件形式通知郎某凯：英迈特公司股东决定解除其英迈特公司的董事职务。

2015年11月20日，詹姆斯向郎某凯发送邮件随附艾伦2015年11月19日签署的《董事免职书》，该免职书载明：代表英迈特公司，我在此正式通知您，英迈特公司的股东，M. M. D. 矿山机械公司，已于2015年11月16日，做出决定，免除您，郎某凯先生，英迈特公司董事的职务，并立即生效。我在此正式将该免职决定通知给您，并据此请求您，停止任何与董事职务有关的工作活动。

【案件焦点】

该董事免职“决议”是否属于公司法意义上的公司决议。

【法院裁判要旨】

北京市顺义区人民法院经审理认为：郎某凯主张本案为公司决议效力确认纠纷。公司决议应是公司的经营决策机构依据法律或者公司章程规定的权限和表决程序等，审议相关事项，形成的公司独立意志。根据公司章程规定，英迈特公司董事会为公司的最高权力机构，是公司决策机构，董事由股东委派、更换。本案中，M. M. D. 矿山机械公司形成了免除郎某凯英迈特公司董事的董事会决议，并通知英迈特公司，之后，英迈特公司按照公司章程规定通知了郎某凯。免除郎某凯董事职务的决定是由M. M. D. 矿山机械公司作出，并非英迈特公司通过自己的决策机构、表决程序等形成。本案中，郎某凯所诉M. M. D. 矿山机械公司免除董事决定并非公司法意义上英迈特公司的公司决议，故郎某凯直接起诉英迈特公司要求确认公司决议无效本院不予支持。

北京市顺义区人民法院依照《中华人民共和国公司法》第二十条、第二十二条，《最高人民法院关于适用〈中华人民共和国公司法〉若干问题的规定（四）》第一条之规定，判决如下：

驳回原告郎某凯的全部诉讼请求。

郎某凯不服一审判决，提出上诉。北京市第三中级人民法院审理过程中，上诉人郎某凯提交书面撤诉申请，申请撤回上诉。

北京市第三中级人民法院认为，郎某凯在本案审理期间提出撤回上诉的请求，不违反法律规定，本院予以准许。依照《中华人民共和国民事诉讼法》第一百七十三条规定，裁定如下：

准许上诉人郎某凯撤回上诉。

【法官后语】

公司法意义上的公司决议指公司决议机构按照法律法规或公司章程规定的权限、召集程序、表决方式等，审议相关事项，表决形成的公司独立意志，一般以记录文件的形式予以体现。识别公司法意义上合法有效的公司决议可以从以下几个方面进行：

第一，决议是否由公司的决议机构作出。公司的决议机构包括股东会、股东大会和董事会。有限公司、股份有限公司的最高权力机构、主要决议机构是股东会、股东大会，董事会也是公司决议机构，但决议事项不同。中外合资企业、中外合作企业的最高权力机构、决议机构是董事会。当然，有的公司在章程中未规定股东会，而是将董事会作为自己的最高权力机构也不违反法律法规。本案中，英迈特公司就将董事会规定为最高权力机构。仔细辨别后可以发现，作出免除郎某凯职务的机构为M. M. D. 矿山机械公司的董事会，该决议实际上不是由英迈特公司决议机构作出的。

第二，公司决议事项是否体现商行为特征。《中华人民共和国公司法》（以下简称《公司法》）第三十七条规定了股东会行使决定公司的经营方针和投资计划、选举和更换非由职工代表担任的董事、监事等十一项职权，《公司法》第四十六条规定了董事会行使决定公司的经营计划和投资方案、决定聘任或者解聘公司经理及其报酬事项等十一项职权。公司决议内容应符合上述规定或公司章程约定。有的案件中，公司决议载明内容既包括公司事务，又包括与公司经营无关的股东个人及案外人之间往来事务，需要明确的是，记录公司商行为之外的内容不属于公司决议范畴。

第三，公司决议事项是否反映公司独立意志。公司决议是通过公司决议机构形成团体意志，从而调整公司内外部法律关系，对内关系着公司治理的有序性，对外牵制着外部法律行为的效力。公司独立、自主作出的法律行为，由此导致外部法律关系变动，公司需承担相应法律后果。如果是其他主体行为导致，不代表公司独立意志，则相关记录性文件不应属于公司决议。本案中，公司仅仅是通知郎某凯M. M. D. 矿山机械公司免除其董事身份，不反映本公司独立意志，不属于公司决议。

第四，公司决议是否符合法律规定和章程约定。现行法律对公司决议效力瑕疵分为三类，即决议可撤销、决议无效和决议不成立。《公司法》第二十一条、第二十二条，《最高人民法院关于适用〈中华人民共和国公司法〉若干问题的规定（四）》第四条、第五条等进行了具体规定，本文不再展开论述。需要说明的是《公司法》第四十三条第一款的规定："股东会的议事方式和表决程序，除本法有规定的外，由公司章程规定。"可见，章程是公司的"内部宪法"和"行动纲领"，在不违反法律法规的情形下，公司章程可以对本公司决议机构的议事方式和表决程序等，作出自己的特殊约定。本案中，公司章程明确约定委派董事的权利属于公司股东，换言之，公司无权任免董事，也无权对任免董事作出决议。

编写人：北京市顺义区人民法院　张翔鹏

22

公司决议撤销的适用情形

——郭某新诉中洺发公司公司决议撤销案

【案件基本信息】

1. 裁判书字号

北京市第一中级人民法院（2019）京01民终5422号民事判决书

2. 案由：公司决议撤销纠纷

3. 当事人

原告（被上诉人）：郭某新

被告（上诉人）：中洺发公司

第三人：钟某荣、钟某辉

【基本案情】

中洺发公司注册资本2000万元，其中郭某新为股东之一。《公司章程》第十四条规定：公司设董事会，成员为3人，由股东会选举产生；董事会设董事长1人，由董事会选举产生；董事会负责召集股东会，并向股东会议报告工作、决定聘任或者解聘公司经理等事项。第十五条规定：董事会会议由董事长召集主持。

2018年5月11日，中洺发公司作出股东会决议，内容包括选举钟某荣、钟某辉、郭某新为公司董事，提名钟某荣为公司董事长、法定代表人，现有董事会组成人员为钟某荣、钟某辉、郭某新。

2018年6月4日，中洺发公司作出《关于召开董事会的通知》，通知载明：钟某荣、钟某辉、郭某新于2018年6月5日16点30分在北京市海淀区某会议室召开董事会议。会议的议题有：1. 选举公司董事长、法定代表人；2. 由新一届董事长任命公司总经理、副总经理。该通知于2018年6月4日在中洺发股东微信群里发布，并于当日邮寄给郭某新。

2018年6月5日15点16分，中洺发公司在其股东工作微信群中发布《董事会决议》，载明：会议时间：2018年6月5日；会议内容：选举董事长、法定代表人等。本次会议应到董事3人，实到2人。根据公司法及公司章程规定，已到会董事符合规定人数，形成决议如下：钟某荣为公司董事长、法定代表人；郭某新为公司副董事长；由钟某辉担任公司总经理，免去钟某煌公司总经理职务；会议决定立即生效，并安排专人办理相关变更登记事项。决议底部盖有中洺发公司公章，董事签字处有钟某荣、钟某辉签字。

工商局备案的董事会决议内容为：2018年6月1日公司召开第二届第一次董事会会议，会议应到3人，实到2人，参加会议的董事在人数和资格方面符合有关规定。

庭审中，郭某新主张，案涉董事会决议早于通知中确定的会议召开时间，故推测此次董事会并未实际召开。对此，中洺发公司辩称，该决议早于召开董事会通知中的时间，系因确定参会的钟某荣、钟某辉已提前到场，而根据2018年6月5日10点37分郭某新在微信群中的回复，可以确定郭某新身在广州不可能到场参会，故提前召开会议并发布了董事会决议。

郭某新向一审法院起诉请求：1. 撤销中洺发公司于2018年6月5日作出的董事会决议；2. 中洺发公司承担本案全部诉讼费。

【案件焦点】

1. 董事会的召集程序是否符合法律规定和公司章程；2. 董事会决议是否属于可撤销的范围。

【法院裁判要旨】

北京市海淀区人民法院作出民事判决，认为：《中华人民共和国公司法》第二十二条第二款规定，股东会或者股东大会、董事会的会议召集程序、表决方式违反法律、行政法规或者公司章程，或者决议内容违反公司章程的，股东可以自决议作出之日起六十日内，请求人民法院撤销。《最高人民法院关于适用〈中华人民共和国公司法〉若干问题的规定（四）》第四条规定，股东请求撤销股东会或者股东大会、董事会决议，符合公司法第二十二条第二款规定的，人民法院应当予以支持，但会议召集程序或者表决方式仅有轻微瑕疵，且对决议未产生实质影响的，人民法院不予支持。本案中，涉及会议程序瑕疵的审查，即董事会会议的召集程序、表决方式是否违反法律、行政法规或者公司章程的规定。通过查明事实可知，钟某荣虽经中洺发公司2018年5月11日股东会提名为公司董事长和法定代表人人选，但在2018年6月5日即涉案董事会召开之时，钟某荣并非中洺发公司董事会选举的董事长，根据公司章程的规定，其无权召集与主持董事会会议，案涉董事会的召集程序违反国家法律及公司章程的相关规定。另，虽然公司法未对有限责任公司董事会的开会通知方式及通知时限作出明确规定，中洺发公司章程中对此亦无相应规定，但根据公司法原理，公司董事会的召集通知程序应保障每个董事参加会议的可能性，以及公平地参与多数意思的形成并获取对此所需的信息等各项权利。本案中，中洺发公司仅于董事会召开前一日，通过微信群向全体董事发出通知，未给参会董事留出合理且必要的准备时间，致使当时身在广州的董事郭某新无法到场参加会议，该次会议通知客观上排除了郭某新作为公司董事参加公司董事会并行使相应权利，应视为此次董事会的召集程序存在重大瑕疵，郭某新要求撤销中洺发公司上述董事会决议的理由有事实依据，且符合法律及司法解释的相关规定，对其诉讼请求予以支持。判决：撤销中洺发公司2018年6月5日的董事会决议。

宣判后，中洺发公司向北京市第一中级人民法院提起上诉。

北京市第一中级人民法院作出判决：

驳回上诉，维持原判。

【法官后语】

公司决议作为公司的意思表示，其本质是通过会议的形式根据多数决的规则作出，因此，只有公司决议的程序公正和内容合法才能发生法律效力。公司决议主要存在着无效、可撤销、不成立三类瑕疵，对于可撤销的决议，其适用的法律依据主要为《中华人民共和国公司法》第二十二条第二款及《最高人民法院关于适用〈中华人民共和国公司法〉若干问题的规定（四）》第四条。

依据上述法律规定，公司决议可撤销的情形主要为：1. 股东会或股东大会、董事会的会议召集程序、表决方式违反法律、行政法规或公司章程；但会议召集程序或表决方式仅有轻微瑕疵，且对决议未产生实质影响的除外；2. 决议内容违反公司章程。可撤销的情形主要集中在召集程序和表决方式上，也就是说，涉及撤销事宜时，应重点考量股东或董事的程序性权利是否得到了基本的保障。就本案而言，其争议焦点即为董事会的召集程序是否符合法律、行政法规或公司章程。

首先，公司章程作为公司治理的基础性文件，对于公司决议的召集程序、表决方式可能有着更为细致和明确的规定，因此，在判断公司决议是否有瑕疵时，应先考量公司章程的规范。本案中，根据中洺发公司章程规定，公司董事会由董事长召集和主持。因涉案董事会召开之时，钟某荣并非中洺发公司董事会选举的董事长，根据公司章程的规定，其无权召集与主持董事会会议，案涉董事会的召集程序违反公司章程的相关规定。

其次，鉴于部分公司章程规定较为简单，因此，法律、法规的规定也是判断的重要依据。应注意，此时的判断不应仅限于表面形式，因公司决议争议背后隐藏着公司内部的利益纠纷，因此应重点关注股东或董事的程序性权利是否受到了实质侵害。本案中，案涉董事会定于2018年6月5日16点30分在北京召开，中洺发公司于2018年6月4日中午12：01分才在中洺发公司股东工作群中发出案涉董事会召开通知，并于当日向郭某新留存的广东省的通信地址邮寄了书面通知，没有给郭某新留出合理且必要的准备时间，客观上排除了郭某新作为公司董事参加公司董事会并行使相应权利。因此，即使公司法对于有限责任公司董事会的开会通知方式及通知时限没有作出明确规定，但根据公司法原理，公司董事会的召集通知程序应保障每个董事参加会议的可能性，以及公平地参与多数意思的形成并获取对此所需的信息等各项权利。所以，案涉董事会召开程序上的瑕疵属于对股东程序权利的重大损害，依法应予撤销。

最后，还应明确，《最高人民法院关于适用〈中华人民共和国公司法〉若干问题的规定（四）》中排除了轻微瑕疵并且对决议未产生实质影响的情况，实践中，公司也会以此进行抗辩。这就要求法院在审理过程中应严格把控自由裁量权，具体案例具体分析。比如，对于个别股东未收到通知未能参会但其表决权不影响决议效力的，可以认定为轻微瑕疵。本案中，中洺发公司只有三名董事，在未及时通知一名董事的情况下即召开会议，损害了其表决权利，应构成重大瑕疵。

编写人：北京市第一中级人民法院　甄洁莹　苑珊

23

股东表决权排除规则的合理适用

——朱某1诉东飞公司公司决议撤销案

【案件基本信息】

1. 裁判书字号

江苏省盐城市中级人民法院（2019）苏09民终3576号民事判决书

2. 案由：公司决议撤销纠纷

3. 当事人

原告（被上诉人）：朱某1

被告（上诉人）：东飞公司

第三人（上诉人）：王某顺、朱某2

【基本案情】

朱某1、朱某2、王某顺系东飞公司的股东，出资比例分别为65%、10%、25%，朱某1系东飞公司董事长。董事会成员为朱某1、薛某林、周某军、王某干、郁某成。监事为唐某华。

2018年5月16日，盐城市中级人民法院作出（2017）苏09刑初10号刑事判决书，判决朱某1犯欺诈发行债券罪，判处有期徒刑三年，缓刑五年。

2018年11月16日，由王某顺召集股东会，朱某2参加，朱某1未参加，股东王某顺、朱某2一致通过决议：1. 董事朱某1因欺诈、发行债券被判处有期徒刑三年，缓刑五年，根据公司法的规定，决定免去朱某1董事长、董事职务。2. 免去薛某林、周某军、王某干、郁某成董事职务，免去唐某华监事职务。3. 选举王某顺、朱某2、朱某3、朱某4、袁某宇为东飞公司董事，任期三年。4. 选举王某勇为东飞公司监事，任期三年。同日，王某顺召开董事会，（王某顺、朱某2、朱某3、朱某4、袁某宇）一致决议：1. 免去朱某1东飞公司董事长兼总经理职务。2. 选举朱某3为东飞公司董事长，任期3年。3. 聘用朱某2为东飞公司总经理，任期3年。

另查明，第三人王某顺于2018年7月26日、2018年7月28日、2018年10月25日向朱某1寄送信件均被拒收。后第三人王某顺又于2018年11月1日向朱某1寄送信件，该信件于2018年11月5日被退回。2018年11月1日，第三人王某顺通过手机向朱某1发送短信，内容为：2018年11月16日上午九时半在东达路8号，东飞公司二楼会议室开股东会。

朱某1向一审法院提出诉讼请求：1. 依法撤销王某顺、朱某2于2018年11月16日签署的东飞公司股东会决议及2018年11月16日东飞公司的董事会决议；2. 诉讼费用由东飞公司及王某顺、朱某2承担。

【案件焦点】

东飞公司的股东朱某1（占股65%）的相关行为符合《中华人民共和国公司法》第一百四十六条规定的不得担任公司的董事、监事、高级管理人员情形时，东飞公司的另两名股东朱某2、王某顺（合计占股35%）能否通过股东会决议免除朱某1法定代表人职务及董事职务。

【法院裁判要旨】

江苏省东台市人民法院经审理认为：朱某1占有东飞公司65%的股权比例，2018年11月16日的股东会决议朱某1并未参加表决，依照《中华人民共和国公司法》第二十二条的规定，股东会或者股东大会、董事会的会议召开程序、表决方式违反法律、行政法规或者公司章程，或者决议内容违反公司章程的，股东可以自决议作出之日起六十日内，请求人民法院撤销。因该股东会决议由朱某2、王某顺决议通过，但朱某2、王某顺的总出资比例为35%，该决议违反了《中华人民共和国公司法》关于决议表决方式的规定，决议不成立。因股东会的会议召集程序、表决方式违反法律的规定，应予撤销，而基于该股东会决议而召开的董事会决议亦应予一并撤销。

江苏省东台市人民法院依照《中华人民共和国公司法》第二十二条、第四十二条，《最高人民法院关于适用〈中华人民共和国公司法〉若干问题的规定（四）》第四条、第五条，《最高人民法院关于适用〈中华人民共和国民事诉讼法〉的解释》第九十条之规定，作出如下判决：

撤销第三人王某顺、朱某2于2018年11月16日签署的被告东飞公司股东会决议及2018年11月16日被告东飞公司的董事会决议。

东飞公司、王某顺、朱某2不服一审判决，提出上诉。江苏省盐城市中级人民法院经审理认为：朱某1因犯欺诈发行债券罪被人民法院判决有期徒刑三年并缓刑五年，属于公司法规定的不得担任公司董事、法定代表人的情形。《中华人民共和国公司法》第三十九条第二款规定，代表十分之一以上表决权的股东，三分之一以上的董事，监事会或不设监事会公司的监事提议召开临时股东会的，应当召开临时股东会。东飞公司于2018年4月19日经过股权变更后，公司由原两个法人股东变更为三个自然人股东，股权变更后，除对公司章程进行修正外，公司新股东未就公司的董事选举、聘任人员及公司经营计划等问题召开股东会，也未按公司章程的规定召开一次定期股东会议。在这种情况下，代表十分之一以上表决权的股东王某顺有权依据《中华人民共和国公司法》第三十九的规定，提议召开临时会议，此时东飞公司应当召开临时会议。在出现符合法定免除朱某1董事职务事由的情况下，因涉及免除朱某1董事职务的决议内容，朱某1作为利害股东在表决程序上，也理应回避，无权表决，故对东飞公司2018年11月16日股东会决议的第一项决议内容，符合法律规定，对该项决议不应予以撤销。

江苏省盐城市中级人民法院依照《中华人民共和国公司法》第三十九条第二款、第四十条、第一百四十六条，《中华人民共和国民事诉讼法》第一百七十条第一款第（二）项之规定，作出如下判决：

一、变更江苏省东台市人民法院（2018）苏0981民初6081号民事判决为“撤销东飞公司于2018年11月16日的股东会决议的第二项、第三项、第四项内容及2018年11月16日的董事会决议”；

二、驳回朱某1的其他诉讼请求。

【法官后语】

本案在审理过程中，出现两种观点：

第一种观点认为：本案中，朱某1占有东飞公司65%的股权比例，但2018年11月16日的股东会决议，朱某1并未参加表决，故相关决议违反了《中华人民共和国公司法》关于决议表决方式的规定，决议不成立，应予撤销。

第二种观点认为：朱某1任职期间犯有欺诈发行债券罪，公司应当解除其职务，虽然东飞公司的另外两名股东合计占股只有35%，召开股东会决议时，占股65%的朱某1若不同意公司决议，就使得公司管理陷于僵局，为了维护公司利益和少数股东利益，此时应当适用表决权排除规则，将朱某1的表决权排除在外。

笔者赞同第二种观点，理由如下：

一方面，公司法中的股东表决权排除规则，是指当某一股东与股东会讨论的决议事项有特别的利害关系时，该股东不得就其持有的股份行使表决权的制度。股东表决权排除制度的设立其实更多的是为了对大股东（控股股东）的表决权进行限制，一般情况下，公司的控制权都掌握在大股东或控股股东手中，即使不排除存在利害关系的中小股东行使表决权，也不会对表决决议的事项之形成产生决定性的影响，这样便容易使表决结果的客观公正性荡然无存。就本案而言，《中华人民共和国公司法》中并没有明确规定本案情形可适用股东表决权排除规则，但在东飞公司股东朱某1的行为符合《中华人民共和国公司法》第一百四十六条规定的不得担任公司的董事、监事、高级管理人员情形时，若不允许适用股东表决权排除规则，则使得东飞公司及另外两位小股东的权益救济陷入僵局，从而不利于东飞公司的继续经营发展及维护东飞公司中小股东的利益。

另一方面，结合股东表决权排除规则的法理基础和功能分析，公司是股东之间、股东与公司达成的契约结合体，因此股东之间的关系自当受该契约的约束。股东没有按约定履行其出资的义务也就是违反了股东所应履行的基本义务，如若不将表决权排除规则的限制适用其中，就会使得此项规则的设计目的得不到实现。在公司的存续过程中，股东始终应恪守出资义务的全面实际履行，否则构成对其他守约股东合理期待的破坏，进而构成对公司契约的违反。一旦该股东有《中华人民共和国公司法》第一百四十六条规定的不得担任公司的董事、监事、高级管理人员情形时，基于该违约行为已严重危害公司的经营和其他股东的共同利益，背离了契约订立的目的和初衷，故公司法须赋予其他守约股东相关救济权利，这既体现了法律对违约方的惩罚和制裁，又彰显了对守约方的救济和保护。大股东因刑事犯罪被判处刑罚，该情形本身就是对公司、小股东利益的极大损害，对这种情形允许公司在形成股东决议时适用表决权排除规则，完全符合公司法的基本理念及股东表决权排除规则的设计功能。

综上，江苏省盐城市中级人民法院为了缓解公司陷入僵局的尴尬局面，巧妙地运用了股东表决权排除规则，从而保护了中小股东和公司的利益。笔者认为，虽然目前我国法律法规规定适用表决权排除规则的范围十分有限，但这一制度可以通过司法实践予以适度拓宽，只要符合公司法原理，不损害社会公共利益和他人合法权益即可。

编写人：江苏省东台市人民法院　曹蓉蓉

24

股东大会召集程序轻微瑕疵，未对决议产生实质性影响的，不予撤销

——鑫腾华公司诉中超控股公司决议撤销案

【案件基本信息】

1. 裁判书字号

江苏省无锡市中级人民法院（2018）苏02民初577号民事判决书

2. 案由：公司决议撤销纠纷

3. 当事人：

原告：鑫腾华公司

被告：中超控股

第三人：中超集团、杨某

【基本案情】

中超集团原持有上市公司中超控股37.08%的股份。2017年9月，中超集团与鑫腾华公司签订股份转让协议，准备分三批陆续转让所有股份，其中约定转让款付至12亿元时，办理20%股份的过户登记手续，同时中超集团应将9%股份的表决权在交割之前不可撤销地委托给鑫腾华公司行使，对剩余8.08%股份在交割之前按鑫腾华公司的指示行使表决。后鑫腾华公司仅支付转让款8亿元，但双方提前办理了20%股份的转让登记。2018年1月10日，鑫腾华公司入驻中超控股，委派人员担任董事长、董秘、董事等重要职务。此后，两大股东鑫腾华公司与中超集团之间因公司控制权、股份转让款等问题的矛盾日趋尖锐，摩擦增多。2018年8月至9月，中超集团向鑫腾华公司发送解约通知并申请仲裁，且在仲裁案中申请行为保全，要求限制鑫腾华公司行使20%股份的所有股东权利。法院经审查予以准许，出

具了行为保全裁定书。

另查明，中超控股公司章程第六十条规定，股东大会通知中对候选董事应充分披露详细资料，至少应当包括教育背景、工作经历、与本公司或控股股东及实际控制人是否存在关联关系、持有本公司股份数量、是否受过证券监管部门的处罚等情况。中超控股章程第七十八条、第七十九条规定，董事选举议案为普通决议事项，由出席股东大会的股东所持表决权多于二分之一通过即可。

2018年9月，中超集团向中超控股提议改选董事，在提请董事会、监事会召开股东大会未果后，中超集团决定自行召集股东大会，并向董事会提交了通知，但未及时办理股份锁定手续。2018年9月28日，中超集团发布召开临时股东大会的公告，公告中对候选董事肖某、霍某平的简历介绍中未披露持有本公司股份的数量、与本公司是否存在关联关系以及是否受过证券监管部门的惩戒等情况。2018年10月15日，鑫腾华公司向中超集团发送要求按其指示行使表决权的函，中超集团回函予以拒绝。

2018年10月17日，中超集团如期召开股东大会并通过决议，罢免了鑫腾华公司委派的2名董事，选举了肖某、霍某平为董事。出席本次会议的股东代表有表决权的股份351993972股，其中罢免议案的同意股为339268172股，占出席会议所有股东所持股份的96.3847%；选举议案的有效选举票数分别为335124384股、335119184股，占出席会议有表决权股份总数的95.2074%、95.2059%。其中，中超集团有效选举票数197034034股，占出席会议有表决权股份总数的55.9765%。鑫腾华公司认为该股东大会的召集程序错误、表决方式错误，请求法院撤销股东大会决议。

【案件焦点】

中超集团2018年10月17日股东大会决议应否撤销。

【法院裁判要旨】

江苏省无锡市中级人民法院经审理认为：1. 关于召集程序方面。中超集团在股东大会通知发出前未办理股份锁定手续，违反《深圳证券交易所股票上市规则》的规定，确有瑕疵，但锁定股份的意义在于确保召集股东的持股比例从发出股东大会通知到公告股东大会决议期间始终保持在10%以上，始终符合股东行使召集权的法定条件。而中超集团的持股比例至股东大会决议公告前未发生任何变动，始终符合股东行使召集权的法定条件，该程序瑕疵没有产生实质性的不利后果。同时，股东大会通知公告中未完整披露候选董事的信息，违反公司章程规定，也有瑕疵，但候选人实际没有发生诸如受惩戒等足以使其他股东投反对票的情形，且从出席会议的表决权情况看，假设出现候选人信息完整披露后除中超集团外的其他股东均投反对票的极端情形，选举议案仍能获得通过，该等瑕疵同样不足以对决议产生实质影响。2. 关于表决方式方面。根据股份转让协议约定，中超集团拟转让的9%股份的表决权委托行使和8.08%股份的表决权按指示行使，均应建立在鑫腾华公司对已转让的20%股份的付款达到12亿元之基础上，而鑫腾华公司仅支付了8亿元，尚不满足条件，故本次股东大会按照中超集团自主行使表决权所投同意票进行统计是正确的。此外，中超集团的仲裁请求中要求根据原股份转让协议对已转让的20%股份进行回赎，这涉及20%股份的归属争议，自然也与股东权利的归属相关联，申请行为保全未超出仲裁请求范围。本次股东大会根据已生效的行为保全裁定将鑫腾华公司20%股份的表决权排除在外，并无不当。

江苏省无锡市中级人民法院依照《中华人民共和国公司法》第二十二条第二款、第一百零一条第二款，《最高人民法院关于适用〈中华人民共和国公司法〉若干问题的规定（四）》第四条，《中华人民共和国合同法》第六十七条之规定，作出如下判决：

驳回鑫腾华公司的诉讼请求。

【法官后语】

公司决议是股东通过会议的形式根据多数决的规则形成的公司意思表示，对股东具有法律约束力。有效的决议离不开会议对法定形式与程序的遵守，决议程序的正当与合法直接关涉中小股东的权益。为此，公司法对于程序瑕疵的决议，设立了决议撤销制度。但并非只要存在程序瑕疵就必然导致撤销决议的法律后果，本案即为其中的典型案例。具体分析如下：

其一，中超集团在股东大会通知发出前未办理股份锁定程序，违反了《深圳证券交易所股票上市规则》，在股东大会通知公告中未完整披露候选董事的信息，违反了公司章程规定，案涉股东大会在召集程序方面确实存在瑕疵。但中超集团的持股比例至股东大会决议公告前并未发生任何变动，始终符合股东行使召集权的法定条件，而案涉候选董事实际上也不存在受惩戒、处罚等足以使其他股东投反对票的情形，故上述程序瑕疵，并未导致各个股东无法公平地参与多数意思的形成以及获取对此所需的必要信息，未剥夺股东参加股东大会并进行表决的实体权利，应属于“轻微瑕疵”。

其二，从出席表决权情况看，中超集团一方的表决权已达到出席股东大会的股东所持表决权的56%，即使出现候选人信息完整披露后，除中超集团外的其他股东均投反对票的极端情形，罢免议案仍能以公司章程约定的代表二分之一以上表决权获得通过。换言之，上述程序瑕疵不具有影响决议结果的现实可能性，该程序瑕疵的存在不会改变决议的原定结果，鑫腾华公司要求撤销该股东大会决议的诉请不具有实际利益。

其三，从经济的角度分析，并非所有存在程序瑕疵的公司决议都会对利害关系人造成损害，仅因为程序轻微瑕疵而否认整个公司决议的效力，可能造成公司和股东内部资源的耗损与浪费，不符合效率原则。而且公司决议一旦作出并实施，决议往往会牵涉到公司以外第三人的利益，此时一刀切地撤销公司决议，可能损害善意第三人的利益。

综上，鉴于案涉股东大会召集程序瑕疵显著轻微、对决议内容未产生实质性影响，从减少股东滥诉和决议成本，维护公司决议的稳定性，提高公司经营效率的角度出发，不予撤销。

编写人：江苏省无锡市中级人民法院　蔡利娜　王久荣　戴文娜

25

未召开股东会决议但全体股东签名即视为公司意思表示

——邮储德化支行诉罗某福等金融借款合同案

【案件基本信息】

1. 裁判书字号

福建省泉州市中级人民法院（2018）闽05民终6500号民事判决书

2. 案由：金融借款合同纠纷

3. 当事人

原告（被上诉人）：邮储德化支行

被告（被上诉人）：罗某福、黄某霞、大阪水电公司

被告（上诉人）：黄某丽

【基本案情】

2015年9月1日，罗某福（甲方）与邮储德化支行（乙方）签订《个人额度借款合同》。同日，罗某福（甲方）与邮储德化支行（乙方）签订《个人最高额综合授信合同》，约定最高额综合授信限额、限额适用范围、授信限额的有效期等条款。罗某福、黄某丽与邮储德化支行签订《个人最高额质押合同》，质押罗某福拥有的大阪水电公司70%股份、黄某丽拥有的大阪水电公司30%股份；签订《个人最高额抵押合同》，约定提供大阪水电公司整体资产作抵押担保，黄某霞以共有人身份在合同上签名。邮储德化支行主张银行借款为罗某福、黄某霞的夫妻共同债务，应共同偿还，并要求就抵押物、质押物折价或拍卖、变卖所得价款优先受偿，黄某丽承担保证责任。黄某丽则认为罗某福将贷款资金实际用于购买小车、偿还旧赌债及玩乐等挥霍用途，已涉嫌贷款诈骗罪，请二审法院移送公安机关立案侦查。本案贷款人知道借款人改变借款用途或协议变更主合同，未经保证人书面同意，贷款没有用于购买陶瓷设备，应认定本案的保证合同无效。原判保证人承担保证责

任，认定基本事实不清，适用法律错误，判决结果错误。大阪水电公司由46人投资成立，投资总额426万元，罗某福仅占20万元股金、黄某霞占10万元股金，本案质押合同无效。罗某福提供的反担保行为，是欺诈黄某丽提供保证的行为，也应认定保证无效。

【案件焦点】

1. 银行借款是否是罗某福、黄某霞的夫妻共同债务；2. 银行能否就抵押物、质押物拍卖、变卖所得的价款优先受偿。

【法院裁判要旨】

福建省德化县人民法院一审判决认定邮储德化支行分别与罗某福、黄某丽、大阪水电公司签订的合同合法有效是正确的。截至2018年4月3日，罗某福尚欠邮储德化支行借款本金1552500.79元及利息、罚息、复利29809.14元未能偿还，有邮储德化支行向一审法院提供的个人信贷管理系统截图为据以及邮储德化支行因本案委托律师而支出律师代理费10000元，一审按双方签订的合同约定予以支持并无不当。罗某福与邮储德化支行签订《个人额度借款合同》，向邮储德化支行借款200万元，该借款发生在罗某福与黄某霞夫妻关系存续期间，黄某霞虽然没有在该借款合同及贷款借据上签名，但其在本案借款申请表中明确承诺“与借款人共同偿还贷款”。故黄某丽上诉主张黄某霞应与罗某福共同偿还本案贷款，理由成立，予以采纳。黄某丽上诉主张邮储德化支行知道罗某福改变贷款用途或协议变更主合同以及罗某福将本案贷款资金用于购买小车、偿还旧赌债及玩乐等挥霍，请求确认质押、抵押合同无效，但其对此未能提供证据证明，不予采信。本案借款合同签订后，罗某福、黄某丽以大阪水电公司100%股份、电费收益权出质给邮储德化支行，并以大阪水电公司整体资产作抵押，为罗某福向邮储德化支行本案借款提供质押、抵押担保，并依法办理了质押、抵押登记。邮储德化支行也已依约向罗某福发放了贷款，该行为发生在罗某福受让大阪水电公司70%的股份，并经德化县工商管理部门核准登记将大阪水电公司法定代表人由罗某伟变更为罗某福之后，且在本院作出撤销其股权转让合同之前，故邮储德化支行系善意的一方，其主张有权以大阪水电公司出质的电费收益权、100%股权以及抵押物在拍卖、变卖所得价款中优先受偿，一审判决予以支持，并无不当。由于工商登记罗某福占大阪水电公司70%股份、黄某丽占30%的股份，而罗某福、黄某丽均在本案《个人最高额质押合同》上签名，故黄某丽上诉主张大阪水电公司尚有40余名隐名股东没有在该抵押、质押合同上签名，请求确认该抵押、质押合同无效，缺乏法律依据，不予采纳。至于罗某福与罗某伟之间的股权转让纠纷以及罗某福是否提供反担保行为，属另一法律关系，不属本案审理范围，应依法另行处理。

【法官后语】

一、夫妻共同债务的认定

《最高人民法院关于审理涉及夫妻债务纠纷案件适用法律有关问题的解释》（以下简称《夫妻债务适用解释》）的出台，在夫妻共同债务的认定问题上产生了根本性变化。

《夫妻债务适用解释》第三条规定："夫妻一方在婚姻关系存续期间以个人名义超出家庭日常生活需要所负的债务，债权人以属于夫妻共同债务为由主张权利的，人民法院不予支持，但债权人能够证明该债务用于夫妻共同生活、共同生产经营或者基于夫妻双方共同意思表示的除外。"除家庭日常生活需要外，只有符合用于夫妻共同生活、用于共同生产经营或者基于夫妻双方共同意思表示三种条件的情况，才能认定为夫妻共同债务。（1）银行贷款用途能否被认定为家庭日常生活需要。笔者认为，家庭日常生活的消费体现在衣食住行四个方面，其中，住房贷款是否必然是家庭日常生活需要，结合具体情况具体分析，此处不予赘述。（2）三个"共同"的举证责任如何分配。笔者认为，举证责任在原告（即主张债务是夫妻共同债务的一方），《夫妻债务适用解释》第三条已经明确规定举证责任应由"债权人一方"承担。银行作为起诉方，因银行需要履行贷款审查义务，承担举证责任毋庸置疑；担保人作为起诉方，因担保人代为偿还贷款后取得追偿权，根据法律规定应当由担保人承担举证责任。（3）共同生产经营的范围界定。实务中常见，夫妻一方为公司法定代表人，另一方与公司无实际经营关系或者无证据证明夫妻另一方参与公司经营，笔者认为，此种情况的举证责任应遵循"谁主张，谁举证"，由主张是夫妻共同债务的一方进行举证。

《夫妻债务适用解释》第一条规定："夫妻双方共同签字或者夫妻一方事后追认等共同意思表示所负的债务，应当认定为夫妻共同债务。"根据该规定，只要夫妻共同签字或事后追认，无论涉及的债务是个人债务还是夫妻共同债务，均视为夫妻共同债务。

本案中，罗某福以“购买陶瓷生产设备”为用途申请贷款，数额巨大，对该贷款是否视为夫妻共同生产经营存在争议。但是，经黄某霞事后追认，该笔贷款当然视为夫妻共同债务。

二、银行能否实现质押权、抵押权

根据《中华人民共和国物权法》（以下简称《物权法》）第一百八十条、第一百八十七条的规定，建筑物的抵押权自登记时设立。根据《物权法》第二百一十二条的规定，质权自出质人交付质押财产时设立。本案中，不论是股权、电费收益权的质押，还是电站建筑物及机器设备的抵押，均已进行工商登记，符合生效要件，并能对抗善意第三人，银行取得质权、抵押权。股权归股东所有，只有股东有处分权；电费收益权归公司所有，只有公司有处分权。在签订电费收益权质押合同时，公司未在质押合同上加盖公章，而是由罗某福、黄某霞签名确认。根据《中华人民共和国公司法》第三十七条第二款的规定：“对前款所列事项股东以书面形式一致表示同意的，可以不召开股东会会议，直接作出决定，并由全体股东在决定文件上签名、盖章”。罗某福、黄某霞在合同上签字的行为视为以书面形式一致表示同意，不召开股东会会议也可以直接作出决定。另，罗某伟与罗某福签订《股东转让出资协议》，罗某伟将其持有的股份转让给罗某福，并经工商核准登记，而后该转让合同被法院撤销。尽管股权转让合同被撤销，但是质押、抵押的登记时间在合同被撤销之前，彼时成立的质权、抵押权依法有效，银行依法取得质权、抵押权。假使处分质权、抵押权时罗某福并未享有股权，属于无权处分，银行也符合善意取得的要件，能够依法取得质权、抵押权。因此，银行当然能够依法实现质押权、抵押权，就质押物、抵押物实现优先受偿权。

编写人：福建省德化县人民法院　康丁岚

六、股权转让纠纷

26

第三人能否确认股权转让协议无效

——投资公司诉香港丽来公司等股权转让案

【案件基本信息】

1. 裁判书字号

北京市高级人民法院（2018）京民终407号民事判决书

2. 案由：股权转让纠纷

3. 当事人

原告（上诉人）：投资公司

被告（被上诉人）：香港丽来公司、丽来富华公司、辛克莱公司、天竺公司

第三人：北京丽来公司

【基本案情】

香港丽来公司于1991年7月25日在香港注册成立，投资公司持股30%，辛克莱公司持股70%。中外合作企业北京丽来公司中方股东为天竺公司，外方股东为香港丽来公司。香港丽来公司持有北京丽来公司100%的股权，天竺公司作为中方合作方仅享有每年人民币10万元的固定报酬，而不承担北京丽来公司的任何风险和亏损。1993年11月12日，北京丽来公司买受位于×××村、面积为216600平方米的土地使用权进行开发建设。丽来富华公司于2002年11月29日在×××群岛注册成立，自2003年2月14日起至2003年2月26日止，香港丽来公司持有丽来

富华公司100%的股份。2003年2月18日，北京丽来公司形成董事会决议，同意香港丽来公司将其在北京丽来公司的全部权益，包括全部注册资本800万美元的出资额，以及享有的全部权利和承担的全部义务转让给丽来富华公司。2003年2月18日，香港丽来公司与丽来富华公司签订《北京丽来公司股权转让协议》（以下简称《股权转让协议》），约定：香港丽来公司同意将其持有的北京丽来公司全部注册资本800万美元的出资额以股权成本价即800万美元转让予丽来富华公司。天竺公司出具《同意声明》，放弃对上述股权的优先购买权。2003年3月24日，北京市对外经济贸易委员会批复同意香港丽来公司将其所持北京丽来公司的全部权益转让给丽来富华公司。投资公司请求确认香港丽来公司与丽来富华公司签订的《股权转让协议》无效并请求判令恢复香港丽来公司在北京丽来公司中的100%投资权益。

【案件焦点】

1. 香港丽来公司与丽来富华公司之间订立的《股权转让协议》是否存在恶意串通行为；2.《股权转让协议》的签订是否损害了投资公司的利益。

【法院裁判要旨】

北京市第四中级人民法院经审理认为：1. 关于香港丽来公司与丽来富华公司之间订立《股权转让协议》是否存在恶意串通行为。恶意串通是指当事人双方互相勾结，以某种明示或暗示的方式，为牟取私利而实施损害国家、集体或者第三人利益的民事行为。构成恶意串通，必须证明：（1）主观上当事人须有恶意通谋的故意；（2）当事人事先存在通谋；（3）对国家、集体、第三人的利益具有损害。具体到本案，香港丽来公司将其在北京丽来公司的全部权益转让给丽来富华公司经过北京丽来公司董事会决议同意，且该转让亦取得上级主管机关的批准。至于在涉案股权转让协议履行过程中香港丽来公司与丽来富华公司之间是否发生800万美元股权转让款项流动的情形，也只是香港丽来公司与丽来富华公司之间的债务问题。投资公司不能提供充分证据证明香港丽来公司与丽来富华公司之间存在恶意通谋的故意并具有串通行为。

2. 关于《股权转让协议》的签订是否损害了投资公司的利益。投资公司作为香港丽来公司的股东，根据香港法律及香港丽来公司章程的规定享有股东权益，投资公司的股东利益遭受损害并非本案的审理范围。香港丽来公司将其在北京丽来公司的全部权益转让给丽来富华公司，系香港丽来公司的正常经营行为。根据法律规定，当事人对自己提出的诉讼请求所依据的事实或者反驳对方诉讼请求所依据的事实，应当提供证据加以证明。当事人未能提供证据或者证据不足以证明其事实主张的，由负有举证证明责任的当事人承担不利的后果。现投资公司不能证明涉案股权转让协议的订立和履行给其造成了实际的损害，应对此承担不利后果。

综上，依据《中华人民共和国合同法》第五十二条，《中华人民共和国涉外民事关系法律适用法》第四十四条，《最高人民法院关于适用〈中华人民共和国涉外民事关系法律适用法〉若干问题的解释（一）》第一条第（一）项之规定，判决如下：

驳回投资公司的诉讼请求。

投资公司不服原审判决，提起上诉。北京市高级人民法院认为：二审法院同意一审法院裁判意见。判决：

驳回上诉，维持原判。

【法官后语】

股东基于对公司股权的持有，享有公司资产收益权，但对于公司与第三人签订合同的行为，股东的直接利益并不因此受到影响。若股东认为被侵权，可以发起股东代表诉讼。但股东代表诉讼的条件仅适用于在我国内地设立的公司，而不适用于在境外设立的公司。

1. 股东请求确认公司与第三人签订的合同无效之诉，属于确认之诉。股东作为合同外的第三人，能否提起确认合同无效之诉？依据合同法的原则，合同具有相对性，也即合同只对缔约当事人具有法律上的约束力，对合同关系以外的第三人不产生法律效力。但某些特殊情况下，可以突破合同相对性原则，由合同外的第三人提起确认合同无效的诉讼，并需要满足具有直接利害关系的条件。

2. 公司股东基于对公司股权的持有，享有公司的财产收益权，但股东与第三人签订合同的行为与公司股东之间是否具有直接利害关系？根据公司法规定，公司是企业法人，有独立的法人财产，享有法人财产权。公司以其全部财产对公司的债务承担责任。公司与股东是两个独立的市场主体。公司利益受损并不等同于股东利益受损。案涉北京丽来公司股权的持有人是香港丽来公司，投资公司、辛克莱公司均不曾直接持有北京丽来公司的股权。香港丽来公司持有的北京丽来公司的股份与投资公司持有的香港丽来公司的股份在法律上是两个不同公司的股份，丽来富华公司收购的是香港丽来公司持有的北京丽来公司的股份。投资公司与香港丽来公司是两个独立的市场主体，因此香港丽来公司与他人签订的合同，与投资公司之间并不当然具有直接利害关系。

3. 投资公司如果认为上述收购行为侵害了自身的利益，是否可以提起股东派生诉讼？股东派生诉讼又称股东代位诉讼、股东代表诉讼。股东派生诉讼是指当公司的董事、监事、高级管理人员违反法律规定的忠实、勤勉义务，侵害了公司的利益，而公司怠于追究其责任时，符合条件的股东可以自己的名义代表公司提起诉讼。根据《中华人民共和国公司法》第一百五十一条的规定，股东代表诉讼适格被告的范围不仅包括董事、监事、高级管理人员，还包括“他人”，立法虽然没有对“他人”的范围予以明确，但对于“他人”应做宽泛的解释，凡是对公司实施了不正当行为而对公司负有民事责任的人，在公司怠于对其行使诉权的情形下，都可以成为股东代表诉讼的被告。同时公司法对于股东代表诉讼规定了前置程序。本案的特殊之处在于，香港丽来公司、投资公司均系在香港注册的公司，股东代表诉讼的条件仅适用于在我国内地设立的公司，而不适用于在境外设立的公司。对投资公司来说，其认为香港丽来公司处置名下持有的资产即将其在北京丽来公司的全部权益转让给丽来富华公司损害了其利益，构成侵权，可提起侵权之诉，而不能提起股东代表诉讼。至于投资公司主张上述交易属于双方恶意串通损害国家、集体或第三人的利益则未能提交证据予以证明。投资公司作为香港丽来公司股东，根据香港法律及香港丽来公司章程的规定享有相应的股东权益，投资公司认为辛克莱公司滥用股东权利致使其在香港丽来公司中的股东利益遭受损害并不是本案的审理范围。

编写人：北京市第四中级人民法院　王翔

27

股权受让人不得抽回股权转让协议解除前对公司的出资，但可向股权出让人主张赔偿

——刘某莉诉华萍公司股权转让案

【案件基本信息】

1. 裁判书字号

江苏省无锡市中级人民法院（2019）苏02民终3102号民事判决书

2. 案由：股权转让纠纷

3. 当事人

原告（被上诉人）：刘某莉

被告：华萍公司

第三人（上诉人）：朱某华、于某萍

【基本案情】

朱某华、于某萍于2017年9月28日设立华萍公司，公司注册资本为500万元，朱某华认缴出资300万元、于某萍认缴出资200万元，出资时间均为2047年12月31日。2018年4月25日，刘某莉与华萍公司股东朱某华、于某萍分别签订了股权转让协议，约定：朱某华向刘某莉转让其持有的华萍公司30%的股权、于某萍向刘某莉转让其持有的华萍公司21%的股权；转让价款均为1元；自协议生效日起，该转让股权实际转为受让方所有，本协议一经签署，双方负有义务和责任共同采取包括但不限于及时修改公司章程、办理工商变更登记手续等一切必要行动，促使受让方完整合法地拥有该转让股权；协议生效后，在股权变更登记之前，出让方严重违反本协议所规定的义务和/或出让方在本协议中所作的任何声明、保证与事实不符或有误导成分，受让方有权单方面解除或终止本协议。案涉股权转让协议签订后，

刘某莉于2018年4月28日向华萍公司转账10万元，备注投资款。之后，华萍公司股东朱某华、于某萍并未按约办理股权变更登记。2018年8月6日，刘某莉分别向朱某华、于某萍发出律师函，告知对方签订股权转让协议后已支付股权转让款对价1元，但是朱某华、于某萍至今未配合办理股权变更登记手续，要求朱某华、于某萍在收函后3日内履行变更登记手续，否则将依约解除转让协议。2018年8月13日，朱某华、于某萍签收该律师函。2018年8月30日，刘某莉再次向朱某华、于某萍发出律师函，告知2018年8月6日发函后因二人仍未能履行股权变更义务，刘某莉单方面解除股权转让协议。2018年9月3日，朱某华、于某萍签收该律师函。2019年1月18日，经变更登记，华萍公司股东由朱某华、于某萍变更为朱某华一人。刘某莉向锡山区人民法院提出诉讼请求：1. 确认刘某莉并非华萍公司股东；2. 华萍公司返还出资款10万元。诉讼中，经锡山区人民法院释明，刘某莉变更第2项诉讼请求为：请求判令第三人朱某华、于某萍赔偿其损失10万元。

【案件焦点】

1. 股权转让协议解除后，出让股东和受让股东的股东身份如何认定；2. 受让股东在股权受让后、合同解除前对公司的出资，在股权转让协议解除后能否抽回。

【法院裁判要旨】

江苏省无锡市锡山区人民法院经审理认为：本案纠纷系双方履行股权转让协议而发生的纠纷，涉及转让协议解除后股东身份的认定及损失的赔偿，本案案由应确定为股权转让纠纷。关于股权转让价款，刘某莉陈述其已以现金方式向股权出让人朱某华、于某萍各支付1元，华萍公司及朱某华则陈述刘某莉并未实际支付。对此，法院认为，朱某华、于某萍向刘某莉转让的案涉股权系认缴出资，出资期限尚未届满且股权出让人朱某华、于某萍亦未实际缴纳出资款，股权转让协议约定的转让价款1元本就属于象征性对价，法院依法采信刘某莉所述转让协议签订当日已现金支付转让款。本案中，朱某华、于某萍怠于办理股权变更登记手续，且经刘某莉委托律师发函催促后，二人仍未履行变更登记义务。据此，朱某华、于某萍已以其行为明确表明其将不再履行案涉股权转让协议，朱某华、于某萍的行为已构成根本违约，刘某莉有权行使合同解除权，要求解除案涉股权转让协议。华萍公司所述因刘某莉未按约出资300万元故未办理股权变更登记，华萍公司就该辩解意见并未提供相应的证据予以证明，法院不予采信。法院认为，合同自解除通知到达对方时解除。朱某华、于某萍于2018年9月3日签收刘某莉的解除通知，案涉两份股权转让协议即于当日解除。另，从华萍公司之后的股权变更登记情况可知，朱某华、于某萍非但未将名下股权变更登记至刘某莉名下，于某萍还将其名下股权转让给朱某华并办理了相应的变更登记，亦充分佐证朱某华、于某萍的违约行为。

关于合同解除的后果。《中华人民共和国合同法》第九十七条规定，合同解除后，尚未履行的，终止履行；已经履行的，根据履行情况和合同性质，当事人可以要求恢复原状、采取其他补救措施，并有权要求赔偿损失。本案中，案涉股权转让协议解除后，转让标的即刘某莉分别受让的30%、21%华萍公司股权仍归朱某华、于某萍所有，刘某莉不再持有华萍公司股权亦不具有华萍公司股东身份。关于刘某莉主张的10万元赔偿款，法院认为，刘某莉在签订案涉两份股权转让协议并支付股权转让价款后，即成为华萍公司股东，其向华萍公司转账的10万元，系刘某莉履行股东义务以股东身份缴纳的出资款，该款项性质亦符合刘某莉转账时自行备注的出资款性质。法院认为，股东出资后非经合法程序不得抽回出资。现因朱某华、于某萍的违约行为导致股权转让协议解除、刘某莉丧失股东身份，刘某莉此前以股东身份向公司实缴的出资款亦与刘某莉相脱离而相应地成为恢复股东身份的朱某华、于某萍的出资款，朱某华、于某萍取得10万元实缴出资对应的华萍公司股权权益。法院认为，刘某莉丧失股东身份后无权要求华萍公司返还10万元出资款，其因股权转让而未能取回的10万元，系因朱某华、于某萍违约行为所致的损失，理应由朱某华、于某萍予以赔偿。综上，依照《中华人民共和国合同法》第九十四条第（四）项、第九十七条，《中华人民共和国民事诉讼法》第一百四十四条之规定，判决如下：

一、确认自2018年9月3日起刘某莉并非华萍公司股东；

二、朱某华、于某萍于本判决生效之日起3日内向刘某莉连带赔偿10万元。

二审法院同意一审法院裁判意见，判决：

驳回上诉，维持原判。

【法官后语】

股权转让合同因出让股东的违约即拒不协助办理股权变更登记而解除后：受让

股东丧失股东身份，相应地出让股东恢复股东身份；受让股东在股权受让后、合同解除前对公司的出资，应认定为股东对公司履行的出资义务，即使受让股东在后又丧失股东身份仍不得抽回该出资，但可向出让股东主张赔偿。

1. 股权转让合同解除后，丧失股东身份的股权受让人无权要求公司返还出资。其一，从合同理论的角度出发。《中华人民共和国合同法》第九十七条规定，合同解除后，尚未履行的，终止履行；已经履行的，根据履行情况和合同性质，当事人可以要求恢复原状、采取其他补救措施，并有权要求赔偿损失。合同解除的法律后果之一就是双返还，也就是转让、受让双方将转让标的及对价相互返还，受让股东将其受让后持有的股权返还给出让人，出让股东相应地将受让人支付的转让对价返还给受让人。本案中，股权转让合同的相对方是朱某华、于某萍和刘某莉，而非公司和受让股东，故负有返还义务的亦是转让人和受让人而非公司和受让人。其二，从公司法理论的角度出发。股东的实缴出资形成公司最基本的财产和对外信用基础。根据公司资本维持原则，公司在其存续过程中，应维持与其资本额相当的实有资产。为使公司的资本与公司资产基本相当，切实维护交易安全和保护债权人的利益，《中华人民共和国公司法》第三十五条明确规定，公司成立后，股东不得抽逃出资。对于因受让股权而成为公司股东的刘某莉而言，非经合法程序同样不得抽回其向公司的出资。需要补充说明的是，本案中刘某莉向华萍公司转账10万元款项的性质，直接决定其能否要求公司返还。本案中，刘某莉转账10万元时自行备注出资款，彼时刘某莉的出资义务期限尚未届满，其备注表明该10万元系履行股东义务以股东身份缴纳的出资款。如刘某莉转账备注10万元为借款，在无其他相反证据的情况下亦应尊重当事人的明示意思表示认定10万元为借款，出借人有权要求公司返还。

2. 股权转让合同解除后，受让股东不能取回的实缴出资为其损失，可向出让股东主张赔偿。受让人在受让股权后以股东身份实缴部分出资，该实缴出资的权益附着于相应的股权，因出让人的违约行为导致股权转让合同解除、受让人股东身份丧失后，股权持有者身份发生变更，出让人取得实缴出资对应的股权权益，即转让股东因转让合同解除而实际获益。笔者认为，受让股东因股权转让而未能取回出资款，属于因转让股东违约行为所致的损失，理应由转让股东予以赔偿。本案的审判实践，受让股东在案件受理时作为原告向法院诉请要求公司返还出资款，法院向权利人进行释明，告知其要求公司返还出资的主张不予支持，但可以要求义务人进行赔偿，原告遂变更诉讼请求为要求转让股东进行赔偿。

编写人：江苏省无锡市锡山区人民法院　蔡永芳

28

受让方主张转让方存在欺诈行为的，既要符合民事欺诈的一般构成要件，又要结合股权转让的特性来认定

——黎某红诉张某飞、禅武公司股权转让案

【案件基本信息】

1. 裁判书字号

福建省厦门市中级人民法院（2019）闽02民终2820号民事判决书

2. 案由：股权转让纠纷

3. 当事人

原告（反诉被告、上诉人）：黎某红

被告（反诉原告、被上诉人）：张某飞

被告：禅武公司

【基本案情】

2008年4月9日，禅武公司登记设立，注册资本10万元，经营范围为文化艺术活动策划、广告设计等，住所地为×××。2015年5月，张某飞受让股权成为禅武公司的唯一股东，持有公司100%股权，为公司法定代表人。2015年5月15日，张某飞投资设立天禅公司，持股100%，为天禅公司法定代表人，天禅公司经营范围为文化艺术活动策划、广告设计等，住所地为×××。

2018年2月6日，张某飞作为出让方，黎某红作为受让方，禅武公司作为目标公司，三方共同签订《股权转让协议》及《股权出让方的声明与保证》，约定：禅武公司系于2008年4月9日登记注册的公司，注册资本10万元；张某飞系禅武公

司持有100%股权的股东，现将其所持禅武公司10%的股权（认缴股本10万元，实缴股本0万元）转让给黎某红，股权转让价款为81633元；合同标的为禅武公司10%的股权，依目标公司章程规定，张某飞应完成出资10万元，截至协议签订日张某飞实际出资0万元；双方同意在黎某红收到声明文件时将股权转让款的30%（24489.9元）支付至张某飞指定账户，在目标公司10%的股权过户至黎某红名下后支付剩余股权转让款的70%（57143.1元）；若黎某红未按约定向张某飞支付股权转让款，则按中国人民银行同期同类银行贷款利率的两倍向张某飞计付利息损失，逾期超过30日的，张某飞有权解除合同；自禅武公司临时股东会表决通过10个工作日内，张某飞应配合黎某红办理股权变更登记手续；张某飞承诺股权未被法院冻结、拍卖等可能影响黎某红利益的瑕疵，张某飞及禅武公司均没有未向黎某红披露的现存或潜在的重大债务、诉讼、索赔和责任等；任何一方违约导致协议解除，给守约方造成损失的，除应赔偿守约方受到的损失外，还应向守约方支付违约金5万元；损失指受损害方产生的损害、成本与花费，包括但不限于诉讼费、律师费等为实现债权支出的费用等；如因张某飞陈述不实，未配合办理登记等行为给黎某红造成损失的，应返还黎某红已支付的股权转让款并支付转让价款日万分之十的违约金；禅武公司作为张某飞投资设立的公司，为确保协议的履行，自愿为张某飞履行合同义务和承诺内容，与张某飞共同承担连带担保责任。

2018年2月6日、3月19日、5月2日，黎某红分三次共向张某飞支付股权转让款61633元。

2018年3月7日，禅武公司提交了载有黎某红与张某飞签字的《股权转让协议》，向厦门市市场监督管理局申请办理工商变更登记。该协议载明，禅武公司注册资本10万元，实收资本10万元，现张某飞将公司10%的股权以81633元的价格转让给黎某红，黎某红应于协议签订之日起30日内向张某飞支付股权转让款等。2018年3月12日，厦门市市场监督管理局准予变更禅武公司的出资成员（股权、成员）登记申请，黎某红成为禅武公司的股东，持有禅武公司10%的股权。

之后，黎某红与张某飞多次对课程的开展、办理执照、注册商标、工资发放、退还投资款等事宜进行协商，但双方对部分事项未能达成一致意见并发生纠纷。2019年1月23日，黎某红提起本案诉讼。黎某红向本院提出诉讼请求：1. 撤销黎某红与张某飞、禅武公司于2018年2月6日签订的《股权转让协议》；2. 张某飞、禅武公司立即返还黎某红股权转让款61633元并支付利息（以61633元为基数，按中国人民银行发布的金融机构同期人民币贷款基准利率，从起诉之日起计至法院判决确定的支付之日止）；3. 禅武公司立即返还黎某红陆续为禅武公司垫付的款项4877.8元并支付利息（以4877.8元为基数，按中国人民银行发布的金融机构同期人民币贷款基准利率，从起诉之日起计至法院判决确定的支付之日止）；4. 本案诉讼费由张某飞、禅武公司承担。

【案件焦点】

张某飞是否存在欺诈行为。

【法院裁判要旨】

福建省厦门市思明区人民法院经审理认为：1. 有关张某飞设立禅武公司的问题，因禅武公司于2015年5月15日即成立，并非黎某红受让股权后才设立，双方在签订《股权转让协议》时张某飞作出的承诺并未包括不存在同业禁止等事项，且该事实的存在并不影响黎某红受让股权。2. 有关张某飞负债的问题。黎某红提交的证据仅能证明张某飞系银谷公司的债务人，并未能证明禅武公司对外存在债务，故黎某红的证据无法证明张某飞在签订协议时隐瞒禅武公司存在重大债务的事实。3. 有关转让协议内容的问题，双方于《股权转让协议》中对于转让的10%股权、注册资本10万元、股权转让款81633元均明确载明，载明的注册资本、股东信息等资料均与工商登记相符，且禅武公司在办理股权变更登记后亦在微信群通知了黎某红，黎某红并未对此提出异议。此外，协议对于张某飞应出资的时间并未进行约定，且明确载明其实际出资0万元，并未对黎某红隐瞒该事实。4. 有关财务、工资、搬迁等问题，均系公司内部治理过程中产生的纠纷，黎某红可通过相应的途径解决，该问题并非撤销协议的理由。综上，黎某红提交的证据不足以证明张某飞在签订《股权转让协议》时存在欺诈行为，故黎某红要求撤销《股权转让协议》的主张，缺乏事实和法律依据，不予支持。对于黎某红主张禅武公司返还代垫款项的诉讼请求，因与本案股权转让纠纷并非同一法律关系，不予处理。张某飞、禅武公司的答辩意见，于法有据，予以采纳。

黎某红与张某飞、禅武公司之间签订的《股权转让协议》系双方当事人真实意思表示，内容不违反法律、行政法规的强制性规定，应为合法有效。根据《股权转让协议》的约定，黎某红应于禅武公司10%的股权过户至黎某红名下后支付剩余股权转让款的70%（57143.1元），若逾期支付则应按中国人民银行同期同类银行贷款利率的两倍向张某飞计付利息损失，现张某飞已于2018年3月12日将10%的股权变更登记至黎某红名下，黎某红仅向张某飞支付61633元，尚欠股权转让款20000元，该行为已构成违约，故张某飞反诉要求黎某红支付剩余股权转让款20000元的诉讼请求，有事实和法律依据，予以支持。对于张某飞主张律师费8000元的诉讼请求，协议仅约定若黎某红逾期支付股权转让款应按中国人民银行同期同类银行贷款利率的两倍向张某飞支付利息损失，协议约定的其他损失适用于违约行为导致协议解除的情形，与本案继续履行协议的情形不同，故对张某飞该诉求，不予支持。黎某红提出其不应支付剩余股权转让款的意见，于法无据，不予采纳。综上所述，黎某红的本诉诉讼请求，依据不足，不予支持。张某飞的反诉诉讼请求，部分有事实和法律依据，予以部分支持。依照《中华人民共和国民法总则》第一百四十八条，《中华人民共和国合同法》第五十四条、第六十条、第一百零七条，《中华人民共和国民事诉讼法》第六十四条第一款，《最高人民法院关于贯彻执行〈中华人民共和国民法通则〉若干问题的意见》第六十八条规定，作出如下判决：

一、驳回黎某红的全部诉讼请求；

二、黎某红应于本判决生效之日起十日内向张某飞支付股权转让款20000元及利息（以20000元为基数，按照中国人民银行同期同类银行贷款利率的两倍，自2018年3月12日起计至实际支付之日止）；

三、驳回张某飞的其他诉讼请求。

宣判后，黎某红提出上诉。

福建省厦门市中级人民法院认为，一审判决认定事实清楚，审判结论正确，应予以维持。依照《中华人民共和国民事诉讼法》第一百七十条第一款第（一）项规定，作出如下判决：

驳回上诉，维持原判。

【法官后语】

黎某红以张某飞欺诈为由主张撤销《股权转让协议》，故案例的争议焦点在于审查张某飞是否存在欺诈行为。笔者将从民事欺诈的法理基础入手，结合案例谈谈股权转让纠纷中转让方欺诈的认定问题。

一、股权转让纠纷中欺诈的认定

股权转让纠纷中的转让方是否构成欺诈，一方面，需要依据民事欺诈认定的共性标准。实践中，证明转让方存在欺诈的故意具有较大难度，因此受让方可以先通过证明转让方存在欺诈的行为来推断其具有欺诈的故意。另一方面，也要结合股权转让的特性进行判断。

1. 股权转让方的欺诈行为

股权转让方的欺诈行为包括积极欺诈和消极欺诈。积极欺诈行为是指转让方故意告知受让方虚假信息，致使受让方作出错误意思表示的行为。在（2017）最高法民申1848号“宗某云与刘某圆股权转让纠纷案”中，转让方提供了内容不实且没有法律效力的公司资产报告，致使受让方对目标公司的股权及权益判断造成了误导，是股权转让中典型的积极欺诈行为。

消极欺诈行为即转让方依据法律规定、协议约定、交易习惯等负有真实信息的披露义务而故意不告知，致使受让方作出错误意思表示的行为。如最高人民法院（2014）民申字第1184号“周某奇、江苏火炬公司等股权转让纠纷案”中，转让方存在未披露目标公司虚假出资及未将受让方投入资金全部用于购买设备和公司生产经营等事实。尽管转让方作为专业投资公司，亦应对目标公司的资产状况进行尽职调查、尽到合理审慎的注意义务，但并不能因此而免除转让方等签约主体披露真实信息的合同义务，由此认定转让方隐瞒了签订股权投资协议的重要事实，致使受让方基于错误认识签订协议进行投资，转让方构成欺诈。

2. 本案股权转让方张某飞是否存在欺诈行为

一审法院从四个角度分析张某飞的行为：禅武公司在黎某红受让股权前就已经设立；张某飞系银谷公司的债务人不代表禅武公司对外负债；《股权转让协议》的内容与工商登记相符；公司内部治理产生的纠纷并非撤销协议的理由。黎某红举示的证据既不能证明张某飞故意告知黎某红虚假信息，又不能证明张某飞隐瞒了应该披露的信息，从而导致黎某红基于错误认识签订了《股权转让协议》。因此黎某红要求撤销《股权转让协议》的主张，缺乏事实和法律依据，不予支持。

二、股权转让的注意事项

除了股东优先受让权的规定，当前公司法对有限责任公司的股权转让没有其他限制，因此股权转让需要贯彻意思自治和诚实信用原则。在签订股权转让合同的过程中，转让方应告知受让方公司在经营中存在的影响股份转让价格的情况，受让方作为与转让方平等的商事主体，在商事活动中应尽到谨慎合理的注意义务，通过合理途径对转让方就公司经营状况的陈述及公司其他情况进行审慎调查后，再作出是否受让股权的意思表示。

编写人：福建省厦门市思明区人民法院 李莹 沈冰芸

29

股权转让中约定“股权回归”条款应为有效

——刘某军诉孙某股权转让案

【案件基本信息】

1. 裁判书字号

北京市丰台区人民法院（2019）京0106民初33081号民事判决书

2. 案由：股权转让纠纷

3. 当事人

原告（反诉被告）：刘某军

被告（反诉原告）：孙某

【基本案情】

2014年5月1日，刘某军与孙某签订《股份转让协议书》，约定孙某以900万元收购刘某军持有的鸿昌通信公司30%的股份，在2015年7月30日前给付150万元，在2016年7月30日前给付150万元，在2017年12月30日前给付剩余的600万元（2017年1月1日至2017年6月30日，孙某按照银行活期存款利息支付利息，2017年6月30日以后按照月利率3%支付利息），本剩余款在2017年12月30日前不能按时支付时，协议终止，股份归回给刘某军（此时刘某军应该持有的股份按照迪威视讯公司收购后重新测算）。

2014 年 7 月 3 日，迪威视讯公司以自有资金 1960 万元收购永成公司持有的鸿昌通信公司 40.83%的股权，公司持有鸿昌通信公司的股权将增至 51.03%。2015 年 12 月 8 日，迪威视讯公司与孙某、永成公司签署《山东鸿昌通信公司的增资协议》，约定孙某对鸿昌通信公司增资 8500 万元，鸿昌通信公司的股权结构变更为：孙某持股 74.46%、迪威视讯公司持股 21.92%，永成公司持股 3.62%。2015 年 12 月 7 日，迪威视讯公司将持有鸿昌通信公司 21.92%的股权以 3800 万元的价格协议转让给自然人郝某。

孙某主张双方签订《股份转让协议书》的背景是 2014 年年初，迪威视讯公司欲收购鸿昌通信公司股份，为简化手续故将原告刘某军股权转让给孙某，由孙某统一转让给迪威视讯公司，考虑到迪威视讯公司在收购协议中约定的股权转让款为分期支付，并且目标公司对迪威视讯公司有对赌协议和业绩承诺，因此存在后期股权转让款不能收到的可能。故此双方签订《股份转让协议书》约定了股份归回的条款。刘某军称知道迪威视讯公司收购股权一事，但对收购协议具体内容不知情。

鸿昌通信公司公布的工商登记资料显示，公司成立时注册资本 808 万元（孙某出资 565.6 万元；持股比例为 70%，刘某军出资 242.4 万元，持股比例为 30%），后经过变更为：孙某持股比例 74.46%；郝某持股比例 21.92%；永成公司持股比例 3.62%。刘某军与孙某确认，孙某分三次共支付股权转让款 180 万元，最后一笔转让款的支付时间在 2016 年 11 月底。原告刘某军向本院提出诉讼请求：1. 判令孙某给付刘某军拖欠的股权转让费 720 万元；2. 判令孙某给付刘某军拖欠的利息 563 万元；3. 判令诉讼费及律师费 2.5 万元由孙某承担。

【案件焦点】

1. 股权转让协议中约定“股份回归”条款的效力问题；2. “股权回归”条款如何履行及可执行性问题。

【法院裁判要旨】

北京市丰台区人民法院经审理认为：刘某军与孙某签订的《股份转让协议书》系双方真实意思表示，且不违反法律及行政法规的强制性规定，应为合法有效，双方均应恪守履行。本案中，双方在协议书中明确约定“本剩余款在 2017 年 12 月 30 日前不能按时支付时，协议终止，股份归回给刘某军（此时刘某军应该持有的股份按照迪威视讯公司收购后重新测算)”，实际上是约定了在一定条件下双方对合同的解除权，而且根据本案事实情况，双方转让股权的目的也是考虑到迪威视讯公司意图收购鸿昌通信公司股权的背景。因此，在刘某军未提供明确证据证明孙某未如期支付股权转让款系恶意造成合同解除条件成就的情况下，双方股权转让协议应当终止。对孙某关于双方合同应当解除的意见，本院予以采纳，解除时间确认为协议约定解除之日2017年12月30日。据此，刘某军请求孙某继续履行合同并支付股权转让款720万元的主张，缺乏法律依据，本院不予支持。

《中华人民共和国合同法》第九十八条规定，合同的权利义务终止，不影响合同中结算和清理条款的效力。故双方在协议中约定的合同终止后启动股份归回的条款合法有效。争议的焦点为该条款应当如何履行。对此本院认为，虽然刘某军在股权转让后，确实存在鸿昌通信公司资本结构、股东身份发生较大变动等情况，也存在协议约定的股权返还方法不完整，股权份额难以确定等问题，但股份归回条款的本质仍是股权转让，只要符合公司法相关规定，在满足下述条件情况下，股权归回的条款亦具有可执行性：一是鸿昌通信公司目前其他股东无异议且放弃优先购买权，二是根据出资比例和股权结构，可以合理确定刘某军股权回归后的所持公司股权比例，三是不违反公司章程的有关规定。本案中，根据庭审中孙某提交的永成公司、郝某出具的《承诺函》，鸿昌通信公司其他两名股东对刘某军重新成为公司股东无异议，并放弃行使优先购买权，孙某亦同意股权返还并提出按照24.83%的比例归还的方案。该方案从目前鸿昌通信公司注册资本、刘某军实际出资数额及返还后所占公司出资比例情况看，应属公允，并无不当，本院予以认可。此外，鸿昌通信公司章程对股份归回并未有其他禁止性规定，故本院认定孙某可以将涉案股权返还给刘某军，归还的比例为24.83%。股权回归的同时，对孙某已支付的180万元股份转让款，刘某军应予返还。

北京市丰台区人民法院依照《中华人民共和国合同法》第九十三条、第九十七条、第一百一十四条之规定，作出如下判决：

一、孙某于本判决生效之日起十日内将其所持有鸿昌通信公司股权中24.83%的份额返还给刘某军；

二、刘某军在孙某返还其上述股权后三日内返还孙某股权转让款1800000元；

三、孙某于本判决生效之日起十日内赔偿刘某军损失（计算至2017年12月30

日前为736450元，此后以600万元为基数，按照年利率6%的标准，计算至上述股权实际返还刘某军之日止）；

四、孙某于本判决生效之日起十日内支付刘某军律师费25000元；

五、驳回刘某军的其他诉讼请求。

【法官后语】

本案涉及的争议焦点为股权转让协议中约定股份回归条款的效力及如何履行的问题。表现形式通常为股权转让双方之间签订股权转让合同，约定转让方将目标公司股权转让给受让方，受让方向转让方支付股权转让款，如受让方存在违约行为，转让方可要求将案涉股权回归。该类争议焦点处理涉及两个法律问题，其一为股权转让合同的解除问题；其二为约定股权回归的效力问题。这类纠纷主要适用合同法的有关规定进行审理，同时个案审理也要兼顾公司法上的特别规定及原则。

关于股权转让合同是否认定解除的问题，一方面根据原《中华人民共和国合同法》第九十三条第二款规定，当事人可以约定一方解除合同的条件，解除合同的条件成就时，解除权人可以解除合同。法律规定了合同可以约定解除。另一方面从股权转让协议中关于“股权回归”的表述来看，即明确违约结果系将股权全部归回给转让方，实质上是对转让合同解除后果的一种表述，是合同权利义务终止后的结算和清理条款，因此如果股权转让双方在股权转让协议中约定了“股权回归”，则应当视为双方对股权转让合同的解除条件进行了约定，如果在履行股权转让协议过程中出现了“股权回归”的情形，应当构成约定解除，原股权转让协议应当被认定解除。

关于“股权回归”条款的效力及可执行性，在根据原合同法规定认定股权转让协议解除后，在考察“股权回归”的效力和可执行性时，应当综合考虑公司法的特别规定。股权转让协议中的“股权回归”实质是股权转让的再转让，其根本性质也是股权转让。关于“股权回归”的效力问题，从合同法角度，根据原《中华人民共和国合同法》第九十八条规定，合同的权利义务终止，不影响合同中结算和清理条款的效力，因此双方在协议中约定的合同终止后启动股权回归的条款应属有效。从公司法角度，本质上要理解股权转让的效力问题，理论界对此有四种观点：有效说、无效说、效力待定说、撤销权说。有效说认为法律关于股权转让的规定为内行规定，不影响合同的效力；无效说认为法律的有关规定为强制性规定，违反强制性规定应为无效；效力待定说主张经过其他股东事后追认，转让合同有效；撤销权说主张合同有效，但其他股东可以申请撤销。针对该问题，法律和司法解释并未作出明确规定，但笔者更同意第四种观点，因为未经其他股东过半数同意或侵害其他股东优先购买权的股权转让，其所侵害的仅仅是其他股东的利益，而非社会公共利益，因此只要当事人之间意思表示真实，就不应否定股权转让合同的效力，如果机械地认定无效，不符合维护交易稳定、讲求诚实信用的原则，也不符合社会活动的经济与效率原则，不利于社会资源的优化配置。综上，股权转让双方在股权转让协议中约定“股权回归”的条款是有效的。

关于“股权回归”条款的最终可执行性，要综合考虑三个方面的因素：第一，公司其他股东对该股权转让是否申请优先购买权而主张撤销；第二，该约定是否违反公司章程的规定；第三，归回股权是否能够明确。本案中，在原告将股权转让给被告后，目标公司鸿昌通信公司的股权及股东虽然经过多次变化，但其现有其他股东对该“股权回归”并无异议且表示放弃优先购买权。同时，虽然目标公司的出资情况、股权结构发生变化，但可以合理确定刘某军股权回归后所持公司股权比例，鸿昌通信公司章程中也没有限制性规定，故应按照“股权回归”条款处理本案，关于被告违约给原告造成的损失，根据双方之间的合同约定进行综合认定。

编写人：北京市丰台区人民法院　胡润涵　徐冲

30

违反公司法关于股份有限公司董、监、高股份转让限制性规定的合同效力认定及相应法律后果

——崔某斌诉胡某会股权转让案

【案件基本信息】

1. 裁判书字号

北京市丰台区人民法院（2019）京0106民初29369号民事判决书

2. 案由：股权转让纠纷

3. 当事人

原告：崔某斌

被告：胡某会

【基本案情】

四方力欧公司成立于2010年12月28日。胡某会系该公司董事长，同时为该公司股东，持有股份5080万股。崔某斌系该公司董事，同时为该公司股东，持有股份700万股。2013年9月17日，崔某斌（甲方）与胡某会（乙方）签订内部股权协议，协议主要约定了以下内容：甲方将持有四方力欧公司7%（700万股）的股权以700万元的价格转让给乙方。乙方承诺，700万元资金最晚在2013年10月31日前全部支付。本次股权转让完成后，乙方即可享受7%的股东权利并承担义务，甲方不再享受股东权利和承担义务。甲方收到上述转让股份本金和利息后，应配合该公司及乙方办理相关审批、变更登记等法律手续并提供必要的协作与配合。

内部股权协议签订后，胡某会并未依约支付股权转让款，双方亦未办理股权转让的相关变更登记。至2017年9月12日，崔某斌与胡某会再行签订股份转让协议，约定：崔某斌将其持有的四方力欧公司的700万股股份转让给胡某会，价款支付方式为2017年9月30日前支付250万元，2017年11月30日前支付250万元，2017年12月30日前支付250万元，2018年4月30日前支付250万元，2018年6月30日前支付3401333.33元以及利息（以700万元为基数，自2017年9月12日起至上述价款支付完毕之日止，按照年利率12%计算）；在胡某会向崔某斌支付了本协议约定的全部转让价款后的30个工作日内，崔某斌和胡某会配合签署目标公司的章程修正案，完成目标公司股东名册的变更，配合办理上述股份转让的工商变更登记；如胡某会到期未付转让款大于等于总金额的50%，则崔某斌有权要求胡某会支付全部转让款，并要求胡某会以应付未付价款为基数，按照年利率24%支付违约金。

同日，双方在利息明细及利息计算表上签字，确认应付本金余额700万元，利息6401333.33元，应付崔某斌本金利息合计13401333.33元。庭审中，崔某斌认为利息应为股权增值比例产生的收益，胡某会不予认可。双方明确其中的86万元利息系由另外的借款所产生，本案中崔某斌亦未主张，实际利息为5541333.33元。协议签订后，胡某会未履行付款义务，双方也未办理股权变更登记。故崔某斌诉至本院。

原告认为：被告未如约支付股权转让款，故请求判令：1. 被告向原告支付股权转让款700万元；2. 被告向原告支付股权增值收益5541333.33元；3. 被告向原告支付违约金（以12541333.33元为基数，按照年利率24%计算，自2017年9月30日起至实际支付之日止）；4. 被告承担本案诉讼费。

被告认为：第一，原、被告签订的股权协议违反公司法强制性规定，属于无效协议，对双方不具备法律效力；第二，原、被告签订的股权协议违反公司章程，应属无效；第三，原、被告之间名为股权转让，实为原告退股，以还款+利息的方式计算股权转让金，没有法律依据，原告转让股权应首先经过专业评估公司对公司现状进行评估，再拟定合理的股权转让金数额，才符合公平公正的法律原则；第四，原告诉状中违约金计算基数不正确，存在重复计息，明确的股权转让金是700万元，计算利息的基数却为12541333.33元，将股权转让的利息也作为基数计算，超出法定范围。

【案件焦点】

1. 股份转让协议是否因违反公司法相关规定或者公司章程而无效；2. 如果协议有效，双方应当如何履行协议及承担相应的违约责任。

【法院裁判要旨】

关于焦点一，《中华人民共和国公司法》第一百四十一条规定："发起人持有的本公司股份，自公司成立之日起一年内不得转让。公司公开发行股份前已发行的股份，自公司股票在证券交易所上市交易之日起一年内不得转让。公司董事、监事、高级管理人员应当向公司申报所持有的本公司的股份及其变动情况，在任职期间每年转让的股份不得超过其所持有本公司股份总数的百分之二十五；所持本公司股份自公司股票上市交易之日起一年内不得转让。上述人员离职后半年内，不得转让其所持有的本公司股份。公司章程可以对公司董事、监事、高级管理人员转让其所持有的本公司股份作出其他限制性规定。"该条规定为效力性强制性规定还是管理性强制性规定，是确认本案两份协议效力的关键。对此本院认为，公司法该条规定的主要目的是将股份公司尤其是上市公司的董事、监事、高级管理人员股东与公司的利益捆绑，防止其不安心于公司经营管理，或者利用管理公司机会从中获利，从而损害公司中小股东或外部债权人的利益。该规定意图在于加重公司董事、监事、高级管理人员股东对公司的责任，通过拖延转让股份的时间，控制其谋取不法利益的可能性。因此，该规定系对股份有限公司的发起人、公司董事、监事、高级管理人员转让股份作出的时间上的强行限制，而并未禁止股份转让，并不否定该民事行为的效力。故该条规定应属管理性强制性规定，而非效力性强制性规定。因此，崔某斌与胡某会的内部股权协议与股份转让协议的效力并未违反法律、行政法规的效力性强制性规定，且系双方真实意思表示，故均应属有效。

关于胡某会抗辩与崔某斌签订的协议违反公司章程应认定无效的问题，经查，四方力欧公司的章程中并未对股东之间转让股份作出额外限制，胡某会认为四方力欧公司章程中第四十四条的“转债”应为“转让”，但并未对此提供证据加以证明。此外，公司法并未赋予公司章程对股东之间转让股份可以另行作出额外限制，故即使四方力欧公司的章程第四十四条系限制股东之间转让股份，其也因违反公司法规定而不具有效力。因此，本院对该抗辩意见不予采纳。

关于焦点二，双方协议的履行方式。首先，对股权转让款的支付，因双方股份转让协议对股权转让款支付的时间作了明确约定，且均已到期，在协议合法有效的情况下，胡某会按期支付股权转让款的行为亦不与上述管理性强制性规定相违背，故其应依据协议向崔某斌支付股权转让款。至于胡某会应付款数额，双方在股份转让协议、利息明细及利息计算表中对胡某会应付款的各项组成予以了明确。因此，崔某斌请求胡某会支付股权转让款 700 万元及股权增值收益（实为利息）5541333.33 元的诉讼请求具有事实与法律依据，本院予以支持。关于违约金，因崔某斌对所签协议违反公司法规定导致履行存在障碍亦有过错，且双方在已约定股权转让款利息的基础上，再行约定年利率 24% 的违约金，数额明显过高，本院予以调整，对合理部分予以支持。

关于胡某会抗辩四方力欧公司从 2013 年一直处于亏损状态，涉案股权应首先经过专业评估公司对公司现状进行评估，再拟定合理的股权转让金数额的意见，本院认为，四方力欧公司从 2013 年至 2017 年是否处于亏损状态，属于经济形势变化产生的商业风险。双方在内部股权协议以及股份转让协议中均已经对涉案的 700 万股股权的价值达成一致确认，胡某会在签订该两份协议时应当对股权价值予以充分考虑。现协议已经生效，胡某会未能提供阻却合同生效的相关事实和法律依据，故本院对其该项抗辩意见亦不予采纳。

其次关于工商登记变更，根据股份转让协议约定，在胡某会向崔某斌支付了本协议约定的全部转让价款后的30个工作日内，崔某斌和胡某会配合签署目标公司的章程修正案，完成目标公司股东名册的变更，配合办理上述股份转让的工商变更登记。而根据公司法规定，崔某斌作为四方力欧公司的董事，自其向胡某会转让己方名下持有的四方力欧公司股权时，每年均不得超过700万股的25%即175万股。因此双方股权变更受到该强制性规定的限制，亦即胡某会履行付款义务后，崔某斌应当协助胡某会办理股份转让手续，每年以公司法规定的可转让份额为限，直至将己方名下的700万股股权全部转让至胡某会名下。但因崔某斌、胡某会均未在本案中就股权登记变更的办理提出要求，且股权转让款尚未支付，故关于股权登记变更一事双方可另行解决，本院对此不作处理。

综上，北京市丰台区人民法院作出如下判决：

一、胡某会于本判决生效之日起十日内向崔某斌支付股权转让款700万元；

二、胡某会于本判决生效之日起十日内向崔某斌支付股权转让利息5541333.33元；

三、胡某会于本判决生效之日起十日内向崔某斌支付逾期付款违约金（以12541333.33元为基数，自2018年7月1日起至2019年8月19日止按照中国人民银行发布的同期同类贷款基准利率计算，自2019年8月20日起至实际支付之日止按照同期全国银行间同业拆借中心公布的贷款市场报价利率计算）；

四、驳回崔某斌其他诉讼请求。

【法官后语】

该案的核心问题在于股权转让协议中股权出让一方为股份有限公司董事或监事、高级管理人员，其转让名下股份的约定违反《中华人民共和国公司法》第一百四十一条关于股份有限公司的董事、监事、高级管理人员转让数量限制规定时，其股权转让协议的效力如何认定以及相应的法律后果。由此进一步引申出，《中华人民共和国公司法》第一百四十一条关于股份有限公司董、监、高股权转让数量限制的规定属于效力性强制性规定还是管理性强制性规定？倘若该规定属于效力性强制性规定，则违反该规定的合同的直接法律后果是合同相关约定无效，甚至可能导致合同整体无效。若该规定仅为管理性强制性规定，则违反该规定的合同本身仍具有效力，只是在履行过程中应当遵守公司法的规定继续进行。

因司法解释对《中华人民共和国公司法》第一百四十一条规定未作进一步明确，上级法院亦未对此发布相关的统一指导意见，导致此类案件的裁判结果五花八门，甚至大相径庭。为此，我们参考了多家法院的裁判文书，亦查阅了对此问题的相关文献和书籍。最终，我们采纳了该规定属于管理性强制性规定的观点。我们认为，公司法该条规定的主要目的是将股份公司尤其是上市公司的董事、监事、高级管理人员股东与公司的利益捆绑，防止其不安心于公司经营管理，或者利用管理公司机会从中获利，从而损害公司中小股东或外部债权人的利益。该规定的立法意图应在于加重公司董事、监事、高级管理人员股东对公司的责任，通过拖延转让股份的时间，控制或降低其谋取不法利益的可能性。因此，该规定系对股份有限公司的发起人、公司董事、监事、高级管理人员转让股份作出的时间上的强行限制，而并未禁止股份转让，并不否定该民事行为的效力。故而该规定应属管理性强制性规定，而非效力性强制性规定。

当明确了公司法关于股份有限公司董、监、高股权转让数量限制的规定性质后，再回到本案来，即可判断原、被告之间的股权转让协议应属有效。对于合同如何履行，应进一步梳理当中的各项约定，对于其中违反公司法规定的部分，应按照公司法的规定实际履行。本案中股权出让方与受让方之间关于股权转让价款支付的约定并未违反公司法，故仍应如约履行。而关于股权转让变更登记的约定违反了公司法的数量限制，故在实际履行中应按照公司法规定进行，股权出让方应持续向受让方转让名下股权，办理变更登记，但每年变更登记的股权份额不得超过出让方名下持有份额的25%，直至出让方股权全部变更登记至受让方名下。

编写人：北京市丰台区人民法院　黄昊　徐冲

31

未经股东本人同意依据公司章程强制转让股权效力判定标准

——林某华诉中房公司、中房公司委员会股权转让案

【案件基本信息】

1. 裁判书字号

安徽省马鞍山市中级人民法院（2019）皖05民终453号民事判决书

2. 案由：股权转让纠纷

3. 当事人

原告（被上诉人）：林某华

被告（上诉人）：中房公司、中房公司委员会

【基本案情】

林某华于1986年为中房公司改制前的企业职工，中房公司设立时林某华为股东，持有该公司0.672%的股份。2009年7月林某华办理退休手续。根据中房公司《章程》规定，作为公司员工的股东退休、辞退后，该股东要转让其股权，在三个月内无人受让的，由股东会决定代其转让。2009年12月3日，中房公司形成《股东会决议》，将苏某、杨某宝、章某、陈某持有的中房公司各1.344%的股份，焦某强、林某华、谷某民、迟某祥、孙某林、陶某秋持有的公司各0.672%的股份，李某民、曹某持有的公司各1.904%的股份，陶某革持有的公司1.792%的股份，戴某持有的公司0.784%的股份，芦某持有的公司2.912%的股份，以原价180400元转让给工会（持股会）。在该决议的股东签名栏，林某华没有签名。同时，在中房公司工商档案材料中存有时间为2009年12月3日的《股权转让协议》，甲方林某华自愿将其持有中房公司的0.672%股份（折合人民币67200元）以平价转让给乙方中房公司委员会，在该协议甲方签字栏有“林某华”字样，乙方签章栏盖有“中房公司委员会”印章。后中房公司持上述《股东会决议》《股权转让协议》及

章程修正案等向工商行政管理机关申请股东变更登记。在中房公司 2009 年 12 月 3 日的章程修正案中，股东姓名、出资方式及出资额栏中没有林某华名字。另，2011 年 12 月 9 日，林某华以在中房公司的 67200 元股权作为抵押，向中房公司借款 80000 元。同时，林某华以其该年度在中房公司的分红 30% 部分结转事项未定为由，又向中房公司借款 20000 元。上述两项借款期限为一年。2011 年 12 月 13 日，中房公司向林某华履行上述出借 100000 元义务。林某华至今未归还该借款。再有，中房公司工商档案材料反映，该公司在 2010 年年初的所有者权益合计为 114334872.44。诉讼中，中房公司自认 2009 年 12 月 3 日的《股权转让协议》中甲方签字栏“林某华”字样系中房公司工作人员冒签，并不是林某华本人所签。林某华起诉请求判令中房公司及委员会支付其转让股权造成的损失及利息。

【案件焦点】

1. 依据公司章程强制转让股权行为是否有效；2. 林某华诉请中房公司、中房公司委员会赔偿股权转让造成的损失是否有依据。

【法院裁判要旨】

安徽省马鞍山市花山区人民法院经审理认为：召开股东会议应按照《中华人民共和国公司法》及公司章程的规定通知所有股东。中房公司于 2009 年 12 月 3 日未通知林某华参加股东会议，林某华也未委托他人代为参加股东会议，更未在《股东会决议》及《股权转让协议》上签名，即中房公司用作办理工商变更登记的《股东会决议》并非股东林某华所签，也非林某华真实意思，故该股权转让协议及股东会决议中关于转让林某华股权的部分应属无效，中房公司应赔偿林某华因此所受损失。一审法院遂判决：

中房公司向林某华支付 768330.34 元，并以 768330.34 元为基数，按年利率 6% 为计算标准，支付利息。

中房公司、中房公司委员会不服一审判决，提出上诉。安徽省马鞍山市中级人民法院经审理认为：股东依据出资享有资产收益、参与重大决策和选择管理者等诸多股东权利，股东权具有财产权与身份权的双重属性，非经权利人的意思表示或法定的强制执行程序不能变动。本案中，中房公司在林某华没有作出同意意思表示的情况下作出通知及股东会决议，将林某华的股份转让到中房公司委员会名下，侵犯了林某华对其股份的自由转让权，转让行为无效。林某华主张806400元及相应利息损失，缺乏证据支持。原审法院判令中房公司赔偿林某华股权价值损失，不符合公司法和公司章程的规定，属适用法律错误，应予纠正。二审法院判决：

一、撤销安徽省马鞍山市花山区人民法院（2018）皖0503民初615号民事判决；

二、驳回林某华的诉讼请求。

林某华不服二审判决，申请再审。安徽省高级人民法院审查认为，林某华申请再审的主要理由是二审法院在认定案涉股权转让无效的前提下驳回其赔偿损失的诉讼请求错误。经查，双方当事人对案涉股权转让无效并无实质异议，且林某华对一审认定该股权变更登记至中房公司委员会（持股会）后，其仍得于2011年12月9日以该67200元股权作为抵押向公司借款8万元，及以其该年度在中房公司的分红30%部分结转事项未定为由向公司借款2万元的事实并无异议，可以印证中房公司、中房公司委员会所称林某华仍系公司持股会中隐名股东的事实，故林某华所主张的损失并不实际存在。二审驳回其诉讼请求并无不当。安徽省高级人民法院裁定：

驳回林某华的再审申请。

【法官后语】

本案的焦点问题在于依据公司章程中“强制股东转让股权”规定，公司股东大会未经股东本人同意转让股权行为是否有效。《中华人民共和国公司法》第七十一条第四款规定，公司章程对股权转让另有规定的，从其规定。该条未明确界定章程自治的界限，在实践中对公司章程限制股权转让仍有不同观点。实践中存在以下几种观点：

一是无效说。该观点认为《中华人民共和国公司法》第七十一条前三款是就股权转让的受让主体、受让程序及优先权行使等程序性问题作出的规定，并不涉及实体权利处分。从体系解释的原则看，第七十一条第四款是指对前三款所述的同类情况下的非实体处分权范围内的事项，而不是针对股东是否进行股权转让这一实体权利可以依章程另行进行规定。[①] 股权作为一种包含财产性质的权利，对股权的处分，只能通过股权转让协议或者强制执行程序，未经股东本人同意，不得以章程规定股东会决议的方式强制转让。

二是有效说。该观点认为，公司章程是公司股东意思自治的表现形式，公司章程强制股东转让股权有效。公司设立之时公司章程的制定和实施得到了全体股东的认可，是全体股东之真实意愿，股东对此是知情的、是受此约束的。

三是区分说。该种观点认为，不应当全盘以章程有效来判断强制股东转让股权的整体效力，应当区别对待。虽然公司法赋予了公司章程对于有限责任公司股权转让的特别约定权，但就其特别约定的范围应当具实分辨。有限责任公司章程强制股权转让有效，但不能约束价格转让、转让方式等涉及股东固有权益的规定。

笔者赞成第三种观点，在判断章程“强制股东转让股权”是否有效应当从公平诚信的角度，结合案件的实际情况综合予以考虑。尽管公司章程具有自治性，但对侵害股东财产权益的章程和股东会决议，公司法应适度介入。具体到本案中，林某华在公司设立时就为该公司股东，对公司章程中规定的“离职、退休必须转让股权”是知情的并受其约束。但该公司章程对股东的股权如何转让，以什么价格转让并没有约定，而是规定未在规定期限内办理，股东大会代其决定。股权作为一种综合性财产权利，股权转让的价格是多少、股权转让方式是什么，不应当被章程或股东大会所剥夺，应当以股权转让发生之时股东的意思表示为准，否则会出现大股东侵害小股东权益的情形。本案中公司股东大会未与林某华协商股权转让的方式和价格就作出了决议，并伪造签名办理股权转让行为无效。

在现实中，有很多有限责任公司的股东兼具员工和股东的双重身份，形成这种情况的主要原因可能是在国有企业改制的过程中职工持股的结果，也有些公司是为了吸引管理或技术人才。这些公司往往在公司章程中作出强制离职股东转让股权的规定。这种强制转让行为需综合判断，要在尊重公司自治和保护股东合法权益中寻找平衡点。

编写人：安徽省马鞍山市中级人民法院　周真真

---

① 闫志旻、李学权：《有限公司章程中强制转让条款的效力分析》，载《人民司法》2009 年第 21 期。

32

公司章程的意思自治可在强制性规范所划定的范围内进行

——杨某英诉林某德、林某基股权转让案

【案件基本信息】

1. 裁判书字号

广西壮族自治区南宁市西乡塘区人民法院（2019）桂0107民初9127号民事判决书

2. 案由：股权转让纠纷

3. 当事人

原告：杨某英

被告：林某德、林某基

【基本案情】

鸿基公司的前身为南宁水泥制品总厂。2000年7月，通过改制成为有限责任公司。2000年，鸿基公司出台了《持股管理办法》，规定：1. 推荐持股小组代表办法为：各车间以车间为持股小组，各车间持股小组代表由厂企业改制领导小组临时指定各车间一名领导组织股东采用无记名投票的方式，在已出资认购有本公司股份的员工里，选举产生一名代表，在工商注册登记时以自然人的身份代表所在车间持股小组持股。2. 持股小组代表的职责与所在持股小组股东的关系：持股小组代表无条件提供有关材料协助公司进行工商注册登记和其他工作，股东与持股小组代表的关系是委托与被委托的关系，持股小组代表和股东各自所持的股份依照法律、法规和本管理办法具有所有权和继承权。林某德持股总额为96278.45股，其份额登记在持股小组代表林某基名下。

《南宁鸿基水泥制品有限责任公司章程》（2009年版）规定：股东之间可以相互转让其全部出资或者部分出资（身份置换视同出资）；股东的出资可由其合法继

承人继承，但其股东资格不能自动继承，如其有成为本公司股东的意愿，需经本人提出书面申请，经董事会研究同意，公司股东会批准。

2015年3月31日，鸿基公司召开董事会并形成一份《董事会决议》（南鸿基董字〔2015〕02号），决定：出资人代表（股东）小组的出资人之间可以互相转让其出资，在出资人双方签订好出资转让协议后，呈报董事会备案，即可按规定办理出资人出资变更手续，但转让后，其出资的结构和性质不变（公司章程另有规定的按公司章程办）。不同出资人代表（股东）小组的出资人之间互相转让其出资，也可通过其所在出资人代表（股东）按《公司法》和公司章程规定进行转让。

2016年3月27日，林某德（甲方、出让方）与何某（乙方、受让方）签订一份《股权转让合同》，约定：甲方将其持有的鸿基公司的96278.45股（1元/股），占鸿基公司总股本的0.1891%的股权转让给乙方，转让价格为255137.89元。甲方取得第一期股权转让款后，合同项下股权的表决权及相关全部权益属乙方，在未办妥股权转让变更手续前，甲方应将甲方持有的鸿基公司股权证（出资证）交给乙方保管。

何某共计向林某德支付255137.89元，林某德认可何某已将全部股权转让款支付完毕。

2016年5月26日，丁某华、林某基等人发出声明拒绝与何某签署任何股权协议或其他与此相关的文字材料。

何某委托律师发函要求林某基在收到该函后十日内配合何某到有关工商管理机关办理鸿基公司股权变更登记的有关手续。邮件投递结果为“退回妥投”。

林某德等人向林某基发函，要求林某基在收到该函后十日内配合杨某英完成鸿基公司股东名册及股权工商变更登记的有关申报手续。邮件投递结果为“拒收”。

因林某德、林某基未将鸿基公司属于林某德但登记在显名股东林某基名下96278.45股（1元/每股，即实缴出资额96278.45元）变更工商登记至何某或杨某英的名下，杨某英遂诉至本院，提出以上诉讼请求。

另查明，何某于2018年9月24日因病死亡。杨某英为上述股份的唯一继承人。

【案件焦点】

林某德、林某基应否协助杨某英办理股权变更登记手续。

【法院裁判要旨】

广西壮族自治区南宁市西乡塘区人民法院经审理认为：林某德与何某签订的《股权转让合同》是双方当事人的真实意思表示，不违反法律、行政法规的禁止性规定，合法有效，双方均应恪守履行。根据鸿基公司《持股管理办法》规定，持股小组代表的职责与所在持股小组股东的关系：持股小组代表无条件提供有关材料协助公司进行工商注册登记和其他工作，股东与持股小组代表的关系是委托与被委托的关系。该公司《董事会决议》（南鸿基董字〔2015〕02号）规定：在公司股东对内、对外转让股权的时候，必须充分考虑隐名股东（出资人）的权益。在实际操作时，隐名股东（出资人）必须以出资人代表（股东）的名义出现，出资人代表（股东）有义务协助隐名股东（出资人）行使他们的诉求和权益。本案《股权转让合同》约定“林某德取得第一期股权转让款后，合同项下股权的表决权及相关全部权益属何某”，何某于2017年2月17日完成了股权转让款的支付义务，林某德也认可何某已按合同约定将股权转让款支付完毕，至此何某依据合同约定已获得案涉股权，故在何某去世前股权已在合同双方之间完成权利变动，何某已实际成为案涉股权的所有者，林某德应依约协助何某办理股权变更的工商登记。因林某德的持股份额登记在持股小组代表即显名股东林某基名下，故林某基作为林某德的股份代持人，有义务协助林某德将其所持有的股份变更登记至何某的名下。杨某英作为何某在鸿基公司股权的唯一继承人，林某德、林某基负有协助其办理股权变更登记手续的义务。因此，杨某英要求林某德、林某基协助杨某英将鸿基公司属于林某德但登记在显名股东林某基名下96278.45股的股权变更工商登记至杨某英名下的诉讼请求合法有据，本院予以支持。

林某基辩称根据鸿基公司章程规定，杨某英不能自动继承何某的股东资格，且杨某英继承的是投资权益而非股东资格，未经鸿基公司其他股东半数以上同意，不能成为显名股东。本院认为，第一，根据鸿基公司章程中“股东的出资可由其合法继承人继承，但其股东资格不能自动继承，如其有成为本公司股东的意愿，需经本人提出书面申请，经董事会研究同意，公司股东会批准”的规定，杨某英作为继承人要完整行使股东权利，应书面申请董事会同意，并经股东会批准。但该章程规定涉及的是出资法律关系，属于股东继承人与鸿基公司之间的法律关系，与本案审理的杨某英与林某德、林某基之间的股权转让法律关系无关。且无论杨某英的申请是否能够获得同意和批准，或杨某英今后与鸿基公司之间如何处理何某名下股权的财产权益，均不能免除林某德、林某基协助杨某英办理股权变更登记手续的义务。杨某英亦为鸿基公司的内部股东，将股权变更至其名下并不影响鸿基公司的人合性。第二，何某原为鸿基公司的显名股东，本案是杨某英作为何某继承人的身份承继其要求林某德、林某基进行股权转让工商变更登记的主体权利，而非杨某英从其原有的隐名股东身份变为显名股东。因此，本院对林某基的上述辩解意见不予采信。

综上，依照《中华人民共和国合同法》第八条、第六十条第一款、第一百零七条，《中华人民共和国公司法》第七十一条，《最高人民法院关于民事诉讼证据的若干规定》第八条、第九条的规定，判决如下：

被告林某德、林某基协助原告杨某英将鸿基公司属于被告林某德但登记在显名股东被告林某基名下的股权96278.45股（1元/股，即实缴出资额96278.45元）变更工商登记至原告杨某英的名下。

【法官后语】

近年来，面对国内外激烈的市场竞争，商人们在组建或加入公司时，为更好地保护其自身权益，越来越重视制定公司章程，在公司章程中加入了很多有创造性的制度安排，客观上有力地增强了中国公司的活力和竞争力。本案即一个典型案例。

一、公司章程是公司经营的基本准则、是契约性的自治规范

公司章程是指“公司设立人依法订立的规定公司组织及活动原则的文件，是公司活动的行为准则，也是确定股东权利义务的依据”。由此可知，公司章程是关于公司组织与经营中最根本的事项的规定，带有契约的属性，在公司股东之间是创造价值、分配财富的依据，对公司的董事、监事等高级管理人员来说，公司章程是规范其经营行为的行为准则，因此对公司内部成员具有约束力。

二、公司章程对股权转让的影响

作为对公司进行组织与管理基本文件的公司章程，它与公司法的规定往往存在一定的差异性，但是其内容的约束性却不可轻视。因此，要分析股东股权转让的效力，必须首先对二者的关系有一个明确的认识。

就公司法规定而言，我国公司立法采任意法方式对股权转让进行限制，然后授权公司章程或股东协议可予排除或变更。并且通说认为，公司章程实质是公司成员之间的契约，本质上是公司合同理论的延伸。即公司是许多自愿缔结合约的当事人、股东、债权人、董事、经理、客户之间的协议，参与公司的有关各方在塑造他们之间的合约安排时，应当是完全自由或者原则上是自由的。公司法一贯强调的原则是契约自由、鼓励股东意思自治。因此，对于法律未禁止章程规定的涉及股东之间利益的事项，章程的规定均有约束力。

《中华人民共和国公司法》第七十一条第四款规定："公司章程对股权转让另有规定的，从其规定。"以公司合同理论为基础，寥寥数字足以堪此重任。事实上，有限责任公司不仅具有资合性，还具有一定的人合性。法律上一般承认有限责任公司股东不同于股份有限公司的信赖关系，也肯定有限责任公司股东强于一般股东对公司成立后及经营过程中的合理期待。在公司合同理论指引下，公司成立之初章程是经过股东同意的，因此即使公司章程对于股权转让自由作出某些限制性规定，仍然要承认其效力。该条第二款仅仅对股东向外部人转让作了限制性规定，对于内部股东之间的转让未作限制，也就是说公司章程可以在此限制性条款的基础上作出更加严格的规定。

综上，在公司章程对于股权转让作出比公司法更为严格的规定时，其章程的效力是应该肯定的。

本案所涉公司章程及《董事会决议》规定，出资人代表（股东）有义务协助隐名股东（出资人）行使诉求和权益。鸿基公司于2000年出台的《持股管理办法》亦规定代持股小组代表的职责与所在持股小组股东的关系：持股小组代表无条件提供有关材料协助公司进行工商注册登记和其他工作，股东与持股小组代表的关系是委托与被委托的关系，持股小组代表和股东各自所持的股份依照法律、法规和本管理办法具有所有权和继承权。通过上述分析不难发现，对于股权的内部转让，鸿基公司的公司章程相对《公司法》而言作出了进一步规定，未违反强制性规定，这是有效的，因此无论是从效力而言，还是从是否适用来讲，公司章程并无不当之处。

三、股权转让旨在促进有效流转

股权为财产权之一种，可转让性为其根本属性之一。法律制度的设计应有利于财产的有效流通。从公司法的角度看，有效流通应首先体现为公司股权投资自由，即投资者既可以投资组建公司或受让股权进入公司，也可以出让股权或通过公司解散退出公司。“资本自由流通是资本企业的生命线。不允许资本自由流通就等于扼杀了资本企业自身的生命。”因此，股权转让自由、公司独立人格与股东有限责任共同构成了现代公司制度的重要特征。作为一种新型的民事权利，股权是投资者所拥有的以财产权为主导的权利束，股东有权利基于资本自由理论、公司资合理论及公司人格理论进行转让。

《中华人民共和国公司法》第七十一条第一款规定：股东之间可以相互转让其全部出资或者部分出资。通过对该条规定的分析可以看出，对于股权转让的自由度，该条第一款用了“可以”一词。那么对于法律中的任意性条款，公司章程中是否可以作出限制性规定呢？笔者认为是可行的。法律之所以规定股份转让自由原则，形成了股权以自由转让为原则，以限制为例外的立法例，主要是为畅通股东在公司的退出机制。

如前所述，笔者赞同法院对何某与林某德之间股权转让已完成的认定。首先，何某与林某德之间股权转让方式不违反公司章程，公司的注册资本并不因此发生变化；其次，林某德的股权转让行为发生在公司改制以后，且该股权转让行为是公开进行的，不存在侵占其他股东投资收益的问题；最后，股权转让款的交付在当事人之间产生股权变动的效力，根据当事人之间的约定，一旦股权转让款支付完毕，在当事人即何某与林某德之间就具有约束力，但此种约束力不具有扩张性，不及于第三人，对抗性不足。但是即便如此，案涉股权也已在合同双方之间完成权力变动，何某已实际成为案涉股权的所有者。

其实，股权作为一种资本权，企业要维持生命与活力必须实现资本流动，股权转让作为资本流动的一种重要方式，法律不应设置过多的障碍，赋予工商登记以公示性而非设权性已经足够。从另一个角度来讲，其公示公信效力的范围又是最广泛的，及于不特定的第三人，而不仅仅限定于当事人之间或者公司内部。因此，本案中即便何某与林某德之间未进行股权转让工商登记，也并不影响其股权转让效力。

编写人：广西壮族自治区南宁市西乡塘区人民法院　吴杨

33

矿业公司股权转让与矿业权转让之辨及对合同效力的影响

——千丰原公司诉刘某等股权转让案

【案件基本信息】

1. 裁判书字号

北京市高级人民法院（2018）京民终111号民事判决书

2. 案由：股权转让纠纷

3. 当事人

原告（上诉人）：千丰原公司

被告（上诉人）：刘某

被告（被上诉人）：王某梅、北京国融公司

【基本案情】

2013年6月23日，转让方（甲方）刘某与受让方（乙方）千丰原公司签订《协议书》，确认方（丙方）为王某梅，协议约定：鉴于甲方、丙方分别持有北京国融公司99.9%和0.1%的股权，北京国融公司依法对青海国融公司实际控股，青海国融公司分别与延长油矿管理局、中国石化中原油田分公司合作进行民和油田、西宁油田项目的油气勘探、开采并分享收益。各方签订本协议书，通过股权转让，北京国融公司的股权结构将为：甲方48.9%、乙方51%、丙方0.1%，合作项目民和油田、西宁油田甲方、乙方的权益比例为49%、51%。北京国融公司作价8亿元，乙方应向甲方支付股权转让款4.08亿元，并约定了股权转让款的支付时间、付款方式、合同解除的条件及违约责任的承担等。

2014年2月22日，由于千丰原公司未按《协议书》约定付款，刘某与千丰原公司、山西普大煤业集团有限公司签订了《补充协议书》，就剩余款项的支付进行了约定。

截至本案一审，千丰原公司共支付股权转让款90136160元，尚未付清合同约定的股权转让款。2014年4月20日，北京国融公司的股东变更为千丰原公司和北京国融红杉矿业投资有限公司，分别持股51%、49%。

千丰原公司主张《协议书》名为股权转让，实为探矿权转让，属于以合法形式掩盖非法目的，严重损害了国家利益，违反国家涉及矿产资源转让的强制性及禁止性法律规定，应属无效。

千丰原公司起诉请求：1. 解除千丰原公司与刘某于2013年6月23日签订的《协议书》；2. 刘某、王某梅、北京国融公司返还千丰原公司股权转让款90136160元，利息损失6378497.27元；3. 刘某、王某梅、北京国融公司支付千丰原公司从本案起诉之日至实际付清上述款项期间的利息损失。

刘某、王某梅共同反诉请求：1. 确认刘某与千丰原公司签订的股权转让《协议书》已经解除；2. 千丰原公司支付刘某、王某梅违约金4549.2万元；3. 千丰原公司在原有违约金数额基础上增加支付违约金8000万元；4. 千丰原公司支付延期未付款利息15147275.6元。

【案件焦点】

案涉《协议书》《补充协议书》的性质系矿业公司股权转让合同抑或探矿权转让合同，其效力应如何认定。

【法院裁判要旨】

北京市第三中级人民法院经审理后认为：《协议书》约定青海国融公司与案外人合作勘探、开采油气并分享收益，合同未记载其为探矿权人；约定的转让款系北京国融公司51%的股权价值。《协议书》《补充协议书》系股权转让而非探矿权转让，且系各方当事人真实意思表示，内容不违反法律、行政法规的强制性规定，应为合法有效。

千丰原公司在合同履行中，存在迟延付款的违约行为，刘某、王某梅有权解除《协议书》并要求其承担违约责任。依《协议书》约定，千丰原公司应向守约方支付的违约金为“股权转让款及项目补偿费总额的10%”。千丰原公司主张违约金约定过高，应承担举证责任，非违约方主张违约金约定合理，亦应提供相应证据。违约金是否调整，除以实际损失为基础，还应兼顾合同履行情况、当事人过错程度及预期利益等因素。

千丰原公司签约时明知转让款系刘某为偿还债务，其迟延付款会增加对方的债务负担且因其未按期付款，致使对方遭受额外利息损失；自《协议书》签订至解除，国际油价大幅下降，目标公司股权价值受到影响；本案系商事主体间大额股权转让，其在订立合同时应具有更强的判断力和审慎态度。千丰原公司未就约定违约金过高予以举证，应向刘某支付约定的违约金。《协议书》解除后，刘某应依约定将千丰原公司所付款项扣除违约金后予以返还。

依照《中华人民共和国合同法》第六十条、第九十一条、第九十六条、第九十七条、第一百零七条、第一百一十四条，《最高人民法院关于适用〈中华人民共和国合同法〉若干问题的解释（二）》第二十九条规定，判决：

一、确认刘某与千丰原公司于2013年6月23日签订的《协议书》（确认方为王某梅）于2015年3月20日解除；

二、刘某、北京国融公司于判决生效后十日内向千丰原公司返还股权转让款49336160元；

三、驳回千丰原公司的其他诉讼请求；

四、驳回刘某、王某梅的其他反诉请求。

千丰原公司、刘某均不服一审判决，提起上诉。北京市高级人民法院同意一审法院裁判意见。判决：

驳回上诉，维持原判。

【法官后语】

一、矿业公司股权转让与矿业权转让之辨

本案中当事人的争议集中于案涉《协议书》，该协议是矿业公司股权转让合同，抑或矿业权转让合同，对于合同效力的认定、法律适用具有重要意义。

股权是股东基于其对公司出资而对公司享有的获取分红等经济利益、参与公司经营管理的权利。[①] 矿业权是权利人在经国土资源部门依法批准登记的矿区范围内

① 施天涛：《公司法论》，法律出版社2018年版，第254页。

进行勘探或开采矿产资源并取得矿产品的权利。[①] 该两种民事权利的转让存在诸多区别：首先，适用法律不同。股权转让适用公司法、公司登记管理条例等，除受发起人股权转让年限、竞业禁止、上市公司股权转让的特殊审批等限制外，股权转让自由。矿业权转让则适用物权法、矿产资源法和探矿权采矿权转让管理办法等，在转让方式、转让条件及受让主体的资质等方面均有限制。其次，法律后果不同。股权转让产生公司股东或股东持股比例的变更；矿业权转让产生矿业权主体的变更。

矿业权转让合同与矿业公司股权转让合同的本质区别在于矿业权主体是否发生变更。矿业公司的股东成员、股权比例发生变更并不必然导致矿业权主体的变更。合同约定的转让款与转让标的密切相关，考察转让款的指向对象对于探知当事人的真实意思表示、判断合同性质亦具有重要意义。

本案中，首先，《协议书》中无任何文字记载青海国融公司为探矿权人，其系通过与相关权利人合作，对油田项目进行开发并分享收益，《协议书》未涉及探矿权主体的变更。其次，《协议书》约定的转让款对应的是北京国融公司51%股权，且《协议书》签订后北京国融公司股东亦发生变更，千丰原公司作为受让方成为目标公司股东，持有北京国融公司51%的股权，该持股情况亦符合《协议书》约定。根据合同约定内容及履行情况，《协议书》约定的转让款的对价系股权价值，而非探矿权价值。《协议书》性质为矿业公司股权转让合同。

二、矿业公司股权转让合同效力的认定

《中华人民共和国矿产资源法》对探矿权、采矿权倒卖牟利的行为进行了禁止性规定，《最高人民法院关于审理矿业权纠纷案件适用法律若干问题的解释》规定了矿业权转让合同的无效事由。矿业公司股权转让合同是否适用上述规定，其效力应如何认定？

根据《最高人民法院关于审理买卖合同纠纷案件适用法律问题的解释》第四十五条第一款的规定，矿山法人企业的股权转让合同，未变更矿业权主体的，可参照适用买卖合同的相关规定，自成立之日起生效，不应受国务院《探矿权采矿权转

---

① 古钰钦：《矿业公司股权转让与矿业权转让的区别》，西南政法大学2017年硕士学位论文。

让管理办法》第十条第三款的限制，不因未经国土资源主管部门批准而产生效力瑕疵。[①] 矿业公司股东的股权转让行为只要符合公司法等法律规定的条件，不存在《中华人民共和国合同法》第五十二条关于合同无效的情形，法院应当充分尊重当事人的意思自治，认定股权转让合同的效力。[②] 本案中，《协议书》系矿业公司股权转让合同，不涉及矿业权主体的变更，对其效力的认定应以合同法、公司法等作为依据，不适用上述关于矿业权的法律法规及司法解释。其系各方当事人的真实意思，且内容不违反法律、行政法规的强制性规定，应为合法有效。

编写人：北京市第三中级人民法院　巴晶焱　石艳明

34

上市公司股权隐名代持行为的效力认定和收益归属

——杉某诉龚某股权转让案

【案件基本信息】

1. 裁判书字号

上海金融法院（2018）沪74民初585号民事判决书

2. 案由：股权转让纠纷

3. 当事人

原告：杉某

被告：龚某

【基本案情】

杉某系日本国公民，龚某系中国公民。2005年8月23日，双方签订《股份认

① 刘牧晗：《矿山法人企业股权转让合同的性质和效力认定》，载《人民法院报》2016年12月7日。

② 李志：《矿山企业股权转让与矿业权转让的区别》，载《人民司法案例》2017年第32期。

购与托管协议》，合同载明：龚某持有格尔软件公司的股份88万股，杉某欲全部认购，并认购后委托龚某管理；认购数量为88万股，占股本总额2.52%，认购总金额为3836800元；方式为现金转账，于2005年9月3日前支付；龚某对外以自己名义参加股东大会，行使股东权利，在国家有关法律法规许可的范围内，根据杉某的指示处分股份，并将处分该股份的收益及时全部交付给杉某；关于股东权益的情况，龚某应当在合理的期限内通知杉某，征询其意见并据此处理有关事宜。

2017年格尔软件公司在上海证券交易所首次公开发行股票并上市，在股票发行上市过程中，龚某作为股东曾多次作出系争股份清晰、未有代持承诺。2018年5月28日，格尔软件公司股东大会通过了《2017年度利润分配暨资本公积金转增股本的预案》，向全体股东按每10股派发现金红利4元（含税），用资本公积按每10股转增4股的比例转增股本。龚某名下的格尔软件公司股份数量增加至123.2万股。之后双方对《股份认购与托管协议》的效力和股份收益分配发生纠纷诉至法院，杉某请求判令龚某交付格尔软件公司股份的收益（包括配股、送股所取得的所有股票收益）或者按照格尔软件公司股份市值返还投资款，赔偿2017年红利损失以及因维权而发生的律师费150000元、保全担保服务费30000元。龚某认为杉某作为外国人不得投资A股上市公司的股份，故系争《股份认购与托管协议》自始无效，应当恢复原状，系争股份应归龚某所有，同意向杉某返还已支付的认购款3836800元。

【案件焦点】

1. 系争股权代持行为是否有效；2. 投资收益如何归属。

【法院裁判要旨】

上市公司在证券发行过程中应当如实披露股份权属情况，禁止发行人的股权存在隐名代持情形，属于证券市场的公共秩序，隐名代持证券发行人股份的行为因违反公共秩序而无效。适用公序良俗原则否定民事法律行为效力应当审慎，避免滥用而过度克减民事主体的意思自治。公序良俗包括公共秩序和善良风俗。判断除法律法规外的其他规则是否构成证券市场公共秩序时，应当从实体正义和程序正当两个方面审查：实体正义方面，应当体现证券领域法律和行政法规所规定的国家和社会整体利益；程序正当方面，制定主体应当具有法定权威，制定与发布符合法定程序，具有较高的公众知晓度和认同度。股权代持协议无效，投资收益不属于恢复原状之适用情形，应适用公平原则，根据对投资收益的贡献程度以及对投资风险的承受程度等情形，即“谁投资、谁收益”与“收益与风险相一致”进行合理分配。名义持有人申请以标的股票变现所得返还投资款并分配收益的，应予支持。

据此，上海金融法院判令龚某支付杉某2017年现金红利的70%，并与杉某协商出售格尔软件公司股票，就所得价款优先支付杉某投资款，超出部分的70%支付给杉某。

一审判决后，双方当事人均未上诉，判决已发生法律效力。

【法官后语】

本案系全国首例认定外国人委托中国人代持境内上市公司股权的行为因违反证券市场公共秩序而无效的案件。案件发生的背景：一是我国进一步扩大对外开放，2019年3月15日通过并发布的《中华人民共和国外商投资法》确立了对负面清单之外的外商投资给予国民待遇，同时保留了关于外商投资金融行业和金融市场的原有规定；二是关于金融市场公共秩序或公共利益的界定在近年来引发理论界和实务界的广泛讨论。本案事实涉及外国人委托中国人隐名代持内资上市公司的股权，既涉及外国人投资准入问题，又涉及上市公司在证券发行过程中股权的隐名代持效力问题。裁判围绕证券市场公共秩序认定和股份代持无效后收益分配原则等问题的论证说理，对同类案件的审理具有指导意义，体现了司法在个案中平衡保护外国人投资权益与我国金融市场公共秩序的立场；裁判尊重当事人意愿，以标的股票变现所得进行分配的方式，有效解决了投资收益因上市公司股价波动而难以固定的问题，得到了双方当事人的认可，为同类案件妥善解决提供了有益借鉴。

编写人：上海金融法院　沈竹莺　瞿峥

七、损害股东、公司利益责任纠纷

35

董事、高级管理人员自我交易行为效力不以是否损害公司利益为认定要件

——福川公司诉顾某渝损害公司利益责任案

【案件基本信息】

1. 裁判书字号

重庆市第五中级人民法院（2019）渝05民终7775号民事判决书

2. 案由：损害公司利益责任纠纷

3. 当事人

原告（上诉人）：福川公司

被告（被上诉人）：顾某渝

【基本案情】

福川公司于2009年9月25日成立，经营范围为：二类汽车维修（小型车）、长安福特品牌汽车销售、汽车信息咨询服务。顾某渝任监事，张某任经理，冉某生任执行董事。2014年7月10日、2015年6月11日，福川公司与顾某渝签订两份《借款协议》，分别约定向顾某渝借款50万元，借款利率月息15‰，以及借款40万元，月息10‰，逾期未还加收3%的利息。之后顾某渝支付了该两笔借款。

因福川公司未偿还借款，顾某渝于2015年12月4日就两笔借款向永川区法院起诉，分别要求福川公司偿还借款本金50万元以及2015年5月10日至2015年7

月9日的利息15000元，之后的利息以50万元为基数，从2015年7月10日起按年利率21%计算至付清之日止的利息；偿还借款本金40万元并支付2015年6月11日至2015年9月10日的利息12000元，之后的利息以40万元为基数，从2015年9月11日起按年利率5%计算至付清之日止的利息。法院生效判决支持了顾某渝的诉讼请求。之后，经顾某渝申请，两案均得以全部执行。

同时查明，冉某生、张某、种某明在重庆市永川区公安局的讯问笔录中陈述，顾某渝于2012年7月或8月至2015年9月在福川公司工作担任财务总监或负责财务工作，负责管理公司的内、外账目。

二审另查明，2014年4月29日，福川公司、冉某生、种某明、张某签字的《通知》载明：经公司研究决定，在公司内部进行借款，内容如下：……二、借款以10万元为单位，10万元至50万元，借款时间为一年，签订协议之日起的年利息为10%……

另，就50万元借款，双方均认可截至2018年11月22日，执行本金50万元，2015年5月10日至2015年7月9日的利息15000元、2015年7月10日之后的利息353500元、被执行人迟延履行期间的债务利息7087.5元、案件受理费4700元、保全费3320元，合计883607.5元。就40万元借款，顾某渝自认收到除本金外包括诉讼费、迟延履行金、利息及逾期利息等共计232551元，福川公司主张其向顾某渝支付利息232551元。福川公司向一审法院起诉请求：由顾某渝返还福川公司未经股东会决议签订借款合同所得的利息22500元和其他应收利息627067.5元。

【案件焦点】

1. 顾某渝是否系公司高管；2. 借款是否经公司股东会讨论同意；3. 顾某渝应否向福川公司支付利息。

【法院裁判要旨】

重庆市永川区人民法院经审理认为，《中华人民共和国公司法》第一百四十八条的立法目的是防止董事、高级管理人员在经营、掌控公司期间，利用自身职务的便利与本公司进行经营交易，以谋取自身利益，而损害公司利益、股东权益。结合本案来看，顾某渝向福川公司出借借款，并不涉及福川公司的主营业务，不仅未与福川公司的利益发生冲突，未损害福川公司及股东的权益，反而为福川公司的经营发展提供了资金上的支持，其约定的利率亦在我国法律允许的范围内，顾某渝个人也并未因此获得不当收益。因此，顾某渝出借给福川公司借款不属于我国公司法禁止的自我交易行为，而属于合法有效的借贷行为，应予保护。综上所述，福川公司的诉讼请求依法不能成立，该院不予支持。遂判决：

驳回福川公司的诉讼请求。

福川公司不服提起上诉，重庆市第五中级人民法院认为：《中华人民共和国公司法》第一百四十八条规定，公司高级管理人员未经公司股东会同意与公司进行交易所得收入应归公司所有，该条规定并不以是否实际损害公司利益为前提。案涉借款是否实际损害福川公司利益并不影响本案的处理结果，且《中华人民共和国公司法》第一百四十八条规制的是公司高级管理人员的不当行为，该行为实际是否使公司获益均应经过公司股东会或股东大会的同意，否则其获得的利益就应由公司享有。顾某渝在担任福川公司高级管理人员期间，向公司出借款项，并收取利息。其与公司订立借款合同的行为，需要经公司股东会、股东大会同意。根据顾某渝举示的《通知》，公司员工可以向公司借款 50 万元上限，利息不超过 10%。故在该范围内的借款由股东会决议，福川公司应当支付给顾某渝 50 万借款中 40 万元本金的利息，由于该借款没有经过公司股东会、公司股东大会同意，其所得收入应当归入公司。故顾某渝应支付公司利息 388638.5 元；遂判决：

一、撤销重庆市永川区人民法院（2019）渝 0118 民初 6092 号民事判决；

二、顾某渝返还福川公司利息 388638.5 元；

三、驳回福川公司的其他诉讼请求。

【法官后语】

一、董事、高级管理人员自我交易行为效力，不以是否损害公司利益为认定前提或要件

董事、高级管理人员自我交易的效力经过绝对无效到限制性有效经过了较长的理论和实践探索与论证，我国现行公司法以公司章程许可、股东会或股东大会的同意为认定有效的要件，并未以是否损害公司利益为要件或前提。本案一审法院以案涉交易行为未损害公司利益为由驳回福川公司要求公司高级管理人员归入其与公司自我交易利益的主张，对此，笔者认为董事、高级管理人员自我交易行为效力，不

以是否损害公司利益为认定前提或要件。主要有以下几点理由：

第一，《中华人民共和国公司法》第一百四十八条未将是否损害公司利益作为法律要件进行规定，并非立法的疏漏。该条款是对董事、高级管理人员忠实和勤勉义务的具化，是立法对于董事、高级管理人员等公司重要经营者的“道德要求”，不能因未损害或者暂时未现实的损害公司利益而心存侥幸地突破管理者的“道德标准”。以损害公司利益作为认定董事、高级管理人员自我交易的要件，甚至不考虑或在明知不符合公司章程、未经股东会或股东大会同意的情况下，作为认定该行为效力的唯一依据，不仅过于主观臆断，更突破了立法的规定，给予管理者违反忠实义务创设了更大的空间，不符合立法的本意。

第二，法院未必具备、也不适宜代替公司对是否损害公司利益进行商业判断。在公司以其董事、高级管理人员违反法律规定进行自我交易提起诉讼时，公司应已结合市场环境、商业机会等对自身利益是否遭到损害进行判断，法院再次进行评价不仅是越俎代庖，更有可能不符合公司实际利益。并且如果考虑是否损害公司利益，是否还需明确其承担责任的主观要件是“故意”“重大过失”还是“一般过错”，“这将导致法官在介入公司治理进行裁判时，在裁判标准的把握上出现一定程度的进退‘失据’，或者‘过于能动’，或者‘过于克制’”。①

第三，以损害公司利益为要件将导致公司在无过错的情况下对面临风险却无力救济，而存在过错的董事、高级管理人员却享受法律保护的红利，有失公平。自我交易本质上是公司意思表示缺少或者不真实的交易行为，该情形是董事、高级管理人员违反忠实义务造成的。然而，在公司知晓该行为时，可能并未对自身利益产生实质性损害但在未来的履行过程中随时存在利益被损害的风险，公司不想放任该风险却束手无策，这有违公平原则，不应苛责非真实意思表示的一方只能在利益受到实质损失时才能得到保护和救济，此不应成为立法的本意和导向。故综上，董事、高级管理人员自我交易行为效力，不应以是否损害公司利益为认定前提或要件。

二、公司法上归入权的归入规则

公司归入权是对于内部人员违反忠实义务等特定行为所获得的溢出收益归公司

---

① 梁伟亮：《营商环境优化视角下少数投资者保护的实践迷思与破解——以〈最高人民法院关于适用《中华人民共和国公司法》若干问题的规定（五）〉为例》，载《改革与战略》第35卷第9期。

所有的一种权利，是法律赋予公司的一项特别救济手段。关于归入权的归入规则，首先，归入权本质上作为损失计算方式，故归入的利益与违反义务之间需要存在因果关系，即限制在董事、高级管理人员基于不当自我交易合同本身取得的利益，本案中即应限于顾某渝取得了利息，而不能扩大到其他可能基于该利息产生的收益；同时，本案中，因《通知》视为股东会决议允许的部分，应基于行为及效力的正当性而排除归入利益之外；此外，在特别情况下，义务违反人可能在交易履行过程中产生投入，且公司因此而受益时，应考虑给予其适当的补贴①，究其根本在于回归到归入权本质是对不当利益的剥夺而非对董事、高级管理人员的惩罚；如需惩罚，公司可以在其他治理途径中予以实现。

编写人：重庆市第五中级人民法院　王雪飞

36

公司董事与公司达成调解协议处置公司资产引发股东权益受损

——香港科创公司诉金某损害公司利益责任案

【案件基本信息】

1. 裁判书字号

云南省高级人民法院（2019）云民终425号民事判决书

2. 案由：损害公司利益责任纠纷

3. 当事人

原告（被上诉人）：香港科创公司

被告（上诉人）：金某

---

① 杨艳：《公司法上的利益归入：功能界定与利益标准》，载《浙江工商大学学报》2015年11月。

第三人：西部智库公司

【基本案情】

西部智库公司系香港科创公司与内地的惠智公司合资的有限责任公司。该公司设立时的章程规定“合营企业资产的抵押”必须由出席董事会会议的全体董事一致通过方可作出通过决定。惠智公司委派金某等3人为合资公司的董事会成员。西部智库公司在工商变更登记项目表中填写的总经理为金某。该公司成立后通过董事会决议，由金某以个人名义向银行按揭贷款购买涉案两套房屋作为公司办公地点，由公司承担房产首期付款及每月还贷和各种税费。该两套房屋购买后办理了所有权证，所有权人登记为金某。

2010年3月2日，持有西部智库公司公章的相关人员以该公司的名义委托律师向法院起诉金某，请求判决涉案两套房屋权属归西部智库公司所有。该案中，西部智库公司的民事起诉状和授权委托书仅加盖公司公章，无法定代表人或其他相关人员的签字。该案双方达成调解协议，法院作出调解书，确认涉案两套房屋归金某所有，由金某偿还西部智库公司该房屋的首付款、银行贷款本息等共计767510.54元。

香港科创公司对该调解书提起第三人撤销之诉，经二审驳回其起诉后，又以股东身份起诉金某损害香港科创公司利益，要求金某返还通过调解取得的涉案房屋所有权。金某答辩认为其与西部智库公司达成调解期间并未被聘任为公司总经理，香港科创公司要求其返还的房屋的产权归属已经生效法律文书确定，且该诉讼请求不符合股东代表诉讼或董、监、高侵犯公司利益的诉讼，应当予以驳回。西部智库公司述称，金某是该公司登记的董事和总经理，涉案房产是西部智库公司以金某名义购买作为公司办公地址所用，属于公司的资产。没有任何一方股东以西部智库公司名义对金某发起过任何诉讼，对该调解书均不知晓。

【案件焦点】

1. 金某是否为适格的诉讼主体；2. 金某是否应当将涉案房屋返还给西部智库公司。

【法院裁判要旨】

本案证据可证明金某系西部智库公司的董事和高级管理人员，原告起诉其作为被告的主体适格。西部智库公司的章程虽然没有规定对于公司资产的处分应经何种程序，但规定了公司资产抵押应“由出席董事会会议的全体董事一致通过方可作出通过决定”，故可类推在涉及合营企业资产处置、转移的重大事项上也应适用上述规定。涉案房产虽登记在金某名下，但应属于公司资产。持有西部智库公司公章的相关人员以公司名义委托律师向法院起诉金某，并与金某达成调解协议，被法院确认后形成调解书，金某因此取得了涉案房屋的所有权。金某与西部智库公司达成对转移公司资产所有权这一重大事项时，应当了解公司章程的规定是须由出席董事会会议的全体董事一致通过方可决定，但其在明知公司没有对处置涉案房屋召开董事会的情况下，与公司达成资产转移的调解协议，违反了公司章程和公司法规定的公司董事、高管应尽的忠实勤勉义务，无视涉案房屋已升值的事实，以支付与房价相比较低的对价的承诺获得涉案房屋的所有权，损害了西部智库公司的财产权益，进而也实质损害了香港科创公司作为股东的合法财产权益，故其应返还西部智库公司涉案房屋。

云南省昆明市中级人民法院依照《中华人民共和国公司法》第十一条、第一百四十七条、第一百四十八条、第一百四十九条、第一百五十二条，第二百一十六条、第二百一十七条之规定，判决：

一、被告金某于本判决生效之日起三十日内将位于×××地点的房屋返还给第三人西部智库公司；

二、驳回原告香港科创公司的其他诉讼请求。

金某不服向云南省高级人民法院提出上诉，二审经审理与一审法院的裁判意见一致，依照《中华人民共和国民事诉讼法》第一百七十条第一款第（一）项之规定，判决：

驳回上诉，维持原判。

【法官后语】

本案原告为香港特别行政区的公司法人，根据《中华人民共和国涉外民事关系法律适用》第十四条的规定，涉及股东权利义务等事项适用法人登记地法律，故本案的实体法应适用中国内地的法律。本案原告以股东身份依据《中华人民共和国公司法》第一百五十二条规定提起的股东权益受损的诉讼，首先要确定金某是否具备该条规定的董事或高管的身份，其次再判断其是否应向西部智库公司返还侵权标的物。

1. 判断主体是否适格，需对争议事实进行确认。被告金某从西部智库公司成立起即为董事，且在工商变更登记项目表中填写为总经理，无证据证明发生过董事换届或总经理变更，故本案的事实可认定金某具有董事和高管身份，其作为被告的主体适格。

2. 对于金某是否应向西部智库返还涉案房屋，金某认为香港科创公司提出的返还财产的诉请不符合《中华人民共和国公司法》第一百五十二条关于董、监、高侵犯公司利益的诉讼的规定，该规定是侵权赔偿之诉，原告应证明其具体的损失金额，以及被告行为与损失之间存在因果关系。适用该条规定在条件成立时，是否仅产生损害赔偿的后果，不涉及财产返还？一、二审法院对此意见均认为，《中华人民共和国公司法》第一百四十七条规定了董、监、高对公司负有忠实和勤勉义务，第一百四十八条第一款第（四）项规定了董事或高管不得有违反公司章程的规定，与本公司订立合同或者进行交易的行为，如有违反，所得的收入应当归公司所有。金某作为公司的董事、高管违反法律和公司章程的规定（公司章程虽然未规定公司资产的处分应经何种程序，但规定对"合营企业资产的抵押"必须由出席董事会会议的全体董事一致通过方可决定，按照举轻明重的原则，可类推在涉及合营企业资产处置、转移的重大事项上适用），未经董事会决议与公司达成调解协议将公司房产所有权转移给其个人。按上述法律规定，在该财产具备返还条件的情况下（至诉讼期间该财产仍在金某名下），应当判决返还。

3. 对于涉案财产归属已经前案生效调解书确定的情况下，再行判决返还该财产是否会与该调解书发生冲突。涉案调解书的形成是因为有人持西部智库公司公章以公司的名义委托律师向法院起诉金某，在案件审理中又与金某达成调解协议，经法院确认后形成调解书。对于该次诉讼具体由谁实际发起并与金某达成调解协议，从案件现有证据上无法证明，香港科创公司主张该次诉讼属于双方串通的虚假诉讼证据不足。但无论代表西部智库公司提起该次诉讼的是属于有权控制该公司的人的行为，还是其他无权或越权代理人的行为，可确定的是达成调解协议的双方均是西部智库公司的内部人员，金某在具备公司董事和高管的双重身份的情况下，对公司章程关于财产转移决定的必经程序是明知的，不同于外部不知情的善意第三人，故香港科创公司提起股东权益受损诉讼追回西部智库公司资产的理由成立，所涉及应返还财产仍在上述调解书所涉及的金某和西部智库公司双方之间，未影响案外人的权益，本案判决返还产生的是新的法律后果，并未溯及之前的生效调解书，两个生效法律文书之间并不存在冲突。

编写人：云南省昆明市中级人民法院　蔺以丹

八、股东损害公司债权人利益责任纠纷

37

瑕疵增资股东应对公司增资之前的债务承担补充赔偿责任

——时代公司诉高某股东损害公司债权人利益责任案

【案件基本信息】

1. 裁判书字号

四川省成都市中级人民法院（2019）川01民终15335号民事判决书

2. 案由：股东损害公司债权人利益责任纠纷

3. 当事人

原告（被上诉人）：时代公司

被告（上诉人）：高某

【基本案情】

2004年，时代公司因建设工程施工合同，与川建公司形成债权关系。后双方因该纠纷诉至法院。2013年10月10日，成都市金牛区人民法院作出（2013）金牛民初字第3054号民事判决书，判令川建公司向时代公司支付工程款40万元，并按中国人民银行同期贷款利息支付逾期付款资金利息。2016年8月18日，成都市中级人民法院作出（2016）川01民终4584号民事判决书维持原判，该判决于2016年9月16日生效。经审理查明，2009年11月19日，时代公司已在执行过程中取得20万元执行案款。

2016年10月，时代公司向成都市金牛区人民法院申请强制执行。因川建公司无财产可供执行，成都市金牛区人民法院遂终结本次执行程序。执行过程中，川建公司于2015年7月10日形成股东会决议，将注册资本从1000万元增加至2000万元，该注册资本由股东高某出资认缴，认缴方式为现金，认缴时间为2016年12月31日前。高某未按股东会决议缴纳资本金。2018年1月2日，时代公司诉至成都市青羊区人民法院，请求判令高某在未足额出资的范围内承担补充赔偿责任。

【案件焦点】

1. 公司负债时间是在股东增资前，股东增资后是否应对之前的债务承担赔偿责任；2. 瑕疵增资股东是否应对公司增资之前的债务承担补充赔偿责任。

【法院裁判要旨】

四川省成都市青羊区人民法院裁判认为，高某系川建公司股东，其增资认缴时间已经到期，高某应当履行股东出资义务。案涉的债务虽发生在被告高某增资行为之前，但高某未履行出资义务的行为，违反了公司资本维持原则，对公司债权人利益具有较大的威胁，现川建公司资产不足以清偿原告时代公司债权，时代公司有权请求股东高某承担赔偿责任。遂依照《中华人民共和国公司法》第二十八条，《最高人民法院关于适用〈中华人民共和国公司法〉若干问题的规定（三）》第十三条、第十七条，判决高某在未出资的1000万元范围内，对川建公司结欠时代公司的工程款20万元及逾期付款资金占用利息不能清偿部分承担补充赔偿责任。

高某不服成都市青羊区人民法院（2018）川0105民初30号民事判决，向成都市中级人民法院提起上诉。高某上诉请求：1. 撤销成都市青羊区人民法院（2018）川0105民初30号民事判决，改判驳回时代公司一审全部诉讼请求；2. 判令时代公司承担本案全部诉讼费用。事实和理由：1. 高某为川建公司的消极股东，非公司实际控制人，不存滥用公司法人独立地位和股东有限责任的行为。2. 该笔债务形成于2004年，此后该债权进入强制执行，2015年高某才成为公司股东，时代公司所称的损害与高某没有因果关系，所以高某的股东身份没有损害公司债权人的利益。3. 时代公司没有提供案涉债务已被执行终结的依据，一审法院对此亦未作出审理与认定。

时代公司辩称：1. 时代公司不知道高某非公司的实际控制人，从一审材料看高某是川建公司持股50%的股东；2. 关于债务形成时间，高某违反自己的承诺，未缴纳出资，就应当承担责任；3. 一审中时代公司提交一份民事裁定［（2016）川 0106 执 3657 号］，2016 年 12 月 12 日经法院强制执行，川建公司无财产可供执行，已经终结本次执行程序。一审法院认定事实清楚，适用法律正确，应当予以维持。

四川省成都市中级人民法院二审认为，时代公司作为川建公司的债权人，已通过申请人民法院强制执行而债权未获清偿，其案涉债权应属川建公司不能清偿部分。高某作为川建公司的股东，其认缴出资额 1000 万元于 2016 年 12 月 31 日到期，但高某未按公司章程规定履行该出资义务。而川建公司案涉债务形成时间与高某作为股东的法定出资义务并无影响，亦不能对抗债权人依据《最高人民法院关于适用〈中华人民共和国公司法〉若干问题的规定（三）》第十三条第二款规定向其主张权利，故高某应当在未出资本息范围内对川建公司的债务不能清偿部分承担补充赔偿责任。遂判决：

驳回上诉，维持原判。

【法官后语】

瑕疵出资股东，是指未按照公司法和公司章程之规定，全面适当地履行向公司缴纳出资的义务的股东。包括在公司成立时出资和经营增资程序中，未出资、未足额出资、未适当出资以及抽逃出资的股东。在司法实践中，公司债权人要求瑕疵出资股东承担补充赔偿责任的情况时有发生，尤其在 2013 年，公司法将资本实缴制修改为认缴制后，该类案件数量进一步增长，且衍生出更为特殊的法律问题。为有效应对更加丰富的案件类型，有必要厘清公司资本制度的运行规则，明确瑕疵出资股东对公司债权人承担责任标准和范围，以此加强对债权人合法权益的保护。

本案中，高某系川建公司股东，在认缴出资到期之日未履行增资义务。时代公司对川建公司享有债权，该债权形成于川建公司增资决议之前。本案争议焦点在于，公司对债权人负担债务后增加注册资本的，债权人是否可以要求增资股东在其瑕疵增资的本息范围内对公司不能清偿的债务承担补充赔偿责任。

一、瑕疵增资股东应保障公司资本充实

公司资本充实即公司资本充实原则，是指在公司成立至整个存续期间，应当保持与其注册资本金额相当的资产。其主要目的之一就是防止公司虚增资本，确保公司信用，保证公司稳定经营。它又与传统公司法资本确定、资本维持和资本不变三原则理论紧密相关。2013 年，公司法将实缴资本制修改为认缴资本制，看似在一定程度上改变了传统公司法基本原则，转变了维护交易安全、强调债权人利益保护的关注重点，但实则并非如此。

（一）股东资本金作为公司经营担保的属性没有变

从立法目的来看，取消最低注册资本和改变资本实缴制，主要是为了以公司意思自治激发活力，转变公司治理模式、优化市场资源配置，实现公司从管制性向自由性过渡，将公司资本信用担保转向运营过程中的资产信用担保。以资产信用作为担保是公司资本充实的另一种表现形式。可以明确的是，资产信用担保能够成立，并不是公司的原始产物，它来源于公司的顺利成立和公司经营活动的有序开展。同时，公司天然具有“资合”性，公司资本制度是公司法律体系的重要组成部分，一定的资本积累是公司存在的基础，这些资本来自投资者出资或承诺出资，这也是公司得以正常运转和盈利的必要条件。股东也以履行出资义务获得公司股东身份。因此，只要公司的经营活动仍然需要股东充足出资，股东仍需以出资作为获取股权的基础，瑕疵增资股东就应当积极履行出资义务，保障公司资本充实。

（二）资本认缴制下股东仍需实际缴纳

从法律规则来看，公司自由自治并非无限自由，而是建立于公司法规定的原则之内，受限于公司股东合同约定形成的公司管理规范和公司章程之内的有限自由。所谓的资本认缴制度并不是否认公司股东资本原始积累，而是在公司法和公司规章双重限制之下，以资本期限性缴纳换取公司经营空间，使股东获得资本缴纳期限性自由。其内在逻辑是，公司治理和发展必须严格按照法律规定和公司章程约定有序进行。《中华人民共和国公司法》在第二十八条、第三十一条中设置关于出资义务和出资不足的规定，就是要求股东按照法定或章程约定的数额、方式和期限如实缴纳出资，否则将承担不利责任。因此，改变出资方式未能动摇保障公司资本充实的基本原则，更不是否认股东出资义务，所以瑕疵增资股东仍需按期足额缴纳认缴资本。

二、瑕疵增资股东对公司债权人承担的责任分析

从法律调整范围来看，债权人保护属于合同法与担保法之范畴，股东权益保护属于公司法之范畴，两者保护对象和内容泾渭分明。公司法通过股东有限责任与公司独立法人人格的设计，将股东与公司责任分离，对内降低投资者风险，对外将公司经营风险转嫁给债权人。然而，当股东可能利用公司制度逃避公司责任之时，公

司作为债务人不能适当履行合同义务时，就需要揭开公司面纱，让股东和债权人直接面对。

（一）瑕疵增资股东应承担补充赔偿责任

为有效保护债权人利益，公司法规定了相应的资本制度，明确要求股东按照公司章程，以其认购的资本额为限，如期、真实和足额地向公司履行出资义务，以承担有限责任，从而形成完整的公司资本。同时，以全体股东出资为集合的公司注册资本则为公司债权人实现债权提供一般担保。基于此，在股东与公司债权人之间存在两个不同的法律关系得以有效联结。因此，《最高人民法院关于适用〈中华人民共和国公司法〉若干问题的规定（三）》（以下简称公司法司法解释三）第十三条第二款规定："公司债权人请求未履行或者未全面履行出资义务的股东在未出资本息范围内对公司债务不能清偿的部分承担补充赔偿责任的，人民法院应予以支持……"在认缴资本制度下，公司资本信用向资产信用转变，注册资本主要体现在公司名下资产，即现有资产与可能取得资产（期待资产）的总和。那么，无论是已实际缴纳部分还是尚未缴纳部分，都属于公司责任财产的范围，这使得公司债权人对瑕疵增资享有正当的补足请求权。所以，瑕疵增资股东当然应对公司债权人承担补充赔偿责任。

（二）瑕疵增资股东责任范围应以出资额为限

股东出资义务属性决定瑕疵增资股东对公司债权人承担的是有限补充赔偿责任。股东出资具有双重法律性质，一是股东通过发起人协议或公司章程约定出资方式和金额，不履行出资义务的股东须向其他股东承担违约责任，即对内约定出资义务；二是公司法明确规定公司成立后非经法定程序禁止股东撤回出资，完成注册登记后，股东必须按照社会公示履行出资义务，即对外法定出资义务。股东出资的双重法律属性一方面确定了公司有限独立责任，另一方面也决定了股东有限责任。因为，无论基于何种属性，公司和股东的责任范围都因股东出资金额而固定，并以此为限。同样，根据公司法司法解释三第十三条第二款可以判断得出，股东补充赔偿责任仅限于其未出资本息范围内，而非债权人实际损失。因此，瑕疵出资股东仅需在补足出资的债权额度内承担有限赔偿责任。

三、债权形成时间不影响补充赔偿责任认定

关于股东对其增资后的公司债务应承担补充赔偿责任并无争议，但是否应对其增资行为之前的公司债务承担责任，实践中存在两种观点。第一种观点认为，股东仅对其增资以后的公司债务承担补充赔偿责任，而与增资之前的公司债务无关；第二种观点认为，无论公司债务形成于股东增资之前还是之后，瑕疵增资股东均应向债权人承担补充赔偿责任。本案采用第二种观点，即债权形成时间不影响补充赔偿责任认定。原因分析如下。

（一）公司法司法解释三应优先适用

支持第一种观点者认为，根据《最高人民法院执行工作办公室关于股东因公司设立后的增资瑕疵应否对公司债权人承担责任问题的复函》（〔2003〕执他字第33号）与《最高人民法院关于西钢集团执行申诉一案的复函》（〔2005〕执他字第32号）规定，债权人对公司的债权只有在形成于公司股东增资瑕疵之后，债权人才能追究该股东瑕疵增资责任，股东对瑕疵增资之前的公司债务不承担责任。因两复函未被明确废止，所以仍应适用。然而，该观点并未成立。原因有二：一是公司法司法解释三实施时间在两复函之后，虽然公司法司法解释三未对增资瑕疵时间作出明确规定，但根据体系解释和历史解释，公司法司法解释三都应优先适用；二是公司法司法解释三属于司法解释，与法律具有同等效力。而复函作为个案答复，不属于《最高人民法院关于司法解释工作的若干规定》规定的“解释”“规定”“批复”三类司法解释。因此，公司法司法解释三法律位阶较高，应优先适用。

（二）瑕疵增资股东对公司增资前的债务承担责任具有当然性

公司债权形成时间不影响瑕疵增资股东补充赔偿责任认定还有以下原因。一是作为具有完全行为能力的民事主体，其成为公司股东的行为，系其在对公司经营能力理性综合判断之后的真实意思表示，同时也是对公司原有债权债务认可并做概括承受的承诺。二是公司股东应当保障公司资本充实，此处股东应作当然解释，即无论是公司原有股东还是新增股东都应当在此范围之内。三是公司法司法解释三第十三条第二款中关于未履行或者未全面履行出资义务之股东亦未作说明，此处仍应作当然解释，即无论是公司原有股东还是新增股东都应当在此范围之内。那么从时间上理解则是，无论公司债务形成于何时，只要成为公司股东权利的受益者都应当承担相应责任。综上，公司债权形成于增资之后，并非瑕疵增资股东承担补充赔偿责任的必要条件。

编写人：四川省成都市青羊区人民法院　和波　李琳

38

持股0%股东的资格确认及清算责任

——曹某诉东郊公司股东损害公司债权人利益责任案

【案件基本信息】

1. 裁判书字号

北京市第三中级人民法院（2019）京03民终5278号民事判决书

2. 案由：股东损害公司债权人利益责任纠纷

3. 当事人

原告（被上诉人）：曹某

被告（上诉人）：东郊公司

【基本案情】

1993年，东郊公司与傲斯盟公司合资成立建兴公司；东郊公司以183亩的土地补偿费折价入资，占股30%，傲斯盟公司以现金入资，占股70%。1994年，建兴公司由中外合资企业变更为中外合作企业，合作者结构亦作出调整；东郊公司不再出资，仅提供拆迁安置、补偿和与政府协调等合作条件，持股0%；傲斯盟公司以现金出资，持股30%；新星会社作为新加入的合作者以现金出资，持股70%。三方合作合同约定建兴公司需分期支付东郊公司3780万元作为拆迁、安置等补偿款，并在1996年年底前支付建兴公司经营利润420万元。此后，东郊公司不再参与建兴公司的利益分配，合作终止后，建兴公司的资产在抵偿债务后，全部归傲斯盟公司和新星会社所有；各种账册、档案、资料亦由傲斯盟公司和新星会社保存。后，建兴公司的合作者几经变化，东郊公司始终被列为合作者，但出资金额始终为0。截至开庭之日，建兴公司的合作者为凯成公司、东郊公司两方。东郊公司依旧负责提供拆迁安置、补偿和与政府协调，占股0%；凯成公司以现金出资，占股100%。各种账册、档案、资料由凯成公司保存。

经查，在上述合作者变更的过程中，东郊公司始终向建兴公司的董事会委派有1名至2名董事。建兴公司的历次章程均规定，董事会是建兴公司的最高权力机构。董事会的职权包括负责合作企业终止和期满时的清算工作。

2012年，建兴公司被吊销营业执照。

2013年，对曹某与建兴公司民间借贷纠纷一案，北京市朝阳区人民法院审理后判决建兴公司返还曹某借款本金30万元及违约金。判决生效后，曹某向法院申请强制执行，但因建兴公司无财产可供执行，法院裁定终结本次执行程序。2015年，曹某向北京市第三中级人民法院申请对建兴公司强制清算。法院受理后指定了清算组进行清算。但因建兴公司已不在注册地经营，且法定代表人失联，账册、财产等下落不明，无法清算，法院最终裁定清算程序终结。

现曹某诉至北京市朝阳区人民法院，要求东郊公司对建兴公司欠付曹某的债务承担连带清偿责任。东郊公司抗辩称其作为中外合作企业的中方合作者，仅提供协调安置服务，其未出资也不参与经营，不是清算义务人，无须承担清算责任。

本案一审法院前往北京市市场监督管理局（原名北京市工商行政管理局）登记注册处，对东郊公司出资金额为0的登记事项予以调查。登记注册处员工表示，中外合作企业一般都是外方提供资金，中方提供合作条件，如项目、土地、手续，所以中方大部分都是不出资的。虽然中方登记的股权比例是0%，但仍可根据合作合同享受分红。2007年以前，合作合同均需备案登记，2007年以后合作合同可以不备案。中外合作企业一般根据合作合同确定权益。

【案件焦点】

1. 持股0%的东郊公司是否是建兴公司的股东；2. 持股比例为0%的股东是否属于清算义务人。

【法院裁判要旨】

北京市朝阳区人民法院经审理认为：建兴公司系有限责任公司（台港澳与境内合作），因此既受《中华人民共和国中外合作经营企业法》及相关细则的规范，也受《中华人民共和国公司法》及相关司法解释的规范。现建兴公司工商档案记载的合作者为凯成公司、东郊公司，尽管东郊公司出资比例是0%，但并不影响其股东资格。根据公司法的相关规定，东郊公司作为建兴公司的股东怠于履行清算义务，导致建兴公司无法进行清算，应当对建兴公司的债务承担连带责任。

东郊公司虽抗辩称其 1994 年就退出公司经营，不再出资且不再参与分红，不应承担清算责任，但东郊公司始终委派有董事在董事会任职。董事会是建兴公司的最高权力机构，股东权利不仅包括分红，也包括委派人员作为董事会的成员，因此东郊公司始终在行使股东权利。此外，根据建兴公司章程的规定，董事会的职权包括清算工作。因此，从委派董事的层面来看，东郊公司也应对建兴公司未及时清算负有责任。

综上，东郊公司是建兴公司的股东、清算义务人。

依照《中华人民共和国公司法》第一百八十条、第一百八十三条，《最高人民法院关于适用〈中华人民共和国公司法〉若干问题的规定（二)》第十八条第二款、《中华人民共和国中外合作企业经营企业法实施细则》第四十九条之规定，判决：

东郊公司对建兴公司欠付曹某的债务承担连带清偿责任。

一审宣判后，被告东郊公司不服一审判决，提出上诉。

北京市第三中级人民法院经审理认为：建兴公司的公司类型属于有限责任公司，其股东怠于履行清算义务，导致建兴公司无法进行清算，应当对建兴公司的债务承担连带责任。

关于东郊公司是否为建兴公司股东的问题。工商登记显示东郊公司始终系建兴公司的投资方，故东郊公司在工商登记上属于建兴公司的股东。从股东权益角度看，股东可以用土地使用权作价出资，东郊公司提供土地供建兴公司建设使用，从建兴公司处获得土地补偿款及利润，还派人员前往董事会担任董事，行使公司管理权，实际享有股东权利。故东郊公司作为股东应履行清算义务。且根据建兴公司章程的规定，董事会的职权包括清算工作，建兴公司派人员担任董事，亦负有章程规定的清算义务。

建兴公司根据性质既属于中外合作企业又属于有限责任公司，《中华人民共和国中外合作经营企业法实施细则》第四十九条规定：“合作企业的清算事宜依照国家有关法律、行政法规及合作企业合同、章程的规定办理。”故一审法院按照公司法及相关司法解释予以审理并无不当。

综上，判决：

驳回上诉，维持原判。

【法官后语】

2019年，北京市各级法院受理的股东损害公司债权人利益责任纠纷案件近800件，其中因“公司出现清算事由，但清算义务人怠于履行清算义务导致不能清算，债权人要求股东承担连带清偿责任”的案件大约占该类案件数量的80%。此类案件中，因股东是清算义务人，股东资格的确认和清算责任的分配往往成为争议焦点。

中外合作企业在具有法人资格时属于有限责任公司，但因其特殊的组织架构和运营模式，与其他有限责任公司在投资方式、计算投资和利润分配的方式、投资回收、财产归属等方面存在诸多不同，因此在股东资格、清算责任人的确定和清算责任的分配上尤其容易引发争议。本案中对曹某负债的建兴公司既是有限责任公司，又是中外合作企业，并且中方合作者东郊公司的出资金额为0元，持股比例为0%，系一般有限责任公司不会出现的特殊极端股权结构。东郊公司认为持股比例的“零”就等同于“无”，即持股0%就说明不是股东，不需要承担股东的权利义务。本院对此观点并不赞同。

《中华人民共和国中外合作经营企业法》第二条规定，中外合作企业应在合作企业合同中约定投资或者合作条件、收益或者产品的分配、风险和亏损的分担、经营管理的方式和合作终止时财产的归属等事项。《中华人民共和国中外合作经营企业法实施细则》第十四条规定，合作企业依法取得中国法人资格的，为有限责任公司。第四十九条规定，合作企业的清算事宜依照国家有关法律、行政法规及合作企业合同、章程的规定办理。上述条款的规定说明对于中外合作企业而言，合作各方的权利义务主要由各合作方签署的合作企业合同的约定规范，但因获得法人资格的中外合作企业性质为有限责任公司，故其清算义务则需要受公司法、合作企业合同、公司章程的多重制约。

本案中，债务人建兴公司成立之初是中外合资企业，其后变更为中外合作企业，合作者结构也作出重大调整。东郊公司作为中方合作者不再对建兴公司投资，仅提供拆迁、安置、协调等合作条件，该合作条件作价0元，东郊公司的持股比例变为0%，亦不再参与分红和经营结束后的财产分配，清算所需的各种账册、档案、资料亦全部交由外方合作者保存。从约定条款上看，东郊公司确实已经放弃了很多股东的权利和义务，但从我国有限责任公司的股东权利内容看，股东权利主要包括：股东身份权，参与决策权，选择、监督管理权，资产收益权，退股权，知情权和优先购买权等。具体到本案的东郊公司是否实际享有股东权利：（一）从股东身份权的角度看，建兴公司工商登记中记载的投资人、合作者始终包括东郊公司，目前的股权结构中中方股东虽仅持股0%，香港法人股东持股100%，但企业性质为有限责任公司（台港澳与境内合作），并未被标记为有限责任公司（港澳台法人独资），故东郊公司的股东身份始终被建兴公司和企业监管部门认可；（二）从参与决策权的角度看，建兴公司自1994年变更为中外合作企业后，数次变更合作者，数次修订合作合同和章程，每次均有东郊公司的参与和签字。合作合同系中外合作型有限责任公司确定具体股东权利义务分配的核心的文件，能够参与其修订可充分体现东郊公司是享有参与决策权的；（三）从选择、监督管理权的角度看，董事会是建兴公司的最高权力机构，中方自建兴公司成立至今，始终选派有1名至2名人员担任董事会成员，其中不乏担任副董事长职务的代表，故东郊公司亦充分行使了选择、监督管理权；（四）从资产收益权的角度看，东郊公司虽声称自1994年后不再参与建兴公司的利润分配，但合同约定建兴公司需分期向东郊公司支付四千余万元的土地补偿费及利润，且直至2007年仍未付清。上述费用的支付均来源于建兴公司的资产，应当视为各合作者对东郊公司的利润分配作出的特别约定，故东郊公司享有资产收益权；（五）从退股权、知情权、优先受让权的角度看，在建兴公司经营期间，东郊公司未行使过上述权利，但从其始终可以参与修订合作合同和章程，且合作合同和章程从未限制其行使上述权利的事实看，应视为东郊公司始终享有上述股东权利。因此，一、二审法院综合认定东郊公司系建兴公司的股东，应承担建兴公司的股东责任。

特别需要指出的是，在本案一、二审判决作出之际，最高人民法院尚未通过2019年《全国法院民商事审判工作会议纪要》，当时的司法实践的主流观点为股东作为有限责任公司的清算义务人，不管其持股比例、是否参与实际经营，均应对怠于履行清算义务导致不能清算的结果承担连带清偿责任，故东郊公司是否实际参与经营、是否属于小股东并非一、二审判决主要论述的内容。《全国法院民商事审判工作会议纪要》通过后，最高人民法院指出若小股东举证证明其既不是公司董事会或者监事会成员，也没有选派人员担任该机关成员，且从未参与公司经营管理，不属于“怠于履行清算义务”，可以不对公司债务承担连带清偿责任。适用到本案，虽然东郊公司仅持股0%，属于小股东，但其始终选派人员担任董事会成员，且合作合同中明确约定董事会负责建兴公司的清算事宜，故无论东郊公司是否参与经营，是否保管账册、档案等资料，均仍应对建兴公司负有清算责任，本案的一、二审判决结果并无不当。

根据北京市市场监督管理局（原北京市工商行政管理局）登记注册处的调查反馈，中外合作企业一般都是外方提供资金，中方提供合作条件，如项目、土地、手续，所以中方大部分都不出资，可见在中外合作的有限责任公司中，一方股东出资金额为0元的情况并不罕见。随着我国法治体制建设的不断完善和民众维权意识的不断提升，此类公司逃废债行为的追索案件数量必将有所上升，本案对于同类案件有典型的示范意义。

编写人：北京市朝阳区人民法院　鲁雅清

39

股东承担怠于清算赔偿责任的前提和责任范围的认定依据

——华成峰公司诉马某等股东损害公司债权人利益责任案

【案件基本信息】

1. 裁判书字号

北京市第一中级人民法院（2019）京01民终8441号民事判决书

2. 案由：股东损害公司债权人利益责任纠纷

3. 当事人

原告（被上诉人）：华成峰公司

被告（上诉人）：马某、张某、付某青

第三人：恒信国通公司

【基本案情】

恒信国通公司于2006年3月1日成立，股东为马某、张某、付某青。2016年8

月26日，恒信国通公司因未办理年检被吊销企业法人营业执照。2017年7月31日，北京市工商行政管理局海淀分局经审查认为恒信国通公司提交的清算组备案申请材料齐全、符合法定形式，予以备案，备案清算组成员为付某青、马某、张某，负责人为张某。

2013年3月28日，广东省深圳市南山区人民法院（以下简称南山区法院）就华成峰公司与恒信国通公司买卖合同纠纷一案作出（2012）深南法民二初字第222号民事判决书（以下简称222号判决书），判令恒信国通公司于判决生效之日起10日内向华成峰公司接收合同项下全部货物，并向华成峰公司支付款项2485000.01元及逾期付款违约金（按每日1‰的标准，从2011年12月18日起计算至该判决确定的付款之日）、拒绝收货违约金745500元。恒信国通公司不服上述一审判决并提起上诉，因未在法定期间交纳上诉费，按自动撤回上诉处理。恒信国通公司未履行还款义务，华成峰公司于2014年1月8日向南山区法院申请强制执行。在案件执行过程中，南山区法院扣划了恒信国通公司名下银行存款745500元，但未发现其余可供执行的财产，且恒信国峰公司在指定期限内不能提供财产以供执行，需要等待继续执行条件成就后再重新启动，故于2014年10月15日作出执行裁定书，裁定终结本次执行程序。

2017年8月4日，恒信国通公司在《中国商报》刊登注销公告，载明恒信国通公司注册号以及拟向公司登记机关申请注销登记，清算组成员由付某青、马某和张某组成，请债权人于见报之日起45日内向公司清算组申报债权。2017年9月，恒信国通公司向华成峰公司送达《债权申报通知书》。2017年10月9日，华成峰公司向恒信国通公司送达《申报债权登记表》及《申报债权计算明细》，申报债权合计4947144.78元。

华成峰公司向一审法院起诉请求：1. 马某、张某、付某青对222号判决书所确定的恒信国通公司对华成峰公司的债务承担连带清偿责任（包括应付货款2485000.01元、逾期付款违约金1848840.01元、拒绝收货违约金745500元以及迟延履行期间的债务利息，上述债务需减去已执行的款项735645元）；2. 本案保全费由马某、张某、付某青承担。一审审理中，马某、张某、付某青提交了恒信国通公司于2006年至2017年的财务账簿和审计报告，以及恒信国通公司与案外人大华（北京）税务师事务所有限公司于2016年11月28日签订的《涉税服务业务约定书》，证明恒信国通公司符合清算要件，且能够清算，股东已积极开展清算工作。

【案件焦点】

1. 股东怠于履行清算义务、损害公司债权人利益应承担的责任性质及内容；2. 判断损失是否发生的前提条件及认定标准。

【法院裁判要旨】

北京市海淀区人民法院经审理认为：恒信国通公司于2016年8月26日被工商行政机关吊销营业执照，马某、张某、付某青于2017年7月31日成立清算组，超出法定期限。在华成峰公司向清算组申报债权后，清算组已发现恒信国通公司财产不足以清偿债务，但未依法向人民法院依法申请宣告破产。从恒信国通公司2014年至2017年的审计报告来看，恒信国通公司在222号判决书生效后，未履行判决书确定的义务，自华成峰公司处接收相关货物；而恒信国通公司被吊销营业执照并成立清算组后，清算组亦未履行上述判决书确定的义务。马某、张某、付某青作为股东和清算组成员怠于履行清算义务，造成恒信国通公司财产与审计报告不符，公司财产贬值、流失，应当对于华成峰公司尚未获得清偿的款项、逾期付款违约金以及迟延履行期间的债务利息承担赔偿责任。综上，该院判决如下：

一、马某、张某、付某青于本判决生效之日起十日内，向华成峰公司赔偿损失合同款项2485000.01元和逾期付款违约金1848840.01元；

二、马某、张某、付某青于本判决生效之日起十日内，向华成峰公司赔偿迟延履行的债务利息损失（以4333840.02元为基数，自2013年12月31日起至实际付清之日止，按每日0.0175%计算）；

三、驳回华成峰公司的其他诉讼请求。

马某、张某、付某青不服一审判决，提出上诉。北京市第一中级人民法院经审理认为：依照《中华人民共和国公司法》（以下简称公司法）第一百八十条、第一百八十三条规定，以及《最高人民法院关于适用〈中华人民共和国公司法〉若干问题的规定（二）》（以下简称《公司法解释二》）第十八条规定，如果股东在公司出现解散事由后未及时履行清算义务，是滥用股东法人独立地位和股东有限责任，严重损害公司债权人利益的行为，应承担相应的赔偿责任。但对于赔偿的范围，应根据其行为实际给债权人造成的损失来判断，如果股东未及时清算，导致公司财产贬值、流失、毁损或者灭失，股东应在造成损失范围内对债权人承担赔偿责任；如果因股东怠于履行义务，导致公司主要财产、账册、重要文件等灭失，无法进行清算，股东应对公司全部债务承担连带清偿责任。可见在股东怠于履行清算义务的情况下，公司是否能够进行清算是判断股东责任范围的重要前提。本案中，马某、张某、付某青提供了恒信国通公司的财务账册原件，华成峰公司认为账目现金支出不符合国家现金管理制度规定，存在股东挪用公司款项的情形，但未能提供相反证据否认账册的真实性，在此情况下，应当依法先就恒信国通公司进行清算，在清算程序中对恒信国通公司是否能够全面清算以及是否存在公司资产毁损、流失、灭失的事实以及数额等进行判断。本案系股东损害公司债权人利益责任纠纷，应就股东是否应当承担赔偿责任进行审查，但在股东已经提供公司财务账册原件的情况下，公司能否依法全面清算，不属于本案审查范围，应通过清算程序予以审查确定。综上，在恒信国通公司能够提供财务账册且已经进入清算程序的情况下，依据现有证据，无法直接认定马某、张某、付某青应当对恒信国通公司债务承担赔偿责任及赔偿范围，故本院对华成峰公司的诉讼请求不予支持，对一审判决予以纠正。

另，关于各方当事人针对222号判决书项下货物争议，亦应当在清算程序中一并进行清理，以确定恒信国通公司实际资产情况。

综上所述，马某、张某、付某青的上诉请求成立，一审判决适用法律错误，应予纠正。依照公司法第一百八十条、第一百八十三条，《公司法解释二》第十八条，《中华人民共和国民事诉讼法》第一百七十条第一款第（二）项规定，判决如下：

一、撤销北京市海淀区人民法院（2017）京0108民初14939号民事判决；

二、驳回华成峰公司的全部诉讼请求。

【法官后语】

自2008年《公司法解释二》颁布实施以来，因公司被吊销营业执照后股东未依法及时履行清算义务，债权人起诉股东对公司债务承担连带责任的案件呈高速增长态势①，随着此类纠纷的增多，审判实践中遇到的问题也越发复杂，并呈现多样化的趋势。此类纠纷的解决亟待于对其性质、责任以及法律后果等基本内容进行厘清。

① 2013年仅为8件，2016年增至405件，2017年1002件，2018年1119件。数据来源于无讼案例搜索，搜索案由为股东损害公司债权人利益责任纠纷。

一、关于股东怠于履行清算义务的责任定性及法律后果

通说认为，公司法第二十条规定是我国现行公司法引入公司人格否认理论制度的具体体现，即在承认公司人格独立于股东、股东承担有限责任的前提下，针对特定情况，否认公司独立人格，使股东对公司债务承担责任。从责任性质角度来看，因公司股东滥用股东权利的行为，使公司、其他股东或者公司债权人的利益遭到损失，其本质上属于侵权行为。公司法第二十条第一款等于划定了股东自由行使权利的范围，即不能对公司、其他股东和债权人利益造成损害。在该条款项下，股东负有的是不作为的义务，即不能滥用其权利。从法律后果角度来看，因侵权造成损失的，应承担赔偿责任。故公司法第二十条第二款，确定了股东违反禁止义务的法律后果，即对公司、其他股东、债权人的损失负有赔偿责任。从责任范围角度来看，因股东行为导致债权人无法受偿的，股东对公司债务承担连带责任。公司法第二十条第三款规定，不以侵权造成的实际损害为判断标准，而以债务是否能够清偿作为损害结果，直接判令股东与公司承担连带责任，在一定程度上减轻了债权人的举证义务。作为公司法总则部分的规定，第二十条规定极为原则和抽象，相当于作为公因式被抽离出具体规范，仅就股东义务、责任做了宣示性的规定，对于其适用的具体条件、程序则并不明确。这一立法技术上的问题，在一定程度上，影响了司法实践中对于该条款的具体适用，在审判实践中出现各种各样的分歧也在所难免。上述分歧具体到公司清算领域，集中体现在关于股东怠于履行清算义务的责任认定问题。

二、各级人民法院关于股东怠于履行清算义务的规范性文件

为了统一裁判尺度，各级人民法院均针对公司法的具体适用出台了相关的指导性意见。最高人民法院除发布四个公司法司法解释外，也以指导案例、答记者问、批复、会议纪要等形式针对股东怠于履行清算义务情形作出具体规定；各省（市）高级人民法院也有相关的会议纪要、指导意见。就本案所涉争议而言，具体涵盖如下几个方面的问题：

1. 阐述立法目的

公司法规定，公司解散后，有限责任公司的股东、股份有限公司的董事和控股股东等清算义务人有义务及时启动清算程序对公司进行清算。清算义务人应当清算而没有清算时，应当承担相应的民事责任。但相当数量的公司解散后应当清算而不

清算，甚至故意借解散之机逃废债务，严重损害债权人利益并危害社会经济秩序。故对清算义务人及其怠于履行清算义务民事责任的界定，目的在于督促清算义务人依法组织清算，规范法人退出机制，保护债权人的合法利益，以解决我国目前实践中该清算不清算的突出问题。如此规定除有事后救济的法律价值外，更多的价值在于警示、引导作用。一是从“乱世用重典”的角度考虑，为了遏制目前这种借解散逃废债务的恶劣行为，加大清算义务人的责任对规范市场、保护债权人合法权益有其积极意义；二是在规定清算义务人该清算不清算要承担相应民事责任后，清算义务人会在借解散逃废债务（承担上述清算义务人民事责任）和依法清算了结公司债务（享有有限责任庇护）中进行利益权衡，如果其仍然选择该清算不清算的，则说明其愿意承担这样的后果，不会因此损害清算义务人的权益。

2. 分配举证责任

本案是因股东怠于履行清算义务引发，在审判实践中，人民法院裁判的主要依据是《公司法解释二》第十八条的规定，对于该条款的具体理解与适用，最高人民法院认为：第一，第一款规定股东等清算义务人“未在法定期间内成立清算组”的行为只是导致公司财产贬损，而不是导致公司无法进行清算。只要公司仍然能够进行清算，即应当进行清算，清算后因财产贬损而使债权人无法受偿的，清算义务人才在造成损失的范围内承担补充赔偿责任。而且需要特别注意的是，该款中的“导致公司财产贬值、流失、毁损或者灭失”应当适用因果关系推定和举证责任倒置两个原则。即公司解散后，原则上应当推定只要公司依法进行清算，债权人都可以得到全额清偿。债权人在经强制执行债务人财产后不能获得清偿的部分，推定为属于清算义务人未及时启动清算程序所造成的公司责任财产的减少部分，此时，除非清算义务人能举证证明该减少的财产不是其不作为所造成，而是非人为原因造成，否则应对公司不能清偿的部分予以清偿。第二，第二款规定清算义务人怠于启动清算程序的行为导致公司事实上无法进行清算时，清算义务人应当对公司债务直接承担连带责任。虽然公司财产灭失，但如果公司仍可以进行清算，债权人就不能依照该第二款的规定直接向清算义务人主张责任，而应当以前述第一款的规定主张权利。该第二款规定的是“无法进行清算”的情形，所以适用该款时不以必须履行清算程序为前提。只要债权人能够证明由于清算义务人怠于履行义务，导致无法清算，比如清算义务人或主要责任人下落不明，公司重要会计账簿、交易文件灭失，无法查明公司资产负债情况；公司主要财产灭失无法合理解释去向；公司财务制度不规范无法确定公司账簿真实性和完整性而无法清算等。此时法院就可以判决清算义务人承担连带责任。所以该款中的"无法进行清算"，主要涉及当事人举证和法院认定证据的问题。法院在破产清算或者强制清算程序中作出的无法清算或无法依法全面清算的终结裁定具有当然、充分的证据效力。

三、兼论《公司法解释二》第十八条第二款的理解与适用

上述问题的探讨与厘定，对于本案争议的判定具有现实的指导意义。其中，争议的首要问题是股东应在何种情形下对公司债务承担连带责任。根据《公司法解释二》第十八条第二款的规定，股东怠于履行清算义务，并且导致公司无法清算的，债权人得主张股东对公司债务承担连带清偿责任。也就是说，股东怠于履行清算义务是其对公司债务承担连带清偿责任的必要条件，但却不是充要条件，公司是否能够继续清算才是判断股东是否应当承担连带责任的判断标准。换言之，即便股东怠于履行清算义务，只要公司仍然可以清算，亦不能依据上述规定判令股东承担连带责任。此时，要么依据第一款规定审查股东行为实际给债权人造成的损失，要么因股东行为未造成损害后果，不需要承担赔偿责任。

这一问题的实质是股东怠于履行清算义务应承担责任的范围问题。股东在公司出现解散事由后未依法履行清算义务，属于滥用股东法人独立地位和股东有限责任，严重损害公司债权人利益的行为，应承担相应的赔偿责任。但对于赔偿的范围，依照《公司法解释二》第十八条规定，应以股东行为实际给债权人造成的损失来判断，如果股东未及时清算，导致公司财产贬值、流失、毁损或者灭失，股东应在造成损失范围内对债权人承担赔偿责任；如果因股东怠于履行义务，导致公司主要财产、账册、重要文件等灭失，无法进行清算，股东应对公司全部债务承担连带清偿责任。可见在股东怠于履行清算义务的情况下，公司是否能够进行清算也是判断股东责任范围的重要前提。这也是本案审理首要面对的问题，即恒信国通公司是否能够进行清算。

第二个争议问题，即公司是否能够清算，应当由谁来判断，判断标准又是什么？最高人民法院认为，在适用该第二款规定的"无法进行清算"的情形时，不以必须履行清算程序为前提，只要债权人能够证明由于清算义务人怠于履行义务，导致无法清算，比如清算义务人或主要责任人下落不明，公司重要会计账簿、交易文

件灭失，无法查明公司资产负债情况；公司主要财产灭失无法合理解释去向；公司财务制度不规范无法确定公司账簿真实性和完整性而无法清算等，此时法院就可以判决清算义务人承担连带责任。这为司法实务提供了十分有益且必要的界定。首先，追究股东怠于履行清算义务的责任，不以清算程序为必要前提，这表明在个案审判中，人民法院应就公司是否能够进行清算进行判断。但人民法院毕竟不是专业的审计机构，甚至缺乏公司财务、会计知识，在股东无法提供任何财务账册的情况下，可以对公司能否清算作出有效的判断；但在股东提供账册的情况下，则没有能力对诸如数据真实性、完整性，记账方式的合理性等作出有效的判断，不得不通过清算程序，对公司进行清理后才能作出判定。这也是《公司法解释二》第十八条第一款、第二款规定的应有之义。具体到本案，马某、张某、付某青在二审期间提供了恒信国通公司的财务账册原件并自行聘请专业审计机构制作了企业清算报告，华成峰公司对账册的形式真实性不持异议，但对账册数据的真实性和完整性以及恒信国通公司能否依据现有财务数据进行清算持否定性意见。在股东已经提供公司财务账册原件的情况下，公司能否依法全面清算应通过清算程序予以审查确定，本案无法直接认定马某、张某、付某青应当对恒信国通公司债务承担连带责任。

编写人：北京市第一中级人民法院　刘海云

40

公司清算清偿责任认定中诉讼时效期间的计算

——华融公司深圳分公司诉徐汇公司等股东损害公司债权人利益责任案

【案件基本信息】

1. 裁判书字号

北京市第三中级人民法院（2019）京03民终9382号民事判决书

2. 案由：股东损害公司债权人利益责任纠纷

3. 当事人

原告（被上诉人）：华融公司深圳分公司

被告（上诉人）：徐汇公司

被告：熊某、李某华

【基本案情】

上海科利华公司成立于1999年4月28日，注册资本5000万元。现工商登记的股东为宋某弟（出资额4000万元）、北京科利华公司（出资额900万元）、李某华（出资额60万元）、徐汇公司（出资额40万元），法定代表人为熊某。

2004年5月14日，上海一中院作出（2004）沪一中民三（商）初字第70号《民事调解书》：一、被告黑龙江科利华公司承诺于2004年6月30日之前支付原告深圳发展银行上海陆家嘴支行票据款人民币500万元并支付利息；二、本案案件受理费、财产保全费均由被告黑龙江科利华公司负担，并于2004年6月30日之前直接向原告深圳发展银行上海陆家嘴支行支付；三、被告北京量子利华公司、被告上海科利华公司、北京科利华教育公司、北京科利华科技公司、宋某弟对被告黑龙江科利华公司上述第一、二项还款义务承担连带清偿责任。四、其他无争议。同日，上海一中院作出（2004）沪一中民三（商）初字第71、72、73号《民事调解书》，内容与70号调解书基本相同。

后，黑龙江科利华公司等未履行前述调解书确定的义务，深圳发展银行上海陆家嘴支行于2004年7月9日申请强制执行。上海一中院经审查认为：鉴于六名被执行人目前均无可供本案执行之财产，且申请执行人亦无法提供被执行人有其他财产线索供本案执行，故本案暂无继续执行之条件，依法应对本案中止执行。据此，2004年9月23日，上海一中院作出（2004）沪一中执字第488、489、490、491号《民事裁定书》，裁定前述民事调解书中止执行。

2008年7月27日，上海科利华公司被吊销营业执照。

2010年6月8日，涉案申请执行人变更为华融公司深圳分公司。

2013年10月20日，上海银行股份有限公司向徐汇法院申请对上海科利华公司进行破产清算。2015年2月15日，徐汇法院作出（2014）徐民二（商）破字第2－3号《民事裁定书》，载明：本院认为管理人依法履行管理人职责后，因债务人上海科利华公司的法定代表人及股东均下落不明、管理人未能接管到上海科利华公司的印章、证照、账册等一切财产，导致管理人无法清算，故上海科利华公司应予宣告破产并终结破产清算程序。上海科利华公司的债权人可以参考《最高人民法院关于适用〈中华人民共和国公司法〉若干问题的规定（二）》（以下简称公司法司法解释二）第十八条、《最高人民法院关于债权人对人员下落不明或者财产状况不清的债务人申请破产清算案件如何处理的批复》《最高人民法院关于正确审理企业破产案件为维护市场经济秩序提供司法保障若干问题的意见》第十六条的规定，另行要求债务人上海科利华公司的股东、董事、实际控制人等清算义务人对上海科利华公司债务承担清偿责任。故裁定：一、宣告上海科利华公司破产；二、终结上海科利华公司破产程序。

华融公司深圳分公司于2017年1月13日提起本案诉讼，请求人民法院依法判令徐汇公司、熊某、李某华对（2004）沪一中民三（商）初字第70、71、72、73号民事调解书中确定的上海科利华公司的债务承担连带清偿责任。徐汇公司庭审中申请追加宋某弟为本案第三人。

【案件焦点】

1. 一审法院未追加宋某弟为本案第三人有无不当；2. 徐汇公司是否应对涉案债务承担连带清偿责任。

【法院裁判要旨】

北京市朝阳区人民法院经审理认为：华融公司深圳分公司提起本案的诉讼时效应从其知道清算义务人怠于履行清算义务，且该怠于履行足以导致无法清算时起算。徐汇法院于2015年2月15日作出前述裁定书，华融公司深圳分公司于2017年1月13日提起本案诉讼并未超过诉讼时效。徐汇公司、李某华作为法定的清算义务人，应当承担连带清偿责任。熊某并非上海科利华公司的股东，华融公司深圳分公司要求熊某承担清偿责任，缺乏依据。故判决：

一、徐汇公司、李某华对上海一中（2004）沪一中民三（商）初字第70、71、72、73号民事调解书确定的上海科利华公司的债务向华融公司深圳分公司承担连带清偿责任；

二、驳回华融公司深圳分公司的其他诉讼请求。

徐汇公司不服，提出上诉。北京市第三中级人民法院经审理认为，二审的主要争议焦点包括：一、一审法院未追加宋某弟为本案第三人有无不当；二、徐汇公司是否应对涉案债务承担连带清偿责任。

关于争议焦点一。根据《中华人民共和国公司法》第一百八十三条之规定，徐汇公司、李某华、宋某弟及北京科利华公司均系上海科利华公司股东，在上海科利华公司被吊销营业执照后，均应履行清算义务，故徐汇公司、李某华作为本案被告主体适格。根据公司法司法解释（二）第十八条第二款之规定，怠于履行清算义务而导致公司无法清算的清算义务人之间及其与公司之间系法定连带责任，故债权人有权向全部或其中部分债务人主张权利。现华融公司深圳分公司选择向徐汇公司及李某华追责而未起诉股东宋某弟，系其自由处分民事权利，一审法院对追加宋某弟为本案第三人的申请未予同意，并无不当，本院依法予以确认。

关于争议焦点二。追究清算义务人连带责任的理论基础是法人人格否认制度，债权人提起侵权损害赔偿之诉应当适用诉讼时效制度。公司债权人请求股东对公司债务承担连带清偿责任，股东以公司债权人对公司的债权已经超过诉讼时效期间为由抗辩，经查证属实的，人民法院依法予以支持。因此，如华融公司深圳分公司的诉请超过诉讼时效，则徐汇公司不应继续承担清算清偿责任。

公司债权人以公司法司法解释（二）第十八条第二款为依据，请求有限责任公司的股东对公司债务承担连带清偿责任的，诉讼时效期间自公司债权人知道或者应当知道公司无法进行清算之日起计算。诉讼时效起算点的确定，应坚持主客观相结合的标准。本案中，首先，深圳发展银行上海陆家嘴支行于2004年7月9日就涉案债权向上海一中院申请强制执行，后因无可供执行的财产，上海一中院于2004年9月23日裁定中止执行，华融公司深圳分公司于2010年6月8日被变更为申请执行人，故其自2010年6月8日起即应当知道涉案债权存在无法得到执行的情况。华融公司深圳分公司作为专业的资产管理人及债权人理应关注并了解上海科利华公司的经营情况。其次，按照《中华人民共和国公司法》第一百八十三条之规定，公司因营业执照被吊销等法定事由解散的，应当在解散事由出现之日起十五日内成立清算组，开始清算。公司法司法解释二第七条亦规定，逾期不成立清算组进行清算的，债权人可以申请人民法院指定有关人员组成清算组进行清算。本案中，上海科利华公司于2008年7月27日被吊销营业执照，至今未进行清算。公司法司法解释二于2008年5月19日施行，华融公司深圳分公司在上海科利华公司营业执照被吊销后至本案一审起诉前，既未要求上海科利华公司的股东履行清算义务，亦未向人民法院申请强制清算或者请求徐汇公司承担清偿责任，显属怠于履行权利。最后，华融公司深圳分公司上诉主张应自上海徐汇法院送达（2014）徐民二（商）破字第2－3号《民事裁定书》之日起计算诉讼时效。经查，该案系上海银行股份有限公司作为债权人申请债务人上海科利华公司破产清算，华融公司深圳分公司认可该笔债权与本案债权无关。本院认为，华融公司深圳分公司在成为申请执行人后至本案起诉前近7年未行使权利，现其要求以其他债权人主张权利之行为作为己方债权诉讼时效之计算起点，与立法初衷相悖，本院不予支持。

综合考虑前述因素，华融公司深圳分公司于2017年1月13日提起本案一审诉讼，其诉讼请求已超过诉讼时效期间，现徐汇公司提出诉讼时效抗辩，故本院对其要求徐汇公司承担连带清偿责任的请求，不予支持。

北京市第三中级人民法院依照《中华人民共和国民法总则》第一百九十三条，《中华人民共和国公司法》第一百八十条、第一百八十三条，《公司法司法解释二》第十八条，《中华人民共和国民事诉讼法》第一百四十四条、第一百七十条第一款第（二）项之规定，判决如下：

一、撤销北京市朝阳区人民法院（2017）京0105民初9775号民事判决；

二、李某华对上海一中院（2004）沪一中民三（商）初字第70、71、72、73号民事调解书确定的上海科利华公司的债务向华融公司深圳分公司承担连带清偿责任；

三、驳回华融公司深圳分公司的其他诉讼请求。

【法官后语】

公司解散后不清算或者怠于清算，不仅加剧资源配置失衡，更易累积金融风险，形成不良的社会导向，故准确认定公司清算义务人的法律责任对优化营商环境、完善公司信用体系具有重要意义。

一、公司清算义务人的连带清偿责任

清算义务人承担连带清偿责任须具备两个条件：一是“怠于履行义务”，二是“怠于履行义务”与“公司主要财产、账册、重要文件等灭失，无法进行清算”的结果之间存在因果关系。不当履行清算义务的行为究竟属于何种法律性质，学理上存在很大分歧。2019年《全国法院民商事审判工作会议纪要》（以下简称《会议纪要》）明确，让公司股东承担连带责任的理论基础是公司人格否认制度，股东清算责任的性质是因股东怠于履行清算义务致使公司无法清算所应当承担的侵权责任。

关于小股东的举证责任分配及保护问题，一种观点认为小股东的持股比例决定了其不会保管公司主要财产及重要文件，故应由债权人承担举证责任；另一种观点则认为小股东的持股比例不能当然免除其举证责任。《会议纪要》强调，小股东仍须举证证明其既不是公司董事会或者监事会成员，也没有选派人员担任该机关成员，且从未参与公司经营管理，只有达到了证明标准，才不构成"怠于履行义务"。

二、诉讼时效期间的计算

诉讼时效期间的起算涉及对诉讼时效制度的价值判断和选择。随着职业债权人对批量"僵尸企业"提起强制清算之诉，公司成为资本投机的工具，法院认定诉讼时效起算点的标准也逐步严格。根据《会议纪要》规定，诉讼时效应自债权人知道或应知"公司主要财产、账册等灭失，无法清算"之日起算。

应认识到，诉讼时效制度的目的是实现更高的普遍安定性，避免因请求权的长期不行使导致对社会经济极为不利的影响。《会议纪要》第十六条确立的主观与客观相结合的标准，可使债权人积极行使权利，亦可避免清算义务人遭受"陈年旧账"的困扰，较好地平衡双方利益，维护经济秩序稳定，这也是法院认定诉讼时效期间应掌握的基本精神。笔者认为，应重点审查公司出现解散事由的时间、债权申请执行情况、破产清算程序终结时间等关键事实，进而对诉讼期间起算点予以综合认定，方符合公司清算及时效制度的立法初衷。

三、应注意的问题

第一，股东并非破产清算程序中的清算义务人，故公司法司法解释二第十八条第二款并不适用于公司破产终结后的情形。

第二，债权人起诉股东承担连带清偿责任，并不以其先提起强制清算为前提条件，但法官应将无法清算的事实作为重要的案件事实予以重点查明。

第三，在举证责任分配方面，公司债权人应证明的是清算义务人存在"怠于履行义务"及"公司无法进行清算"二要件的存在；清算义务人若主张免责，则应证明的是其未怠于履行义务或因果关系不成立；关于诉讼时效的抗辩，应由清算义务人主动提出并证明债权人怠于主张权利。

编写人：北京市第三中级人民法院　李坤

41

抽逃出资股权转让后的出资责任承担问题

——恒昌厂诉张某莲等股东损害公司债权人利益责任案

【案件基本信息】

1. 裁判书字号

广东省广州市中级人民法院（2018）粤01民终19194号民事裁定书

2. 案由：股东损害公司债权人利益责任纠纷

3. 当事人

原告（被上诉人）：恒昌厂

被告（上诉人）：张某莲、刘某勇、王某柱、梁某波

第三人：多义百公司

【基本案情】

多义百公司于2013年注册成立，注册资本100万元，股东张某莲占20%股权，刘某勇占80%股权。张某莲、刘某勇在出资后同月随即以借款的名义从公司转出999650元。经查明认定，张某莲实际向公司返还的款项仅为130000元、刘某勇实际返还的款项仅为487649.92元。2014年12月，张某莲、刘某勇将其持有的多义百公司的股权转让给梁某波及王某柱，其中梁某波占10%股权、王某柱占90%股权。四人办理相关股权变更登记手续。梁某波、王某柱受让公司股权后曾代刘某勇、张某莲向多义百公司偿还前述借款518612.72元，但于当日及次日又将款项转走。

2017年2月，恒昌厂以多义百公司未付清双方2015年交易的模具款项为由诉至本院。2017年6月，本院作出（2017）粤0115民初918号民事判决（以下简称918号案），判令：多义百公司向恒昌厂支付欠款390096元及利息，负担案件受理费7390元及财产保全费2550元。2017年11月，恒昌厂申请强制执行，因多义百

公司暂无可供执行的财产，本院于2018年5月作出（2018）粤0115执686号执行裁定书，裁定该案终结本次执行程序。截至本案一审辩论终结时止，本院未再执行到多义百公司判决应付款项，多义百公司亦未就918号案提起再审申请。恒昌厂认为，张某莲、刘某勇构成抽逃出资，应对918号案项下债务承担补充赔偿责任；王某柱、梁某波在明知张某莲、刘某勇抽逃出资、未履行出资义务的情况下受让公司股权，并配合张某莲、刘某勇完成虚假还款交易，应对918号案项下债务承担连带清偿责任。四被告则认为多义百公司系依法成立、经营及纳税的公司，具备独立法人资格，依法承担公司债务。张某莲、刘某勇已实缴出资，不存在抽逃出资情形。四被告转让股权的行为未违反法律强制性规定，应属有效。

【案件焦点】

1. 刘某勇、张某莲是否已经补足出资；2. 王某柱、梁某波是否存在滥用股东有限责任的行为。

【法院裁判要旨】

广东省广州市南沙区人民法院一审认为，刘某勇实际归还多义百公司的款项金额为487649.92元，张某莲实际归还的款项金额为130000元。该部分款项属于刘某勇、张某莲对注册资金的部分补足。至于未补足的部分，因刘某勇、张某莲未充分举证证明对多义百公司另有资金投入，故二人存在抽逃出资的情形，其本应在各自抽逃出资本息范围内对该公司债务不能清偿的部分承担补充赔偿责任。又因二人于夫妻关系存续期间设立经营多义百公司，对抽逃出资行为相互知情并有共同意思表示，故二人各自承担补充赔偿责任所涉债务属于夫妻共同债务，应当由刘某勇、张某莲承担共同清偿责任。

恒昌厂依据《最高人民法院关于适用〈中华人民共和国公司法〉若干问题的规定（三）》（以下简称《公司法解释（三）》）第十八条的规定主张王某柱、梁某波在受让股权时明知刘某勇、张某莲抽逃出资，故应就二人的行为向恒昌厂承担连带责任。但该规定对于原股东抽逃的责任是否也由受让股东承担并未明确。从《公司法解释（三）》的前后体例来看，涉及虚假出资和抽逃出资的相关规定并未全部作为同一条文规定，也没有基于相互包含的关系而只列举一种情形规定，因此，严格按照文义理解更符合该规定的精神。综上，即使王某柱、梁某波对原股东抽逃出资的行为属明知或应当知道，其亦不需就刘某勇、张某莲抽逃出资形成的债务承担连带赔偿责任。就王某柱、梁某波代刘某勇、张某莲还款后随即从多义百公司转走该些资金的行为应视为王某柱、梁某波抽逃出资，二人应在该款项本息范围内承担补充赔偿责任。

一审宣判后，四被告不服提出上诉。

广州市中级人民法院作出判决：

驳回上诉，维持原判。

【法官后语】

本案涉及抽逃出资股权转让后的出资责任承担问题。理论学界对抽逃出资中“出资”的不同理解引发对抽逃出资含义的争议，至今未有确切定论。《公司法解释（三）》第十二条亦未指出其确切含义，而是通过列举抽逃出资行为的几种最常见形态的方式进行规制。结合《公司法解释（三）》的其他条文表述，可以发现整个《公司法解释（三）》体系同时使用“未履行或未全面履行出资义务”及“抽逃出资”两组概念，明确将“抽逃出资”单独列出，强调其系一种独立的责任形态。可见立法还关注抽逃出资自身独有的特性，认为应当与其他股东违反出资义务相区别。

那么，有限责任公司股东抽逃出资后转让股权，公司或债权人能否依照《公司法解释（三）》第十九条的规定向受让人追偿？理论学界与审判实践当前存在较大分歧，有肯定说与否定说两种观点。肯定说认为应当对该规定进行扩大解释，将股东抽逃出资情形纳入适用。理由是抽逃出资从语义角度至少可以被理解为未履行或未全面履行出资义务的一种表现形态，① 同属于瑕疵出资。我国公司法就抽逃出资与其他瑕疵出资所导致的法律后果及民事责任作出基本相同的规定，由此可推断两者股权转让所产生的法律责任亦不应存在差异。否定说则认为抽逃出资具有明显的欺诈特征及专业特征，相对于其他股东瑕疵出资行为而言更复杂、更模糊及更隐蔽，两者行为方式存在明显差异。受让人受让股权时的注意义务理应有所区别。就一般的未履行或未全面履行出资情形，受让人仅需通过查阅公司公示性文件如验资

① 章小兵：《股东抽逃出资并转让股权的责任承担》，载《人民司法》2018年第35期。

报告、股权证明等即可以履行注意义务。而对于抽逃出资股权，基于其行为特性，受让人往往需要全面审查公司会计资料、登记合同文件及资金往来等才有可能识别是否存在抽逃出资。作为受让人，在股权转让洽谈阶段一般难以具备相应审查手段和条件。

笔者认为，一般情况下，否定说似乎更符合抽逃出资的独特性及《公司法解释（三）》的立法原意。首先，《公司法解释（三）》第十九条一方面侧重维护公司资本充实，保护公司对外的交易安全；另一方面用意明确，继受取得股权的股东承担责任有限制条件，须其知道或者应当知道，须其在受让股权时对将要承担的出资填补义务有相应预期，否则不应当承担该责任。若对抽逃出资股权的受让人提出相同的注意义务要求，未免过于严厉。故两者应当有所差异。另公司法及《公司法解释（三）》就股东抽逃出资行为与其他股东未履行出资、未全面履行出资等股东瑕疵出资行为始终采用并列式表述，未有相互包含的规定。若将《公司法解释（三）》第十九条理解为包括抽逃出资的通用性条款，明显与我国立法强调抽逃出资独立性的原意不符。尤其在当前涉及公司资本案件都要考虑从债权利益保护观念转为以注册资本的股东自治原则作为定分止争法律基础的时代背景下，审判实践在处理受让抽逃出资股权的承责问题中应当与其他瑕疵股权作出区分，避免混淆。

编写人：广东省广州市南沙区人民法院　谭茗

九、公司破产、解散和清算纠纷

42

隐名股东为公司实际控制人，名义股东仍应对外承担清算责任

——润木财富公司诉王某玲、杜某清算责任案

【案件基本信息】

1. 裁判书字号

北京市第一中级人民法院（2019）京01民终8022号民事判决书

2. 案由：清算责任纠纷

3. 当事人

原告（被上诉人）：润木财富公司

被告（上诉人）：王某玲

被告：杜某

【基本案情】

山水物业公司，工商登记信息记载股东为王某玲、彭某芝，法定代表人为王某玲。营业期限自1994年12月26日至2005年2月25日。

1995年1月26日，杜某与王某玲签订《代持股协议书》，约定杜某委托王某玲代为持有杜某在山水物业公司中占公司总股本67%的股权，对应出资额为人民币155万元；并约定杜某为代持股权的实际拥有者，行使股东权利，并承担股东义务。另，1996年7月26日，杜某给王某玲出具过证明，记载“山水物业公司在我

经营期间，1994 年 12 月至 1996 年 7 月一切经营活动均由我统一管理，特别是财务支出，收入与公司任何人无任何关系。特此证明。法人代表王某玲不负责公司财务及贷款等，特此证明”。

1998 年 10 月，山水物业公司被吊销营业执照。2017 年 6 月 1 日，山水物业公司召开股东会会议决议成立清算组，组长为王某玲。2017 年 7 月 21 日，北京市工商行政管理局海淀分局对清算组备案申请予以备案，但公司清算工作截至一审庭审结束时仍未完成。

因山水物业公司对温泉支行的借款未还，温泉支行对山水物业公司提起诉讼。上述债权经（1996）一中经初字第 813 号民事判决书予以确认，并经过多次转让，现由润木财富公司取得。山水物业公司未履行该债权。润木财富公司作为债权人，以山水物业公司未在法定期限内清算为由起诉，主张清算义务人杜某、王某玲承担清算责任。

【案件焦点】

在隐名股东杜某为实际控制人的情况下，王某玲作为名义股东是否应当承担清算责任。

【法院裁判要旨】

北京市昌平区人民法院经审理认为：根据《最高人民法院关于适用〈中华人民共和国公司法〉若干问题的规定（二）》［以下简称公司法司法解释（二）］第十八条第二款、第三款规定：“有限责任公司的股东、股份有限公司的董事和控股股东因怠于履行义务，导致公司主要财产、账册、重要文件等灭失，无法进行清算，债权人主张其对公司债务承担连带清偿责任的，人民法院应依法予以支持。上述情形系实际控制人原因造成，债权人主张实际控制人对公司债务承担相应民事责任的，人民法院应依法予以支持。”

本案中，涉案山水物业公司于 1998 年 10 月被依法吊销营业执照，而该公司迟至 2017 年 6 月 1 日才做出成立清算组的股东会决议，截至本案庭审结束时，该公司清算程序仍未终结，前述事实足以证明涉案公司股东存在怠于履行清算义务的事实。此外，在本案第一次庭审中，王某玲委托诉讼代理人杜某陈述，因公司原有职员现年事已高难以联系，公司财务账册亦有丢失，故清算程序推进较慢。虽王某玲在第二次庭审中变更后的委托诉讼代理人称杜某在第一次庭审存在口误且杜某在第二次庭审中亦陈述公司财务账册并未丢失，但未提交相应证据，且鉴于王某玲及杜某均认可自1994年12月至1996年7月由杜某负责公司经营，本院对于杜某作为王某玲委托诉讼代理人在第一次庭审中陈述的前述事实予以采信，对于杜某自认其为山水物业公司实际控制人的事实，本院不持异议。股东怠于履行清算义务的行为本身，即对公司法规定的违反，客观上会对债权人利益造成不利影响，在股东及实际控制人未提供证据证明公司是否能够清算以及清算具体进程的情况下，王某玲及杜某应对山水物业公司债务承担连带清偿责任。

对于王某玲以其仅为名义股东为由主张不应承担相应责任的抗辩，本院认为，公司在工商部门登记的股东信息，对于公司及股东之外的善意第三人具有公示效力，虽王某玲与杜某都认可杜某为公司实际控制人，但系二人之间的内部约定，不足以对抗公司以外的债权人。

一审宣判后，被告王某玲不服一审判决，提出上诉。二审法院同意一审法院裁判意见，认为王某玲为股份代持方，与杜某属于共同侵权人。

北京市第一中级人民法院依照《中华人民共和国民事诉讼法》第一百七十条第一款第（一）项之规定，作出如下判决：

驳回上诉，维持原判。

【法官后语】

针对实践中公司解散后应当清算而不清算，甚至以解散为由逃废债务、损害债权人利益的情形，公司法司法解释（二）第十八条规定了清算义务人的清算责任。

公司清算义务人是指对于公司负有依法组织清算的义务主体。根据《中华人民共和国公司法》第一百八十四条的规定，清算义务人于有限责任公司而言应为公司全体股东，于股份有限公司而言应为公司全体董事和股东大会。此外，公司的实际控制人对于公司未依法清算存在因果关系的，也应承担相应民事责任。对于债权人同时主张名义股东和实际控制人承担清偿责任的，名义股东主张其为股权代持人无法形成有效抗辩，仍应承担清算赔偿责任或清算清偿责任。

一、基于公示公信原则

依法登记的股东属于法律意义上的公司股东，对外直接承担股东责任。在清算责任中，股东以其不参与公司经营管理为由对债权人进行抗辩的，对于确未参与公司经营的中小股东可以认定不负担组织清算义务。但是，根据商事领域的外观主义原则，债权人基于公司登记信息产生的信赖应当受到保护。故名义股东作为经工商登记备案的公司股东，其与隐名股东之间的内部代持约定无法对抗债权人。

二、基于借名法律关系

名义股东与隐名股东之间的股权代持是一种借名关系。对于存在借名关系的，出借人和借名人为共同诉讼人，如《最高人民法院关于适用〈中华人民共和国民事诉讼法〉的解释》第五十四条、第五十九条第二款、第六十五条分别规定了挂靠人和被挂靠人、登记的经营者和实际经营者、合同专用章或银行账户等的出借单位和借用人均为共同诉讼人。在责任承担上，出借人和借名人应承担连带责任，如《最高人民法院关于审理道路交通事故损害赔偿案件适用法律若干问题的解释》第三条规定了车辆挂靠人和被挂靠人对机动车交通事故造成的损害承担连带责任。借名合同作为一个无名合同，代持关系中名义股东与隐名股东的诉讼地位和责任承担，可以参照相关规定。

三、基于共同侵权关系

在隐名股东同时为实际控制人的情况下，名义股东和隐名股东的共同行为导致了公司资产损灭或无法清算，应当承担连带清偿责任。清算义务是名义股东的法定义务，这是股权代持关系与代理合同关系的关键区别。对于该义务的履行，名义股东对于隐名股东具有督促义务，在隐名股东怠于履行清算行为的情况下，名义股东负有履行法定义务的责任。

四、基于政策价值导向

股权代持关系本质上是对公司登记制度的背离，代持双方在享受便利的同时应当自行承担为此增加的风险和成本。如果侧重承认和保护名义股东因未参与实际经营并非清算义务人，客观上会产生鼓励通过代持方式规避法律风险的效果。故承认名义股东为适格清算义务主体，有助于实现商事领域中安全、稳定的秩序价值。

编写人：北京市昌平区人民法院　朱晋华　谷佳琛

43

持有公司全部股东表决权百分之十以上的股东在特定条件下可以解散公司

——祁某胜诉永鑫公司公司解散案

【案件基本信息】

1. 裁判书字号

河南省平顶山市中级人民法院（2019）豫04民终2740号民事判决书

2. 案由：公司解散纠纷

3. 当事人

原告（上诉人）：祁某胜

被告（被上诉人）：永鑫公司

第三人（被上诉人）：何某辉、吴某涛

【基本案情】

永鑫公司成立于2013年1月4日，营业期限至2023年1月3日，法定代表人为何某辉，注册资本1000万元，股东何某辉、祁某胜各占50%的股权。主要经营范围为：建材、有色金属、焦炭、农业机械、汽车（不含轿车）及零配件批零等。2016年9月20日，永鑫公司召开股东会形成以下决议："一、同意变更公司股东、股权。股东何某辉将在'永鑫公司'10%的股权100万元等额转让给新股东吴某涛，其他股东放弃对转让股权的优先购买权；股东祁某胜将在'永鑫公司'10%的股权100万元等额转让给新股东吴某涛，其他股东放弃对转让股权的优先购买权。二、公司的注册资本1000万元不变。股权转让后，自然人股东何某辉将拥有公司股权400万元，占公司注册资本的40%；自然人股东祁某胜将拥有公司股权400万元，占公司注册资本的40%；自然人股东吴某涛将拥有公司股权200万元，占公司注册资本的20%。三、同意变更公司经营范围。公司原经营范围变更为：建材、有色金属、焦炭、农业机械、汽车（不含轿车）及零配件批零；谷物、薯类、中药材的种植；农副产品初加工；钢结构加工；汝瓷制造；房地产开发。”2016年11月20日，永鑫公司股东会决议：任命何某辉为公司总经理，任命祁某胜为公司副总经理兼财务总监等；确定进行房地产开发项目，项目名称为汝州市永鑫城等。2017年5月26日上午，祁某胜与何某辉发生冲突，祁某胜因此事被判故意杀人罪，判处有期徒刑十年，剥夺政治权利二年等，祁某胜现仍在服刑中。祁某胜、永鑫公司、何某辉、吴某涛均认可永鑫公司现正常经营，祁某胜以公司经营人合性基础丧失为由诉至一审法院，要求解散永鑫公司。

【案件焦点】

永鑫公司是否符合解散的法定条件。

【法院裁判要旨】

根据《中华人民共和国公司法》第一百八十二条及《最高人民法院关于适用〈中华人民共和国公司法〉若干问题的规定（二）》第一条规定的公司解散条件，公司经营管理发生严重困难，继续存续会使股东利益受到重大损失，通过其他途径又不能解决的，持有公司全部股东表决权百分之十以上的股东，可以请求人民法院解散公司。该司法解释第五条第一款规定，“……当事人不能协商一致使公司存续的，人民法院应当及时判决”。

一、关于永鑫公司的经营管理是否已经发生严重困难。依照《中华人民共和国公司法》第一百八十二条及《最高人民法院关于适用〈中华人民共和国公司法〉若干问题的规定（二）》第一条的规定，公司经营管理发生严重困难是股东强制解散公司的必要条件，而判断公司的经营管理是否出现严重困难应当从公司的股东会、董事会或者执行董事、监事会或者监事的运行状况进行综合分析，侧重点在于公司内部管理方面是否存在严重障碍，而不应当片面地理解为公司资金缺乏、严重亏损等经营性困难。本案中，永鑫公司有祁某胜、何某辉、吴某涛三位股东，分别占股40%、40%、20%，永鑫公司的《公司章程》第二十二条规定：“股东会会议由股东按照出资比例行使表决权”，第二十三条规定：“股东会定期会议于每个月1日召开。代表十分之一以上表决权的股东或者监事提议召开临时会议的，应当召开临时会议”，故永鑫公司的公司章程规定了召开公司股东会的相关事宜，但永鑫公司自2017年5月26日至今未再召开过股东会，已经持续两年时间无法形成有效的股东会决议，也就无法通过股东会决议的方式管理公司，股东会机制已经失灵。现永鑫公司只有何某辉一人管理，祁某胜已经无法正常地行使监事职权，无法发挥监事作用。因此，由于永鑫公司内部的机制已无法正常运转，股东会无法对公司的经营作出决策，监事也无法发挥监事作用，可以认定永鑫公司的经营管理已经发生严重困难。虽然永鑫公司、何某辉称永鑫公司经营正常，但无论永鑫公司目前经营状况是否盈亏，均不能改变该公司的经营管理已经发生严重困难的事实。

二、由于永鑫公司的内部机制早已失灵，祁某胜的股东权、监事权以及吴某涛的股东权长期处于无法行使的状态，其二人投资永鑫公司的目的无法实现，若永鑫公司继续存续，将使祁某胜、吴某涛的股东利益受到重大损失，且通过其他途径不能解决目前的僵局。本院出于慎用司法手段强制解散公司的考虑，组织各方当事人就公司存续、股东权利继续行使、股权收购等事项进行了调解，但祁某胜与何某辉之间因刑事案件，双方积怨较深，无法达成一致意见。另，祁某胜持有永鑫公司40%的股份，根据《中华人民共和国公司法》第一百八十二条关于提起公司解散诉讼的股东须持有公司10%以上股份的规定，祁某胜有权提起解散公司之诉。

据上，虽然永鑫公司目前经营状况正常，但股东之间不可调和的矛盾使公司正常经营管理陷入僵局，股东无法有效行使股东权利，自身利益不能得以有效维护。本院多次组织各方就公司股东股份转让等主要问题进行调解，但不能达成一致意见，故永鑫公司已经符合法定解散条件，应当予以解散。为保持永鑫公司正常有序地经营，永鑫公司解散后，公司股东可依法组成清算组进行清算并行使经营管理权。

河南省汝州市人民法院判决：驳回祁某胜的诉讼请求。

宣判后，祁某胜提起上诉，河南省平顶山市中级人民法院判决：

一、撤销河南省汝州市人民法院（2019）豫0482民初4499号民事判决；

二、解散永鑫公司。

【法官后语】

股东解散公司之诉的法律依据为《中华人民共和国公司法》（以下简称《公司

法》)第一百八十二条的规定。根据该条法律规定，股东解散公司需要满足四个条件：一、公司经营管理发生严重困难；二、公司继续存续会使股东利益受到重大损失；三、通过其他途径不能解决；四、由持有公司全部股东表决权百分之十以上的股东诉讼提出。《公司法》中设置股东解散公司之诉是为了避免公司被部分股东控制，而侵犯其他股东的利益，在公司人合性基础丧失而陷入僵局之时，赋予股东最后一道法律武器，以便股东可以退出公司，维护自身利益。

一、认定公司经营管理是否发生严重困难的侧重点应为公司内部管理方面是否存在严重障碍

实务中最有争议的就是对“公司经营管理发生严重困难”的认定。笔者认为，法院在认定公司经营管理是否发生严重困难时，应将《公司法》第一百八十二条的规定与《最高人民法院关于适用〈中华人民共和国公司法〉若干问题的规定(二)》(以下简称《公司法司法解释二》)第一条的规定结合起来进行判断。《公司法司法解释二》第一条实际上是对《公司法》第一百八十二条适用的细化，该条规定了股东请求解散公司的四种事由，除最后一种事由为兜底事由外，其他三种事由涉及的均是公司股东会或股东大会相关事宜，即公司管理方面存在严重障碍，而非公司资金缺乏或亏损等经营性困难。因此，公司管理方面出现严重障碍为“因”，公司经营管理发生严重困难为“果”，需要通过“因”来判断是否存在“果”。本案中，永鑫公司的股东何某辉与祁某胜于2017年5月26日发生冲突，祁某胜因此事被判故意杀人罪，现仍在服刑中。后永鑫公司被何某辉一人掌控，祁某胜无法进入公司行使股东权利。永鑫公司自2017年至今未再召开股东会，也无法形成有效的股东决议。永鑫公司的一切事务均由何某辉一人做主，公司内部机制运转失灵，管理出现严重障碍，祁某胜无法参与公司经营决策，其股东权利遭受到严重损害。因此，可以认定本案中的永鑫公司的经营管理已经发生严重困难。

二、应坚持“尽量不解散公司”的原则，但在穷尽其他途径仍不能解决公司困难时，应及时判决解散公司

该条件的设定是为了维护公司运行的稳定，在通过其他途径能够解决公司困难时，尽量不解散公司。《公司法司法解释二》第五条第一款也对法院审理此类案件应坚持的“调解优先”原则进行了规定。笔者认为，一个公司从设立至成熟，会集着股东们的心血，也对社会经济发展贡献着力量，因此法院在审理此类案件时，应

坚持“尽量不解散公司”的原则。但若矛盾实在不可调和，在衡量公司利益和股东利益之间，应当选择股东利益。股东为投资者，无股东则无公司，若股东投资公司的目的都不能实现，那么公司存在的意义也就无从谈起，况且法律不能纵容个别股东独霸公司而侵害其他股东利益的行为。本案中，承办法官对当事人经过多次调解均未成功，永鑫公司的股东何某辉与祁某胜因涉及刑事案件，积怨已深，矛盾确实不可调和。在此种情况下，法院应及时判决解散公司。唯有这样，才能打破僵局，使祁某胜退出公司，从而保障股东的合法利益。

三、应由持有公司全部股东表决权百分之十以上的股东诉讼提出解散公司

股东投资越大，公司经营管理的状况对其影响则越大，因此考虑到公司经营管理困难对股东利益的影响程度，公司法对提起股东解散公司之诉的股东所持有的表决权进行了一定的限制。那么笔者考虑到一个问题，若部分小股东所持有的表决权单独并未达到全部表决权的百分之十以上，这些小股东是否可以联名起诉解散公司，此时应将这些股东所持有的表决权叠加计算，还是只能单独计算？笔者认为，应当可以叠加计算。首先，公司的基础是资本，资本在公司中的表现形式就是股份或者表决权，公司经营管理决策的形成即以一定比例的表决权为标准，且这一比例就是叠加计算的，那么在股东解散公司之诉中，应当一以贯之；其次，虽然可能是几个股东的表决权叠加起来才达到公司总表决权的百分之十，但仍旧为公司百分之十表决权所代表的利益正在受到侵犯，仍旧意味着公司经营管理困难对股东利益的影响达到了一定程度。因此，无论是股东单独持有的表决权达到百分之十，还是几个股东叠加持有的表决权达到百分之十，均应认定为符合《中华人民共和国公司法》第一百八十二条规定的起诉条件。

编写人：河南省平顶山市中级人民法院　祝建中　李华亮　朱斐斐

44

府院联动破解房地产企业破产重整难题

——恒圳房地产公司破产重整案

【案件基本信息】

1. 裁判书字号

云南省昆明市盘龙区人民法院（2018）云0103破1号之四民事裁定书

2. 案由：破产重整纠纷

3. 当事人

申请人（债务人）：恒圳房地产公司

【基本案情】

恒圳房地产公司于2012年12月3日注册成立，注册资本为36600000元，公司类型为有限责任公司（法人独资）。主要经营范围为：房地产开发及经营（依法须经批准的项目，经相关部门批准后方可开展经营活动）。昆明鸿润会计师事务所有限公司2018年7月1日出具的《恒圳房地产公司财务状况分析报告》记载"调整后恒圳房地产公司资产总额1517119299.59元，调整后负债总额2666055754.43元，资产不足以清偿全部债务，已资不抵债"。本院依法裁定受理了恒圳房地产公司破产重整一案。立案后，债权申报617家，金额7680532888.19元。经管理人审查认定的债权共605笔，金额合计为4262681416.93元。不予认定普通债权9笔，不予认定申报金额为301300000元。暂缓认定3笔。2018年12月20日至2018年12月22日，管理人配合盘龙区政府多个部门实施回迁房交房工作。截至2019年1月7日，应交付的回迁安置房（住宅）731套全部交付完毕。2019年1月18日交付车位98个。2018年12月26日召开了第一次债权人会议，会议中与会债权人听取了法院对案件受理情况的介绍、管理人的报告并对表决事项进行了表决，《恒圳房地产公司继续营业的议案》获高票通过，债权人委员会委员选举成功。管理人于

2019年5月7日在全国企业破产工作平台及人民法院报等平台发布了《恒圳房地产公司破产重整案重整投资人招募公告》，最终兰茂公司向管理人缴纳了重整投资保证金2000万元。经多次会议对接，确定兰茂公司作为恒圳公司破产重整投资人。管理人在完成各项重整工作的基础上，广泛征求各方意见，并经多次开会探讨后，拟定了《恒圳房地产公司重整计划（草案）》。2019年7月12日、13日召开了恒圳房地产公司第二次债权人会议，分组对重整计划草案进行表决。职工债权组、税款债权组、出资人组通过了重整计划草案，优先债权组、普通债权组未通过重整计划草案。管理人对重整计划草案进行了部分修订，并与未通过重整计划草案的债权人进行了多次协商。2019年9月16日、17日、18日进行了再次表决，优先债权组及普通债权组均高票通过重整计划草案。

【案件焦点】

1. 申请人的破产重整申请是否符合立案条件；2. 重整计划能否表决通过。

【法院裁判要旨】

云南省昆明市盘龙区人民法院认为，《中华人民共和国企业破产法》第二条规定："企业法人不能清偿到期债务，并且资产不足以清偿全部债务或者明显缺乏清偿能力的，依照本法规定清理债务。企业法人有前款规定情形，或者有明显丧失清偿能力可能的，可以依照本法规定进行重整。"恒圳房地产公司具备申请破产重整的主体资格。根据恒圳房地产公司提交的资料，昆明鸿润会计师事务所有限公司2018年7月1日出具的《恒圳房地产公司财务状况分析报告》记载"调整后恒圳房地产公司资产总额1517119299.59元，调整后负债总额2666055754.43元，资产不足以清偿全部债务，已资不抵债"。恒圳房地产公司已不能清偿到期债务，并且资产不足以清偿全部债务。根据恒圳房地产公司提交的重整方案草案，恒圳房地产公司具备重整的可能性。综上，恒圳房地产公司已经具备破产原因，符合立案条件。

管理人向本院提出批准申请的重整计划内容完备，重整计划中的债权受偿方案普通债权的清偿比例高于依照破产清算程序所能获得的清偿比例，债权受偿方案、出资人权益调整方案公平公正，经营方案具有可行性。管理人在第二次债权人会议召开之前已经依法履行通知义务，对重整计划草案依法进行了充分的披露，对重整计划草案进行了充分说明并解答债权人的询问。债权人会议的召开和表决程序合法，各表决组支持票数符合法定标准，均通过重整计划草案，重整计划已获通过。

依照《中华人民共和国企业破产法》第八十二条、第八十四条、第八十五条、第八十六条之规定，经报审判委员会讨论决定，裁定如下：

一、批准恒圳房地产公司重整计划；

二、终止恒圳房地产公司重整程序。

本裁定自即日起生效。

【法官后语】

破产审判不同于其他的诉讼案件，更多的是处理程序问题和大量的非法定程序事务，而房地产企业的破产涉及的债权人种类繁多，人数众多，处理难度更大。根据中央深化供给侧结构性改革的要求，加强并完善房地产企业破产审判工作是深化供给侧结构性改革的重要举措，也是优化营商环境的应有之义。本案的顺利审结最重要的经验在于府院联动机制，其核心是法院主导法定程序，政府参与协调解决非法定程序的其他相关事务。现就本案审理过程中所涉及的相关问题总结分析如下：

一、回迁安置房的建设及交付

蒋家营村回迁户自2011年拆迁启动以来，一直租住房屋，回迁户生存、生活条件受到严重影响，多次向市、区两级政府上访。2017年年底，盘龙区人民政府提供“以购代建”资金由第三方公司受让该项目总承包方前期建设工程价款及其优先受偿权，总承包方将债权转让所得款用于回迁安置房复工建设。法院受理案件后，回迁安置房继续建设，第一次债权人会议召开前，回迁安置房已经具备交房条件，在第一次债权人会议之前的一周内实施了回迁房交付工作。

因回迁安置房交付在第一次债权人会议之前，亦在债权人的债权认定之前，故交付房屋存在一定的争议。结合相关法律、司法解释及案例，对于回迁安置房的交付有以下几点意见：第一，《最高人民法院关于审理商品房买卖合同纠纷案件适用法律若干问题的解释》第七条第一款规定：“拆迁人与被拆迁人按照所有权调换形式订立拆迁补偿安置协议，明确约定拆迁人以位置、用途特定的房屋对被拆迁人予以补偿安置，如果拆迁人将该补偿安置房屋另行出卖给第三人，被拆迁人请求优先取得补偿安置房屋的，应予支持。”被拆迁人对于在拆迁补偿安置协议中确定的补偿安置房屋拥有“优先取得”的权利。第二，根据《最高人民法院关于建设工程价款优先受偿权问题的批复》规定："一、人民法院在审理房地产纠纷案件和办理执行案件中，应当依照《中华人民共和国合同法》第二百八十六条的规定，认定建筑工程的承包人的优先受偿权优于抵押权和其他债权。二、消费者交付购买商品房的全部或者大部分款项后，承包人就该商品房享有的工程价款优先受偿权不得对抗买受人。"因此，消费者购买商品房后其对商品房所主张的权利优先于工程价款优先受偿权、抵押权和其他债权。就选择实物回迁安置的被拆迁人而言，由于被拆迁人原有的房屋已拆迁，采取置换方式在一定程度上可以理解为其已经支付了获得拆迁安置用房的对价，地位应等同于"已交付全部或大部分款项"的买受人，其"拆迁安置优先权"优先于建设工程价款、优先于抵押权和其他债权。第三，回迁安置房建设完毕并交付后，将减少过渡费及其他相关费用，对于破产重整企业而言，将减轻继续负担的债务，对其他债权人及债务人而言，均属于获利或减少损失的行为。被拆迁人对于在拆迁补偿安置协议中确定的补偿安置房屋拥有优先取得的权利。这既是为了保障回迁户的基本生存权，也是为了解决基本的民生问题。

二、《最高人民法院关于适用〈中华人民共和国企业破产法〉若干问题的规定（三）》出台后的诉讼问题

《最高人民法院关于适用〈中华人民共和国企业破产法〉若干问题的规定（三）》［以下简称破产法司法解释（三）］自2019年3月28日起施行，第七条规定："已经生效法律文书确定的债权，管理人应当予以确认。管理人认为债权人据以申报债权的生效法律文书确定的债权错误，或者有证据证明债权人与债务人恶意通过诉讼、仲裁或者公证机关赋予强制执行力公证文书的形式虚构债权债务的，应当依法通过审判监督程序向作出该判决、裁定、调解书的人民法院或者上一级人民法院申请撤销生效法律文书，或者向受理破产申请的人民法院申请撤销或者不予执行仲裁裁决、不予执行公证债权文书后，重新确定债权。"

云南工投集团动力配煤股份有限公司（以下简称工投公司）向管理人申报债权，主张其对恒圳公司享有1393545084.24元的债权，该债权经云南省高级人民法院作出了相应的生效判决，判决认为云南盛唐房地产开发有限公司（以下简称盛唐公司）与恒圳房地产公司财务混同以及证明盛唐公司对恒圳房地产公司享有债权的证据不足，故债权受让人工投公司主张的债权证据不足，判决驳回工投公司的全部诉讼请求。但根据银行流水及审计机构审计的结果，工投公司对恒圳房地产公司的

债权真实存在，导致管理人与工投公司对于债权认定存在较大争议。因工投公司的债权是恒圳房地产公司最大的一笔债权，该笔债权的认定与否对于其余债权人的清偿率有较大的影响，故该债权也受到了其余各大债权人的关注，部分债权人提出若管理人认定了该笔债权则会向法院提起普通破产债权确认之诉主张权利。

为了解决上述问题，盘龙区蒋家营村城中村改造项目遗留问题处置工作领导小组召开了多次会议进行商讨，听取了管理人及工投公司的意见。因可能涉及后续诉讼问题，盘龙区人民法院邀请了云南省高级人民法院及昆明市中级人民法院的资深破产法官专门到我院对该问题进行会谈。

重整投资人兰茂公司系工投公司的关联公司，工投公司债权的认定与否与破产重整的推动存在利害关系。同时，破产法司法解释（三）的规定系从正面强调管理人必须承认生效法律文书认定的债权，但生效法律文书否定的债权并不能一概否认，从以上多个角度考虑，管理人在与兰茂公司签订了《投资协议》（原因在下一点详述）的前提下，认定了该笔债权。

三、重整投资人的选定

房地产公司的重整需要重整投资人先期投入大笔资金，后期慢慢收回，故要求重整投资人具备重整的经济实力。管理人发布了《恒圳房地产公司破产重整案重整投资人招募公告》，虽然规定时间内，有三家意向重整投资人向管理人进行了报名登记，但仅有兰茂公司向管理人缴纳了重整投资保证金2000万元。

为了保障选定的重整投资人将重整计划履行完毕，管理人与重整投资人签订了《投资协议》，工投公司及兰茂公司的股东昆明律行企业管理咨询有限公司作为兰茂公司的担保方，在《投资协议》中约定“为担保兰茂公司严格按《重整计划》及本协议约定内容履行重整投资义务，由兰茂公司股东昆明律行企业管理咨询有限公司及兰茂公司关联方工投公司作为担保人，如兰茂公司出现违约行为，担保方与兰茂公司承担连带保证责任，担保期间为重整计划执行完毕后一年”；“兰茂公司对恒圳房地产公司现有项目实际情况、债权债务及两个地块的规划条件以及是否能够实施规划调整有充分的了解，如兰茂公司在人民法院批准《重整计划》后因兰茂公司的原因不履行《重整计划》明确的投资义务及其他义务构成根本违约的，兰茂公司已经缴纳的重整投资保证金予以没收，已经支付的偿债资金等所有款项不予退还，担保人工投公司放弃对恒圳房地产公司所有的债权”。《投资协议》对于兰茂公司及工投公司进行了较大的约束，保证后续重整计划的履行。若兰茂公司无法履行重整计划，则工投公司放弃对恒圳房地产公司享有的12多亿元的债权，项目亦有重新补救的可能性。

四、重整计划的拟订及通过

管理人在广泛征求各类债权人、重整投资人意见后拟订了《恒圳房地产公司重整计划（草案）》（以下简称《重整计划（草案）》）。为了让大部分债权人满意，《重整计划（草案）》对于债权的清偿方式进行了较为详细的划分，涉及集体资产置换户债权9100000元（购买车位的预订金）属于普通债权，但重整计划草案对此类债权清偿比例提高至100%。非回迁购房户债权（购房款）为普通债权，重整计划草案对此类债权清偿比例提高至100%。清偿比例提高后，以上两类债权人通过了重整计划草案。为了回笼政府投入的“以购代建”资金，防止国有资产流失，重整计划草案亦明确了清偿的时间和方式。对于债权额较大的普通债权人，基于房地产项目的特殊性，用建设完工的房屋抵债，符合案件的现实，亦能最大限度保护债权人的利益。

《重整计划（草案）》第一次表决中优先债权组及普通债权组未通过该草案。优先债权组中的华融汇通资产管理有限公司享有5亿元的优先债权，已经超过了优先债权总额的50%，为了争取该债权人通过草案，盘龙区蒋家营村城中村改造项目遗留问题处置工作领导小组和管理人作了多方面的努力，在欠款人工投公司归还了部分款项并与实际债权人签订协议后，华融汇通资产管理有限公司同意《重整计划（草案）》。盘龙区蒋家营村城中村改造项目遗留问题处置工作领导小组和管理人还多次与其他第一次表决未通过《重整计划（草案）》的债权人进行协商，最终，重整计划获得高票通过。

编写人：云南省昆明市盘龙区人民法院　陈娜　保静

45

抵押担保债权与税收债权的受偿顺序问题

——台州开发区税务局诉万治公司普通破产债权确认案

【案件基本信息】

1. 裁判书字号

浙江省台州市椒江区人民法院（2019）浙 1002 民初 571 号民事判决书

2. 案由：普通破产债权确认纠纷

3. 当事人

原告：台州开发区税务局

被告：万治公司

【基本案情】

2018 年 7 月 19 日，台州市中级人民法院根据小鱼公司的申请裁定受理万治公司破产清算一案，并指定台州市椒江区人民法院审理。原告台州开发区税务局为被告万治公司的主管税务机关。台州中天会计师事务所有限公司为万治公司的破产管理人。原告在规定时间内申报了税收债权，其中欠税 136996.37 元，滞纳金 23248.93 元，所属期在 2009 年的欠税计 1909.10 元在抵押权设定之前产生。根据《中华人民共和国税收征收管理法》第四十五条“税务机关征收税款，税收优先于无担保债权，法律另有规定的除外；纳税人欠缴的税款发生在纳税人以其财产设定抵押、质押或者纳税人的财产被留置之前的，税收应当先于抵押权、质权、留置权执行”的规定，原告认为该笔欠税应优先于抵押债权。在第一次债权人会议上原告向管理人提出异议，管理人于 2019 年 1 月 11 日函告原告异议不成立。原告为此诉至法院，请求确认台州开发区税务局税收债权 1909.10 元优先于该欠税发生后设定的抵押债权进行破产分配。

【案件焦点】

享有抵押担保的债权与税收债权在破产程序中就抵押物变现价款受偿的顺序。

【法院裁判要旨】

浙江省台州市椒江区人民法院经审理认为，本案中应优先适用企业破产法相关规定。一、从两法的调整范围来看，税收征收管理法的调整范围宽于企业破产法，企业破产法的规定更有针对性。《中华人民共和国税收征收管理法》第四十五条规定调整任何状态下企业的税收债权与担保债权的清偿顺序问题，涵盖了企业正常经营情况和破产情况。《中华人民共和国企业破产法》第二条规定，破产程序是具备破产原因企业的债务清理程序或重整程序。《中华人民共和国企业破产法》第一百零九条、第一百一十三条规定调整范围仅限于破产情形下企业的税收债权与享有担保债权的清偿顺序问题。二、根据企业破产法规定，各种不同性质的债权在破产程序中具有特定的清偿顺序。如果依照税收征收管理法先清偿税收债权，而税收债权的金额大于其抵押物的价值时，抵押权将会被消灭，抵押债权直接变为普通债权，其抵押权的收益方体现在了税收债权上，而非抵押权人，根本上违反了其抵押权设立的目的。即使先清偿了税收债权后再清偿抵押债权后仍有剩余，客观上将减少可用于清偿破产费用、共益债务、职工债权的破产财产，破产程序中的清偿顺序出现混乱。三、税收债权的优先性在破产程序中应适当受限。税收债权享有优先性主要是因为税收具有公益性和风险性。《中华人民共和国企业破产法》第一百一十三条规定税收债权劣后于职工债权受偿，说明税收的公益性的优先性在破产程序中是受到限制的。一般情形下税收债权的风险应当优先防范，所以税收征收管理法赋予税务机关可以采取税收保全、强制执行、纳税担保等多种有力税收保障措施。但在万治公司进入破产程序前，已然发生欠税情形，原告未采取相应的保障措施。综上所述，浙江省台州市椒江区人民法院认为，原告的税收债权1909.10元不应优先于抵押债权，最终驳回原告台州开发区税务局的诉讼请求。

【法官后语】

在破产案件实务中，涉及税务及抵押债权同时出现的并不少见，特别是如本案中，在破产企业财产较少的情形下，优先受偿的一方可将全部破产财产揽入囊中，其他债权人可能无法获得清偿，在此时，谁能优先受偿的问题就变得至关重要。

1. 税收征收管理法、企业破产法相应条款的调整范围不同。《中华人民共和国税收征收管理法》第二条规定："凡依法由税务机关征收的各种税收的征收管理，均适用本法。"表明税收征收管理法调整的是全体纳税人的税款征缴事项。因此，《中华人民共和国税收征收管理法》第四十五条规定调整任何状态下企业的税收债权与有担保债权的清偿顺序问题，涵盖企业破产情形和企业正常经营情形。《中华人民共和国企业破产法》第二条规定，破产程序是具备破产原因企业的债务清理程序或重整程序。进入破产程序后，企业将处于非正常状态，为公平清理债权债务，破产企业及破产债权人等相关主体的权利均将受限，同时对各种不同性质的破产债权制定清偿规则。因此，《中华人民共和国企业破产法》第一百零九条、第一百一十三条规定调整范围仅限于破产情形下企业的税收债权与有担保债权的清偿顺序问题。两者相比较，《中华人民共和国税收征收管理法》第四十五条规定的调整范围要宽于《中华人民共和国企业破产法》第一百零九条、第一百一十三条规定的调整范围，后者对案涉争议焦点更具有针对性，相对具有特别规定的属性，应在本案中优先适用。

2. 根据企业破产法规定，各种不同性质的债权在破产程序中具有特定的清偿顺序。依据《中华人民共和国企业破产法》第一百零九条、第一百一十三条规定，破产财产设定抵押的，该抵押物应优先清偿担保债权，其他破产财产先清偿破产费用、共益债务，再按照职工债权、税收债权、普通债权的顺序进行清偿，各种不同性质的债权在破产程序中具有特定的清偿顺序，内有严谨的法理依据。如果依照税收征收管理法先清偿税收债权，而税收债权的金额大于其抵押物的价值时，抵押权将会被消灭，抵押债权直接变为普通债权，其抵押权的收益方体现在了税收债权上，而非抵押权人，根本上违反了其抵押权设立的目的。即使先清偿了税收债权后再清偿抵押债权后仍有剩余，客观上将减少可用于清偿破产费用、共益债务、职工债权的破产财产，破产程序中的清偿顺序出现混乱。在抵押物范围内将决定税收债权的清偿顺序，抵押权的设立最大受益人将是税务机关而非抵押权人，显然缺乏合理性，《中华人民共和国税收征收管理法》第四十五条规定与破产程序中破产债权的清偿体系不相容，二者之间存在根本性的逻辑冲突。可见，《中华人民共和国税收征收管理法》第四十五条规定只能调整常态下税收债权和担保债权的清偿顺序，无法适应破产背景下税收债权、有抵押担保债权的清偿顺序问题。

3. 税收债权的优先性在破产程序中应适当受限。税收债权享有优先性主要是因为税收具有公益性和风险性。关于公益性，一般情形下公益性权利应当优先保护，但公益性权利并非绝对优先于私利性权利，企业破产法规定税收债权劣后于职工债权受偿，说明税收的公益性的优先性在破产程序中是受到限制的。另外，对于未进入破产程序的企业而言，有抵押担保的债权人即使不能就抵押物优先受偿，其债权仍可以通过债务人的其他财产受偿。但破产程序后，鉴于破产财产不足以清偿全部破产债务时，税收债权人与担保债权人在抵押物变现金额的分配时存在必然的失衡，则此时不应再强调税收的公益性。关于风险性，税务机关与纳税人之间信息不对称，税收的征管存在风险。一般情形下税收债权的风险应当优先防范，所以税收征收管理法赋予税务机关可以采取税收保全、强制执行、纳税担保等多种有力税收保障措施。但一般破产案件中，税收债权发生时间一般早于破产企业进入破产程序的时间，而税务机关如未在此前采取相应的保全措施，此时再强调税收债权的风险性，不具有说服力。

综上所述，笔者认为有抵押担保的债权就抵押物而言应当优先于税务机关主张的税收债权清偿。现实中也有部分债权人认为企业一旦进入破产程序，职工债权、税收债权等先一步受偿后，其他债权人就无法获得清偿了，所以不愿意申请债务人进入破产程序。在此，需要加强对企业破产法的宣传，特别是对于有抵押担保的债权人，应当积极申请债务人进入破产程序，才能早日盘活企业资产获得清偿。

编写人：浙江省台州市椒江区人民法院　林周琪

46

破产程序中让与担保的认定与处理

——城建公司诉泰丰公司破产债权确认案

【案件基本信息】

1. 裁判书字号

北京市第二中级人民法院（2019）京02民初311号民事判决书

2. 案由：破产债权确认纠纷

3. 当事人

原告：城建公司

被告：泰丰公司

【基本案情】

原告城建公司与被告泰丰公司之间因经济纠纷，于2002年产生诉讼。诉讼中双方签订《商品房买卖合同》，将泰丰公司开发的×××大厦第×层房屋（以下简称涉案房屋）售予城建公司。2003年1月23日，北京市第一中级人民法院（以下简称北京一中院）出具（2002）一中民初字第8972号民事调解书，泰丰公司承诺自法院解除财产保全之日起30个工作日内向城建公司回购涉案房屋，逾期付款的，泰丰公司按照每延期付款一日向城建公司支付逾期付款违约金5万元。泰丰公司未依约回购房屋，亦未偿还欠付城建公司的款项。后双方在执行程序中达成和解，约定将原属泰丰公司所有的涉案房屋过户给城建公司，用以折抵欠款，北京一中院裁定：将泰丰公司所有的涉案房屋产权过户给城建公司所有。相关手续由当事人自行办理。

2012年，因泰丰公司等单位占有、使用涉案房屋，故城建公司分别向北京市丰台区人民法院（以下简称丰台法院）提起二起排除妨害诉讼，请求判令泰丰公司等单位支付房屋使用费。上述案件均判决泰丰公司向城建公司支付房屋使用费，且均已生效［分别为（2014）丰民初字第06966号民事判决及（2014）丰民初字第06969号民事判决，以下简称06966号民事判决及06969号民事判决］。2015年6月18日，北京市第二中级人民法院裁定受理泰丰公司的破产申请，城建公司于2016年8月8日向北京市第二中级人民法院就涉案房屋提起取回权诉讼，即（2016）京02民初280号民事判决（以下简称280号民事判决）案件，一审判决驳回其诉讼请求，城建公司上诉后，二审法院维持原判。后城建公司与泰丰公司就城建公司享有的债权数额产生争议，故诉至法院，请求人民法院1. 确认06966号民事判决及06969号民事判决确定的房屋使用费及利息1358156.27元为普通债权；2. 确认（2002）一中民初字第8972号民事调解书确定的13138万元违约金为普通债权；3. 本案诉讼费用由泰丰公司承担。

【案件焦点】

06966号民事判决及06969号民事判决确定的泰丰公司向城建公司支付的房屋使用费及利息应否作为普通破产债权予以确认。

【法院裁判要旨】

北京市第二中级人民法院经审理认为，生效的（2002）一中民初字第8972号民事调解书载明：泰丰公司将其所有的涉案房屋所有权卖给城建公司，作为抵销对城建公司的欠款，泰丰公司承诺自法院解除财产保全之日起三十个工作日内按泰丰公司的出售价格回购上述房屋。泰丰公司自法院解除财产保全之日起六十个工作日内未回购，城建公司有权采取拍卖、变卖、出卖、出租或自用等措施维护自己的权益。上述内容中有关债务人将标的物所有权转移给债权人，债务人如能以回购形式偿还欠款，则房产仍归债务人所有；到期不能以回购形式偿还欠款，则债权人得就标的物受偿的约定，实质上是以房产作为履行债务的担保，符合让与担保的基本特征。让与担保的担保权人对担保物享有担保权，在担保权之外基于占有担保物而获得的收益应抵充原债务。本案中，城建公司根据其与泰丰公司的约定以及生效判决，基于对标的房屋的占有而获得的房屋使用费，属于担保权之外的权益。该部分收益如获偿付，应用以抵充泰丰公司的欠款。综上，06966号民事判决及06969号民事判决所确定的泰丰公司向城建公司支付的房屋使用费及利息，属于城建公司享有的让与担保权之外的权益，在未抵充（2002）一中民初字第8972号民事调解书中确定的泰丰公司向城建公司所欠债务的情况下，不能作为破产债权予以确认。

综上，依照《中华人民共和国企业破产法》第一条，《最高人民法院关于适用〈中华人民共和国企业破产法〉若干问题的规定（三）》第七条规定，判决如下：

驳回城建公司全部诉讼请求。

【法官后语】

一、城建公司对涉案房屋享有权利的性质

在本案之前，对于涉案房屋的权属问题，存在表面上相互“矛盾”的两类生效判决。一方面，06966号民事判决及06969号民事判决均确认城建公司依法享有合法的占有使用权，为涉案房屋的合法权利人，有权要求非法占有人排除妨害。另一方面，280号民事判决则认定城建公司对涉案房屋不享有所有权。本案审理中，关于城建公司对涉案房屋享有的权利性质的认定，应当从以下几个方面进行分析。

首先，从双方的意思表示来看，本案中，泰丰公司与城建公司虽签订《商品房买卖合同》，约定将泰丰公司开发的涉案房屋售予城建公司，但双方在随后签订的调解协议中约定了房屋回购条款，由此可知，双方之间并不存在出售房屋的真实意思表示，而是仅将涉案房屋作为泰丰公司偿还城建公司欠款的担保。其次，从涉案房屋的物权登记情况来看，双方对涉案房屋办理了房屋预售登记备案，并交付了涉案房屋，但因涉案房屋一直未办理竣工验收，故双方一直未办理过户登记及房产证交付等手续。最后，双方在执行和解中约定在满足过户条件后对涉案房屋办理所有权变更登记。执行裁定并不具有直接发生所有权变动的法律效力。

综上，双方在调解协议中对涉案房屋的约定，实质上是以房产作为履行债务的担保，符合让与担保的基本特征。这也与判决后发布的《全国法院民商事审判工作会议纪要》（以下简称《会议纪要》）第七十一条的规定相符①。

二、债权人占有、使用不动产产生的收益应当冲抵原债务

本案焦点之一是06966民事判决号及06969号民事判决确认的房屋使用费及利息是否能作为普通破产债权。本案中，泰丰公司向城建公司交付了涉案房屋，根据双方约定，城建公司取得了对涉案房屋的占有权、使用权、受益权。因此，06966民事判决号及06969号民事判决的认定基础并非城建公司对涉案房屋享有所有权，其保护的是城建公司对涉案房屋的占有权、使用权、收益权。该项权利，并非让与担保权的附加内容，亦非可以直接归属于让与担保权人的法定收益，其实际上仍然是对原债权的担保，应当以冲抵原债务的方式归属于债权人。因此，债权人占有标的物所获取的收益，从某种程度上来说，仍然属于其“优先受偿权”的实现方式，

---

① 《会议纪要》第七十一条规定，债务人或者第三人与债权人订立合同，约定将财产形式上转让至债权人名下，债务人到期清偿债务，债权人将该财产返还给债务人或第三人，债务人到期没有清偿债务，债权人可以对财产拍卖、变卖、折价偿还债权的，人民法院应当认定合同有效。合同如果约定债务人到期没有清偿债务，财产归债权人所有的，人民法院应当认定该部分约定无效，但不影响合同其他部分的效力。当事人根据上述合同约定，已经完成财产权利变动的公示方式转让至债权人名下，债务人到期没有清偿债务，债权人请求确认财产归其所有的，人民法院不予支持，但债权人请求参照法律关于担保物权的规定对财产拍卖、变卖、折价优先偿还其债权的，人民法院依法予以支持。债务人因到期没有清偿债务，请求对该财产拍卖、变卖、折价偿还所欠债权人合同项下债务的，人民法院亦应依法予以支持。

而非基于合法所有权而享有的收益。对让与担保的效力的认定应当区分合同效力与物权效力。本案中，虽然因涉案房屋未完成竣工验收故无法办理所有权变更登记，但这仅使得让与担保不发生物权效力，但并不影响其合同效力，也不影响将双方间法律行为认定为让与担保的定性。

在本案裁判内容之外，还有另一个问题值得关注和思考，那就是让与担保中的债权人在债务人破产后，对相应财产享有何种权利？笔者认为，根据《会议纪要》的规定，让与担保实际上已经被认定为一种担保物权，故应当参考《中华人民共和国企业破产法》第一百零九条的规定，赋予债权人主张别除权的权利。

编写人：北京市第二中级人民法院　胡君　李超男

47

破产程序中债务人不享有破产抵销权

——金好钱鼎公司诉钱某彬破产债权确认案

【案件基本信息】

1. 裁判书字号

浙江省台州市中级人民法院（2019）浙 10 民终 2739 号民事判决书

2. 案由：破产债权确认纠纷

3. 当事人

原告（上诉人）：金好钱鼎公司

被告（被上诉人）：钱某彬

【基本案情】

法院经审理查明：2008 年 4 月 8 日，钱某彬委托金好钱鼎公司投资特谱公司。2010 年 3 月 21 日，金好钱鼎公司与钱某彬签订《浙江金力钢管塔制造有限公司出资（股权）转让协议》，协议约定："……二、转让标的……转让给钱某彬 140 万元，占该公司 7% 的股权……六、价款的支付 本合同第二条所确定的价款，在本合同生效后十日内由受让方一次性直接给付出让方……”2016 年 10 月 24 日，钱某彬向法院起诉要求金好钱鼎公司返还委托金好钱鼎公司投资特谱公司的投资款 150 万元。2017 年 5 月 23 日，经法院主持调解并制作（2016）浙 1082 民初 9131 号民事调解书，民事调解书载明：“……由金好钱鼎公司返还钱某彬投资款 53 万元，款分三期支付：第一期在 2017 年 5 月 24 日前支付 5 万元；第二期在 2017 年 12 月 30 日前支付 24 万无；第三期在 2018 年 5 月 30 日前支付 24 万元……”后金好钱鼎按约支付给钱某彬 5 万元。2018 年 4 月 9 日，金好钱鼎公司以资不抵债为由，向法院申请破产清算，2018 年 4 月 20 日法院裁定受理，并于 2018 年 5 月 8 日指定台州中衡会计师事务所有限公司担任金好钱鼎公司管理人。金好钱鼎公司进入破产清算程序后，钱某彬向管理人申报 48 万元债权，管理人不予确认并召开金好钱鼎公司破产清算案第一次债权人会议。第一次债权人会议后，钱某彬向管理人提出书面异议。2019 年 8 月 2 日，管理人向金好钱鼎公司法定代表人项某荣发送通知书，对钱某彬 48 万元债权予以确认。

金好钱鼎公司向法院起诉请求确认钱某彬对金好钱鼎公司不享有 48 万元的债权。

【案件焦点】

债务人在破产程序中是否享有抵销权。

【法院裁判要旨】

浙江省临海市人民法院经审理认为：本案系破产债权确认纠纷。金好钱鼎公司作为金好钱鼎公司破产清算案件的债务人，对管理人制定的债权表记载的债权有异议的，经管理人解释，金好钱鼎公司仍然不服的，有权以异议债权人即钱某彬为被告提起破产债权确认之诉。但金好钱鼎公司以钱某彬未支付浙江金力钢管塔制造有限公司 7% 的股权转让款为由，要求在金好钱鼎公司破产程序中抵销钱某彬对金好钱鼎公司的 48 万元债权。根据《中华人民共和国企业破产法》第四十条规定：“债权人在破产申请受理前对债务人负有债务的，可以向管理人主张抵销……”法律仅赋予债权人在破产程序中主动行使抵销权的权利，未赋予债务人在破产程序中主动行使抵销权的权利。据此，金好钱鼎公司在破产程序中主动行使抵销权来否认钱某彬对金好钱鼎公司的合法债权，缺乏法律依据。一审法院判决：驳回金好钱鼎公司的诉讼请求。

一审宣判后，原告金好钱鼎公司不服，提起上诉。浙江省台州市中级人民法院认为：关于金好钱鼎公司能否行使抵销权的问题，《最高人民法院关于适用〈中华人民共和国企业破产法〉若干问题的规定（二）》第四十一条规定："债权人依据企业破产法第四十条的规定行使抵销权，应当向管理人提出抵销主张。管理人不得主动抵销债务人与债权人的互负债务，但抵销使债务人财产受益的除外。"据此，如果行使抵销权不仅不会使破产财产减少，反使债务人的财产受益，管理人主张抵销权并不违反管理人为全体债权人利益履职的角色定位，因此在此情形下管理人可以主动主张破产抵销权。可见，上述司法解释也只是扩展了管理人在特殊情况下可以主动行使抵销权的权利，并未及于债务人。本案中，金好钱鼎公司在管理人确认了钱某彬债权，对该债权有异议的，确实可以提起债权确认的诉讼，但法律并未赋予债务人在债权确认诉讼中代替管理人主动行使抵销权的权利，故即使金好钱鼎公司对钱某彬享有140万元债权，本案中抵销权的行使可使债务人财产增加而受益，但金好钱鼎公司仍不能未经管理人提起而以债务人身份在本案破产债权确认之诉中行使抵销权。

综上，二审法院判决：驳回上诉，维持原判。

【法官后语】

企业破产法上的抵销权（以下简称破产抵销权），是指债权人在破产申请受理前对债务即破产人负有债务的，无论是否已到清偿期限、标的是否相同，均可在破产财产最终分配确定前向管理人主张相互抵销的权利。[①] 破产抵销制度是破产债权人只能依破产程序按债权清偿比例受偿的例外。破产抵销源于民法上的抵销制度，是民法上的抵销权在债务人破产情形下的扩张适用。[②]《中华人民共和国企业破产法》第四十条赋予债权人主张抵销权的权利；《最高人民法院关于适用〈中华人民共和国企业破产法〉若干问题的规定（二）》第四十一条赋予管理人在抵销使债务人财产受益的情况下主动抵销互负债务的权利。根据中国裁判文书的查询结果，涉及破产抵销权纠纷往往集中在债权人行使抵销权的问题上，即管理人对债权人主张

---

① 王欣新：《破产法理论与实务疑难问题研究》，中国法制出版社2011年版，第228页。

② 最高人民法院民事审判第二庭编著：《最高人民法院关于企业破产法司法解释（三）理解与适用》，人民法院出版社2019年版，第440页。

抵销不予认可引发的纠纷，但没有债务人主张抵销权的案例。

本案的诉因系债务人对债权人享有债权，但管理人因时效问题未予追偿，故债务人希望通过行使抵销权来否认债权人的债权。本案主要的争议焦点在于债务人在破产程序中是否享有抵销权？这个问题在《最高人民法院关于适用〈中华人民共和国企业破产法〉若干问题的规定（三）》出台前，因债务人无法对管理人不主动行使抵销权的情况提出异议或启动诉讼程序，在对债权异议之诉方面存在启动障碍，故关于债务人在破产程序中是否享有抵销权一直未得到学界和实务界的充分关注。但随着《最高人民法院关于适用〈中华人民共和国企业破产法〉若干问题的规定（三）》的出台，该司法解释赋予债务人对债权表记载的债权享有异议权，也就是赋予了债务人在管理人未主动行使抵销权的情况下，通过破产债权确认之诉为其主动行使抵销权创造了可能，也让债务人在破产程序中是否享有抵销权这一问题进入司法实务的审视范围。在本案的审理过程中，对于债务人主动行使抵销权的问题，存在两种截然不同的观点：第一种观点认为，根据《中华人民共和国企业破产法》第四十条和《最高人民法院关于适用〈中华人民共和国企业破产法〉若干问题的规定（二）》第四十一条的规定，并未赋予债务人在破产清算过程中主动行使抵销权的权利，故债务人在破产程序中不享有抵销权；第二种观点则认为，管理人作为破产程序中独立组织的行为，并不代表债务人的意思，管理人对于债权人申报的债权作出承认或否认的表示，有可能导致债务人有关人员承担破产责任，据此，结合《最高人民法院关于适用〈中华人民共和国企业破产法〉若干问题的规定（二）》第四十一条的精神，债务人为了自身利益，且在抵销使债务人财产受益的情况下，应当赋予债务人在破产程序中享有主动抵销的权利。对于上述两种观点，笔者赞同第一种观点，理由如下：

一、从企业破产法的立法目的来看，赋予债务人破产抵销权不利于保护债权人权益

企业破产法在首条便明确了“公平清理债权债务，保护债权人和债务人的合法权益”的立法目的。民法上的抵销制度起源于罗马法。抵销制度的最初设计目的是节省互为给付和互受给付所生的费用，但随着商业的发展及风险的急剧增加，抵销便具有更重要的制度价值。若双方均有清偿能力，即使互相不为抵销，也仅是多一次互为给付和受领的形式而增加费用而已，并不至于发生不公平结果。但如果一方在有破产可能甚至已进入破产程序时，已无法完全给付，却强求另一方完全给付，

确为显失公平。据此，企业破产法之所以允许债权人不依破产程序就互负之债务进行抵销，目的在于保护对破产企业负有债务的债权人。

与之相反，对于债务人或管理人来说，债务人进入破产程序，管理人接管破产企业财产及财产权利，管理人为全体债权人利益而执行职务，必须尽善良管理人的义务，不得随意放弃或减损财产或财产权利。债权人对破产企业的债务属于破产财产。债务人或管理人主张抵销，实际上等于主动放弃要求债权人履行清偿义务的权利，必然使破产财产消极减少，却使有抵销权的债权人避免了依破产程序受清偿所受的损失，对有抵销权的债权人有利，但损害了其他债权人的权利。从所有债权人利益出发，若享有抵销权的债权人不主动主张抵销，不允许债务人或管理人主动提出抵销。因此，债权人的债权为主动债权，破产程序中的抵销权人以债权人为限，债务人或管理人不得主张抵销。如果允许债务人在破产程序中主动抵销债务，一方面，债务人极有可能与个别债权人或第三人恶意串通，以抵销之名行转移资产之实，通过抵销的方式减少破产企业财产；另一方面，债务人将已丧失胜诉权的债务与债权人的债权进行抵销，侵害债权人的利益，产生新的不公平情况。上述两点均不利于保护债权人的权益，与企业破产法的立法目的相违背。

二、从破产抵销权的制度设计来看，赋予债务人破产抵销权将极易降低破产处置效率

从破产抵销权的性质来看，破产程序中的抵销权实际上是破产债权人以其债权以及其对破产企业所负的债务互为抵销的形成权，此种权利的行使对债权人有利，等于用属于破产企业的债权清偿自己的债权，而不必依破产分配方案受损失清偿。也有观点认为，承认破产程序中的抵销权，使抵销起到未公开的担保作用，享有抵销权的债权人实际上得到担保其债权实现的目的，即享有抵销权的债权人通过抵销得到了其债权的充分偿付，这看似违背按比例分配破产财产的原则，对其他债权人不公平。但如果不允许破产抵销，对享有抵销权的债权人更加有失公平，自己欠破产企业的债务被要求作出全面的履行，而自己对破产企业拥有的债权作为破产债权，却只能受到按比例的平均分配。由此造成在相同的当事人之间，同是债权却处于不平等的清偿地位，显然有违民商事法律公平原则。也正是因为基于上述考量，企业破产法设立抵销权这一制度的初衷，不仅是保障破产债权人的合法利益，更是以这种对债务人负有债务的债权人有利的制度设计来驱动此类债权人积极主动行使

互负债务的抵销权，从而进一步简化破产程序，使管理人免于进行先请求债权人履行其对破产企业所负债务、然后再分配的复杂程序，节省破产处置的时间和费用。换言之，破产法上的抵销制度，是为简化破产程序并保护债权人利益而特设的一项制度，是破产债权只能依破产程序平等分配清偿的例外。但如果允许债务人在破产程序中主动行使抵销权，债务人的股东可能基于自身利益的考量，为了达到规避债务、拖延清算的目的，不当行使抵销债权，引发其他债权人异议，使破产处置复杂化，更甚者将触发更多的衍生诉讼，使破产程序难以继续，极大降低了破产效率。

三、从现有法律的赋权规范来看，赋予债务人破产抵销权法律依据明显不足

从现有法律及司法解释考量，根据《中华人民共和国企业破产法》第四十条规定："债权人在破产申请受理前对债务人负有债务的，可以向管理人主张抵销……"法律仅赋予债权人在破产程序中主动行使抵销权的权利，但未赋予债务人在破产程序中主动行使抵销权的权利。《最高人民法院关于适用〈中华人民共和国企业破产法〉若干问题的规定（二)》第四十一条规定："债权人依据企业破产法第四十条的规定行使抵销权，应当向管理人提出抵销主张。管理人不得主动抵销债务人与债权人的互负债务，但抵销使债务人财产受益的除外。"据此，如果行使抵销权不仅不会使破产财产减少，反使债务人的财产受益，在此情形下管理人可以主动主张破产抵销权。但该司法解释也只是扩展了管理人在特殊情况下可以主动行使抵销权的权利，并未及于债务人。

另外，虽然《最高人民法院关于适用〈中华人民共和国企业破产法〉若干问题的规定（二)》赋予管理人在特殊情况下可以主动行使破产抵销权，但有严格限定。在司法实务中，主要限定在以下两种情形：一是如果债权人会议已讨论通过破产财产的处理和分配方案，各债权人可以分配到的债权额已经确定，享有抵销权的债权人仍没有提出抵销要求的，管理人为了提高破产效率，可就债权人对破产企业所负债务，与债权人的破产债权分配额进行抵销处理。因为这种抵销权仅限于按破产程序中债权人可分配到的部分，并不损害其他债权人的合法利益。二是对于破产费用及共益债权与该债权人对破产企业所负债务，管理人也可以主张抵销。根据企业破产法规定，破产费用和共益债权应随时从破产财产中支付，这种权益不受破产宣告的制约。既然破产费用、共益债权可以排斥普通破产债权而优先受偿，这种权利更可以通过抵销而加以消灭，且破产费用及共益债权本身是为了全体债权人利益

所产生的债务，符合《最高人民法院关于适用〈中华人民共和国企业破产法〉若干问题的规定（二）》第四十一条关于“抵销使债务人财产受益”的要求。所以，破产费用及共益债权与该债权人对破产企业所负债务抵销，不受破产程序关于抵销权应由债权人提出，管理人不得主张抵销之规定的约束。

综上，因破产抵销权其本质是公平清偿原则之外，为了保护个别债权人利益，提升破产处置效率的一种特别制度，现有法律及司法解释对于破产抵销权的行使主体有着严格限制，债务人主动行使破产抵销权不仅不利于保护债权人的合法权益，也极易降低破产处置效率，故无论从学理分析和还是法律规定来看，除管理人的抵销行为使破产财产受益外，债务人或管理人在破产程序中对互负债务不享有主动行使抵销的权利。

编写人：浙江省临海市人民法院 梁斌

48

税务机关申报骗取出口退税款的债权认定

——温州市国家税务稽查局诉腾旭公司破产债权确认案

【案件基本信息】

1. 裁判书字号

浙江省温州市中级人民法院（2018）浙03民终5012号民事判决书

2. 案由：破产债权确认纠纷

3. 当事人

原告（上诉人）：温州市国家税务稽查局

被告（被上诉人）：腾旭公司

【基本案情】

2016年3月24日，温州市瓯海区人民法院作出（2016）浙0304民破2号民事裁定书，受理申请人吴某里对被申请人腾旭公司的破产清算申请。2016年7月12

日，温州市国家税务稽查局向腾旭公司管理人申报债权41436552.58元。2016年9月1日，温州市国家税务稽查局向腾旭公司管理人提出异议，认为腾旭公司尚欠缴税款30124107.16元，同期产生滞纳金11312445.42元（至2016年9月1日止）。2017年10月9日，腾旭公司管理人向温州市国家税务稽查局发送《债权复查通知书》，确认原告申报的追缴骗取出口退税款30124107.16元为普通债权。原告申报的滞纳金11312445.42元不属于破产债权。2017年10月25日，原告向腾旭公司管理人就《债权复查通知书》进行回复，认为原告申报的税款30124107.16元应为优先债权，至破产受理前产生的滞纳金1025725.49元属于破产债权。2017年12月14日，原告向腾旭公司管理人发函，内容为原告申报的债权41436552.58元，其中税款30124107.16元，滞纳金11312445.42元。原告进一步调查取证后，经税务工作人员对涉税数据进行详细的核对，将申报的债权作变更，应申报破产债权为40337274.53元，其中税款30124924.97元，滞纳金10212349.56元。并对浙江省温州市中级人民法院2015年12月23日作出的（2015）浙温刑初字第91号刑事判决书中对腾旭公司骗取出口退税48207492.58元，其中未退税12331569.75元部分变更为未退税款11311627.44元。2018年2月5日，原告主张确认原告申报的出口退税款30124924.97元为优先债权，滞纳金10212349.56元为普通债权。诉讼中，被告对原告申报的出口退税款30124924.97元金额无异议，对2014年5月15日至破产受理即2016年3月24日前计算的滞纳金10212349.56元金额无异议。

另查明，被告腾旭公司因骗取出口退税罪经浙江省温州市中级人民法院（2015）浙温刑初字第91号刑事判决书，依法判处罚金3500万元，被告腾旭公司所骗取的出口退税款，由税务机关予以追缴。

又查明，因机构合并改革，温州市国家税务局稽查局名称变更为温州市国家税务稽查局。

温州市国家税务稽查局向一审法院起诉请求：1. 腾旭公司将温州市国家税务稽查局申报债权中追缴骗取出口退税款部分30124924.97元确认为优先债权。2. 腾旭公司将温州市国家税务稽查局申报债权中追缴滞纳金部分10212349.56元确认为普通债权（以应缴未缴的30124924.97元为基数，自滞纳之日2014年5月16日起按日加收滞纳税款万分之五计算至破产受理之前）。

【案件焦点】

1. 温州市国家税务稽查局申报的债权 30124924.97 元是否为税收债权；2. 温州市国家税务稽查局申报的滞纳金 10212349.56 元是否为普通债权。

【法院裁判要旨】

浙江省温州市瓯海区人民法院经审理认为：本案被告骗取的出口退税款不是被告已缴纳的税款，而是被告以虚报出口等手段所骗取的款项，该出口退税款系原告被骗取应予以追回的资产，而非被告所欠缴而未缴的税款，不属于税法所规定的企业应缴税费种类的税款，故不适用企业破产法规定的税法优先原则，不具有优先受偿性，该款系普通债权。税收滞纳金是对延误期限缴纳税款的纳税人所加收的款项，是对违反税法的纳税人的一种经济制裁方式。本案原告申报的债权 30124924.97 元不属于欠缴未缴的税款，因此不属于计收滞纳金的范围。对原告主张其申报的 10212349.56 元为税收滞纳金，系破产债权，依法不予支持。

温州市瓯海区人民法院依照《中华人民共和国民事诉讼法》第六十四条第一款之规定，作出如下判决：

驳回原告温州市国家税务稽查局的诉讼请求。

温州市国家税务稽查局持原审起诉意见提起上诉。温州市中级人民法院经审理认为：出口退税是一个国家税收制度的重要组成部分，是国家把出口货物的原料进口税以及在国内生产和流通环节已缴纳的增值税、消费税等间接税税款退还给出口企业，使出口商品以不含间接税的价格进入国际市场、参与国际竞争的一项税收制度。本案中，对腾旭公司自营合法出口而退还的出口退税款，符合国家法律和政策规定，税务机关不能在该企业破产程序中追缴和申报债权，但对税务机关在该企业破产程序中申报的追缴该企业骗取出口退税款的债权，可以认定为税收债权，故对温州市国家税务稽查局追缴申报的债权 30124924.97 元应确认为税收债权，其产生的滞纳金 10212349.56 元应确认为普通债权。综上所述，温州市国家税务稽查局的上诉请求成立，予以支持；一审法院处理不当，应予纠正。

浙江省温州市中级人民法院依照《中华人民共和国民事诉讼法》第一百七十条第一款第（二）项，作出如下判决：

一、撤销温州市瓯海区人民法院（2018）浙 0304 民初 1282 号民事判决；

二、确认温州市国家税务稽查局申报债权中追缴骗取出口退税款部分

30124924.97 元为税收债权；

三、确认温州市国家税务稽查局申报债权中追缴滞纳金部分 10212349.56 元为普通债权。

【法官后语】

本案是全国首例涉及骗取出口退税的破产债权确认之诉。涉案出口退税款是否属于税收债权成为本案最大的争议焦点。第一种观点认为涉案原告申报的出口退税款应为普通债权。根据企业破产法相关规定，破产人欠缴的税款系税收债权，涉案出口退税款的认定将直接关系到普通债权人的清偿比例，因此对欠缴的税款应作严格解释，欠缴税款是指纳税人、扣缴义务人超过纳税期限，未缴或少缴税款。本案系被告以假报出口等手段骗取出口退税款，而非被告超过纳税期限未缴或少缴税款，不是欠缴的税款，故不属于企业破产法规定的税收债权。第二种观点则认为涉案原告申报的出口退税款应认定为税收债权。笔者倾向于第二种观点，具体分析如下：

从出口退税的性质来看，它是货物出口后，国家将出口货物已在国内征收的流转税退还给企业的一种收入退付或减免税收行为。出口退税制度是国家税收的重要组成部分，出口退税本质上就是一种税款。本案中，腾旭公司属于生产型企业，国家对生产型企业采取“免抵退”办法，指出口环节免征增值税，相应的进项税额抵减内销应纳增值税额后，未抵减完的部分予以退还。先抵减的内销应纳增值税额是指企业内销业务应纳税款，该企业通过虚构出口逃避缴纳该部分税款，显然属于应缴未缴的国家税款；未抵减完的部分，退还的是企业在生产销售环节已缴纳的税款，同样属于税款范畴；当企业虚构出口骗取出口退税时，其退税基础并不存在，相应的出口退税应作为税款追回。

从骗取出口退税的危害性来看，骗取出口退税罪是指违反国家税收征收管理法等法律法规，以假报出口或者其他欺骗手段，骗取国家出口退税款，数额较大的行为，其侵犯的法益是国家正常的出口退税管理秩序和国家的税收所有权。本案被告骗取国家出口退税款的行为不仅导致国家税款的流失，同时也扰乱了正常的税收征收管理秩序，具有严重的社会危害性，其性质更严重于欠国家税款的性质，根据举轻以明重的法律原则，应广义理解该条文所规定的破产人“所欠税款”的内涵，所骗取的出口退税款也应理解为欠国家的税款。

从出口退税款的优先性来看，税收是现代国家维持正常国家活动，促进社会公共福利，满足公共需要的重要手段，也是国家贯彻实施经济政策、社会政策或其他政策的有效工具。为了确保税收的征收，各国、各地区法律也普遍承认税收债权优先于一般的债权而优先受偿。《中华人民共和国企业破产法》第一百一十三条规定，破产人所欠税款优先于普通债权。本案出口退税款30124924.97元系被告所欠国家的税款，具有优先受偿性。

在认定涉案出口退税款为破产企业欠缴税款的基础上，根据《最高人民法院关于税务机关就破产企业欠缴税款产生的滞纳金提起的债权确认之诉应否受理问题的批复》指出“破产企业在破产案件受理前因欠缴税款产生的滞纳金属于普通破产债权”，本案中2014年5月15日至2016年3月24日即破产受理前计算的滞纳金10212349.56元，应属于普通债权。

破产债权确认诉讼是为解决对有异议债权的实体争议而设置的诉讼程序，为确定债权的最后司法审查确认，其判决结果对破产管理人审核同类债权具有导向意义。破产企业骗取的出口退税款是否属于税收债权尚无明文规定，在理论和实务界存在较大争议，管理人在审核债权时也尺度不一，本案作为全国首例关于破产企业骗取出口退税款的破产债权认定诉讼，厘清了破产企业骗取出口退税款的性质，为破产实务统一操作和同类型案件审理提供了参考和借鉴。

编写人：浙江省温州市瓯海区人民法院　陈婷婷　董温毓

49

疫情期间重整受理标准和重整时机的识别

——科利亚农业装备公司申请重整案

【案件基本信息】

1. 裁判书字号

广东省广州市中级人民法院（2020）粤01破申132号民事裁定书

2. 案由：申请重整纠纷

3. 当事人

申请人：科利亚农业装备公司

【基本案情】

科利亚农业装备公司曾是华南地区最大的农业装备生产企业，拥有国家发明专利27项，实用新型专利80项，外观设计专利7项，其主要产品获得中国机械工业科技二等奖、三等奖，是省级高新科技企业，获得广东省名牌产品，广州市著名商标。因资金链断裂，生产设备和厂房被查封，无法继续生产经营，企业陷入困境。在疫情影响下，国家对农业生产的政策支持、国内农业生产的需求明显增多、农业科技战疫优越性凸显等多方面原因让陷入困境的科利亚农业装备公司获得生机。2020年4月28日，科利亚农业装备公司向广州中院提出重整申请。该公司在重整申请书中称：其生产的两个型号的4LBZ系列半喂入联合收割机、联合收割机4GZ系列切断式甘蔗联合收割机达到国际领先水平，填补国内产品的空白。4LZ系统全喂入联合收割机、4GZ花生联合收割机等产品能满足市场多元化需求，产品需求量一直较大。即使该公司停产停业，供应商和经销商也一直没有对该公司起诉，都希望该公司能尽快恢复生产。尤其是在疫情期间，对农业机械需求加大，订单一直不断。

【案件焦点】

本案申请人科利亚农业装备公司是否具备重整的条件。

【法院裁判要旨】

广东省广州市中级人民法院认为，科利亚农业装备公司已停产停业，存在明显缺乏清偿能力的可能，但其拥有核心技术，产品符合市场需求，具备恢复生产经营的能力。且其生产的农业机械产品对于增加农资供应，转变农业发展方式，提高农业生产力具有重要意义，该企业具备重整价值。

【法官后语】

《中华人民共和国企业破产法》第二条规定："企业法人不能清偿到期债务，并且资产不足以清偿全部债务或者明显缺乏清偿能力的，依照本法规定清理债务。企业法人有前款规定情形，或者有明显丧失清偿能力可能的，可以依照本法规定进行重整。"该条仅规定了在何种情形下可以提出重整申请，但企业破产法对于何种情况下应当受理重整没有规定。显然，并非所有申请重整的企业都可以通过重整进行救治。那人民法院应当如何对重整企业进行识别呢？《全国法院破产审判工作会议纪要》第十四条提出破产重整的对象应当是具有挽救价值和可能的困境企业。《最高人民法院关于依法妥善审理涉新冠肺炎疫情民事案件若干问题的指导意见（二）》第十八条规定："人民法院在审查企业是否符合破产受理条件时，要注意审查企业陷入困境是否因疫情或者疫情防控措施所致而进行区别对待。对于疫情暴发前经营状况良好，因疫情或者疫情防控措施影响而导致经营、资金周转困难无法清偿到期债务的企业，要结合企业持续经营能力、所在行业的发展前景等因素全面判定企业清偿能力，防止简单依据特定时期的企业现金流和资产负债情况，裁定原本具备生存能力的企业进入破产程序。对于疫情暴发前已经陷入困境，因疫情或者疫情防控措施导致生产经营进一步恶化，确已具备破产原因的企业，应当依法及时受理破产申请，实现市场优胜劣汰和资源重新配置。"那在疫情期间，究竟如何判断破产企业是否具有挽救价值和可能呢？本案从企业本身的资产状况、技术工艺、基本生产条件、行业前景等多个角度对科利亚农业装备公司进行识别，并认为科利亚农业装备公司具备挽救价值和可能。首先，从行业前景上看，受疫情影响，部分国家采取隔离措施，封锁出口通道；一些国家为保证本国粮食供应限制出口，国际粮食生产供应存在不确定性，我国农业保供压力加大。增强农业装备的生产和供给，为疫情之下的农业生产和打赢脱贫攻坚战具有重要意义，因此，科利亚农业装备公司行业前景良好。其次，从技术工艺和基本生产条件上看。科利亚农业装备公司是华南地区龙头农机生产企业，生产的各类农机产品具有核心竞争力，尤其是拳头产品各类收割机，填补国内生产的空白，达到国际领先水平，市场需求旺盛，也恰恰是今年秋收所需。而且厂房和设备都已齐备，具备恢复生产经营的能力。最后，从资产状况来看，科利亚农业装备公司拥有优质的土地资源以及核心技术，从其资产和负债状况分析，其资产是大于负债的。通过以上维度的论证分析，本院裁定受理科利亚农业装备公司的重整申请。广州破产法庭出台的《关于进一步加强“执转破”工作助力营商环境评价的意见》也认可了本案的审查识别标准，并在此基础上进行了整合、提炼，制定了广州破产法庭的重整和解识别审查标准：(1) 相关当事人有重整或和解的基本意愿；(2) 债务人拥有土地、房产等优良资产；(3) 困境企业有继续经营的基本生产条件；(4) 所在行业属于国家积极鼓励和扶持的行业；(5) 造成经营困境的原因主要为融资困难；(6) 企业法人及主要高管人员在岗在位；(7) 其他具有重整、和解可能的情形。

本案还认识到重整时机对重整成败的重要影响，对重整时机进行分析和判断。科利亚农业装备公司恰好是在新冠疫情期间和脱贫攻坚决胜之年提出的申请，此时农业保供压力加大，科利亚农业装备公司看准这一时机提出重整申请与党中央提出“保农业”的精神高度契合。人民法院也抓住这一时机，在短短一个星期内迅速裁定受理科利亚农业装备公司的重整申请，极大助力农业的复产达产。

本案也是政治效果、社会效果、法律效果高度统一的案例。该案是人民法院抗疫情、抢农时、保生产、助脱贫的典型案例，彰显司法力量，为脱贫攻坚提供强有力的司法服务和保障。该案例的典型意义还在于指引疫情期间陷入困境的企业，及时向人民法院提出重整申请，利用法治化、市场化的途径进行救治。

编写人：广东省广州市中级人民法院　石佳

50

“执转破”机制提升审判质效

——益民公司申请破产清算案

【案件基本信息】

1. 裁判书字号

广东省广州市中级人民法院（2017）粤01破100（-1-9）号民事裁定书

2. 案由：申请破产清算纠纷

3. 当事人

申请人：石某

被申请人：益民公司

【基本案情】

益民公司是有限责任公司；住所地在广州市越秀区先烈中路80号××房；法定代表人是陈某良；注册资本为人民币6451.613万元；成立日期为2009年4月28日；营业期限为长期；经营范围是预付卡的发行与受理，等等。该公司预付产品主要包括工会优粤通卡、广州工会羊城通卡、益民通卡、优粤通车主卡、校园卡等。2014年9月，因益民公司超出《支付业务许可证》核准业务范围经营的“加油金”业务涉嫌非法吸收公众存款罪，人民银行广州分行向公安部门移交了相关线索。2015年12月23日，广州市天河区人民法院对益民公司高管邹某等5名被告作出犯非法吸收公众存款罪的判决。

石某是益民公司的职工债权人，其债权在广州市越秀区人民法院（以下简称越秀区法院）申请强制执行，债权额为88461.07元，已补偿23853元，余64608.07元。截至2017年8月10日，以益民公司为被执行人在越秀区法院的执行案共25624件，执行标的额共计2.9279210556亿元，其中70多个职工债权人获得了部分补偿，但还有未执结金额175.892477万元；台山市农村信用合作社联社、江门融和农村商业银行股份有限公司及广东顺德农村商业银行股份有限公司的债权都没有得到清偿，分别为103.574848万元、202.2986万元及2.66780034亿元；其他未执行的债权共计2072.2559万元。此外，以益民公司为被执行人在其他法院还有14件执行案，约3.60亿元的执行标的额。以上执行标的额合计约6.53亿元。

2017年9月25日，根据申请人石某对被申请人益民公司进行破产清算的申请，越秀区法院作出移送破产审查决定书，将以益民公司为被执行人的执行案件移送广州市中级人民法院（以下简称广州中院）进行破产审查。广州中院于2017年11月1日裁定受理益民公司破产清算一案，并同时依法指定德勤华永会计师事务所（特殊普通合伙）广州分所担任管理人。2018年2月6日，广州中院通过全国企业破产重整案件信息网主持召开了第一次债权人会议。清算过程中，管理人发现广东省阳江市阳东区人民法院于2018年4月24日从益民公司的银行账户扣划了约33326.75元的执行款项，故申请广州中院予以协助解决。2018年5月14日，广州中院裁定宣告益民公司破产。根据广州中院于2019年3月6日裁定确认的《广东益民旅游休闲服务有限公司破产财产分配方案》，管理人共进行了两次分配，第一次分配总额为558414.4元，全部用于清偿职工债权；第二次分配总额为4961321.87元，清偿了剩余的职工债权1468293.67元，税款债权51571.83元，普通债权的受偿金额为3441456.37元。两次分配后职工债权和税款债权的受偿比例均达到了100%。此外，管理人共收到6笔取回权申报，申报金额共计2892317.94元；管理人审查确认了其中5笔取回权，确认金额为2861938.84元。后管理人认为益民公司破产财产的最后分配已执行完毕，向广州中院申请裁定终结益民公司破产程序。

【案件焦点】

1. 破产程序如何与执行程序顺畅衔接，有效解决“执行难”；2. 如何合理界定债务人财产，公平公正地保护众多债权人的合法权益；3. 如何协调各方利益，兼顾非金融支付风险的化解。

【法院裁判要旨】

广东省广州市中级人民法院经审理认为：根据《最高人民法院关于适用〈中华人民共和国民事诉讼法〉的解释》第五百一十三条的规定，作为被执行人的企业法人符合《中华人民共和国破产法》第二条第一款规定情形的，执行法院经申请执行人之一同意，可将执行案件相关材料移送被执行人住所地人民法院进行破产审查。

依据《中华人民共和国企业破产法》第二条第一款的规定，企业法人不能清偿到期债务，并且资产不足以清偿全部债务或者明显缺乏清偿能力的，依照本法规定清理债务。

根据《中华人民共和国企业破产法》第十九条的规定，人民法院受理破产申请后，有关债务人财产的保全措施应当解除，执行程序应当中止。根据《最高人民法院关于适用〈中华人民共和国企业破产法〉若干问题的规定（二）》第五条的规定，破产申请受理后，有关债务人财产的执行程序未依照《中华人民共和国企业破产法》第十九条的规定中止的，采取执行措施的相关单位应当依法予以纠正。依法执行回转的财产，人民法院应当认定为债务人财产。

依据《中华人民共和国企业破产法》第三十八条的规定，人民法院受理破产申请后，债务人占有的不属于债务人的财产，该财产的权利人可以通过管理人取回。

根据《中华人民共和国企业破产法》第一百二十条第二款、第三款的规定，益民公司破产财产的最后分配已经完结，管理人提请人民法院裁定终结益民公司破产程序，符合法律规定，应当予以支持。

广州中院依照《中华人民共和国企业破产法》第二条第一款、第七条第二款，《最高人民法院关于适用〈中华人民共和国企业破产法〉若干问题的规定（一）》第四条第三款之规定，于2017年11月1日作出如下裁定：

受理申请人石某对被申请人益民公司的破产清算申请。

同时依照《中华人民共和国企业破产法》第二十二条，《最高人民法院关于审理企业破产案件指定管理人的规定》第十五条、第二十条之规定，作出如下决定：指定德勤华永会计师事务所（特殊普通合伙）广州分所担任益民公司管理人。

广州中院依照《中华人民共和国企业破产法》第五十八条第二款之规定，于2018年3月19日作出如下裁定：

确认潘某敏等84位职工及广州市越秀区地方税务局等660个债权人的债权（共计912720746.39元）。

广州中院依照《中华人民共和国企业破产法》第一百零七条之规定，于2018年5月14日作出如下裁定：

宣告益民公司破产。

广州中院依照《中华人民共和国企业破产法》第五十八条第二款之规定，于2018年11月21日作出如下裁定：

确认广东高明农村商业银行股份有限公司等12个债权人共计180521062.14元的债权。

广州中院依照《中华人民共和国企业破产法》第五十八条第二款之规定，于2019年2月25日作出如下裁定：

确认广州市黄埔区人民法院、张某明共计245200元的债权。

广州中院依照《中华人民共和国企业破产法》第十九条，《最高人民法院关于适用〈中华人民共和国企业破产法〉若干问题的规定（二）》第五条的规定，于2018年11月22日向广东省阳江市阳东区人民法院发出《关于对益民公司款项进行执行回转的函》，函请该院将2018年4月24日从益民公司银行账户扣划的约33326.75元执行款项全部回转，转入管理人的银行账户。

广州中院依照《中华人民共和国企业破产法》第六十四条、第一百一十五条之规定，于2019年3月6日作出如下裁定：

对债权人会议通过的《益民公司破产财产分配方案》，本院予以认可。

广州中院依照《中华人民共和国企业破产法》第一百二十条第二款、第三款之规定，于2019年10月18日作出如下裁定：

终结益民公司破产程序。

【法官后语】

益民公司破产案是目前全国涉及执行案件数量最多的“执转破”案件，是运用“执转破”机制提升审判质效的成功范本。该案的审结对有效化解“执行难”，在完善执行程序与破产程序的衔接、健全民事诉讼程序体系，运用法治手段防范和治理非金融支付风险、助力营造法治化营商环境等方面具有重要的意义。

一、执行程序与破产程序衔接，助力破解“执行难”

益民公司破产案让25638件执行案得以彻底退出执行程序，化解了约6.53亿元的债务，是以“执转破”机制破解“执行难”的成功典范。债务人益民公司的财产不足以清偿其债务，导致大量“执行不能”案件的产生，“执转破”机制让这些“执行不能”案件得以彻底终结执行程序，避免形成大量执行积案。

（一）凸显破产程序优势，化解“执行不能”案件

据统计，约有43%的执行案件属于无财产可供执行的“执行不能”案件，[①] 大量的这类执行案件沉淀在“终本案件库”中。债权得不到实现，当事人发出了“法律白条”“执行难”等责难。益民公司破产案充分凸显了破产程序在债务人无财产或其现有财产不足以清偿所有债权情形下的制度优势。

首先，益民公司破产案公平保护了所有债权人的合法权益。益民公司破产案受理后，其所有债权都视为到期，债权人均可依法申报债权和公平接受分配，对个别债权人的债务清偿被禁止。在程序设置方面，通过通知与公告、债权申报与审核、召开债权人会议、债权人表决等一系列程序，保障了债权人的知情权以及参与权。在债权清偿顺序方面，所有债权人根据其债权性质，按照法律规定的顺位，按比例公平受偿。

其次，益民公司破产案最大限度地实现了债权人的受偿利益。有别于执行程序中的个案，仅在该案执行标的范围内对被执行人现有财产进行查控，破产案件中基于破产程序概括执行的特性，可对债务人财产进行全面的清查，不限于当下且溯及既往，根据案件具体情况，灵活运用法律规定的各种财产追收和处理制度，实现偿债财产最大化。

最后，益民公司破产案体现了多元的利益保护格局。不仅公平合理地保护各类债权人、债务人、利害关系人的合法权益，而且通过市场主体退出程序，完成对违规经营企业的淘汰，维护了市场交易秩序及市场信用体系，最大限度地保护社会公共利益。

（二）精审破产繁案，应对执破衔接难题

“执转破”作为最高人民法院倡导的一项创新审判机制，[②] 法律规定较为原则，制度空白较多，可供借鉴的审判经验较少。益民公司破产案属涉及债权人人数众多、法律关系复杂的“执转破”案件，执行程序与破产程序衔接的现实问题得到集中体现，该案的审理为完善执破程序衔接制度提供了经验与思路。

---

① 数据来源于2018年10月24日最高人民法院在第十三届全国人民代表大会常务委员会第六次会议上《关于人民法院解决“执行难”工作情况的报告》。

② 2018年3月4日《全国法院破产审判工作会议纪要》第一条“破产审判的总体要求”的第四点便是“四要完善执行与破产工作的有序衔接，推动解决‘执行难’”。

例如，本案在广州地区首次采用网络形式召开债权人会议，应对债权人人数众多带来的程序难题。根据《中华人民共和国企业破产法》第六十二条的规定，第一次债权人会议由人民法院召集。根据《最高人民法院关于企业破产案件信息公开的规定（试行）》第十一条第一款的规定："人民法院、破产管理人可以在破产重整案件信息网召集债权人会议并表决有关事项。网上投票形成的表决结果与现场投票形成的表决结果具有同等法律效力。"由于本案债权人人数众多且分布全国各地，为了便于债权人行使法定权利，避免现场会议所带来的维稳隐患和安保压力，该案在破产重整案件信息网召开益民公司第一次债权人会议。会议不仅完成了法律明确规定的第一次债权人会议须进行的内容——核查债权表，而且根据具体案情周密考虑案件后续推进的需要，对财产管理及变价方案、成立债权人委员会相关事项的议案、关于以非现场形式召开后续债权人会议的提案进行了表决；表决事项设计科学合理，均获得债权人高票数通过。该次网络会议实现了议事效率高于现场会议，会务成本低于现场会议的良好效果。

又如，审视执破程序差异，穷尽对益民公司持有股权的处置方式，避免怠于履行股东清算义务的法律风险。益民公司持有5家未注销子公司的股权，在执行程序中未能予以处置，在破产程序中经过网络拍卖流拍。在执行程序中，股权仅被作为债务人财产的一种，如果无法实现偿债价值，则往往会被搁置不理，对此鲜有争议。在破产程序中，也有观点认为如果股权没有价值，管理人可以不追收；该观点依据主要为《最高人民法院关于审理企业破产案件若干问题的规定》第七十八条的规定。但我们认为，在破产程序中，需要完成对债务人的全面清理并最终注销主体，虽经公开拍卖市场检验，上述股权缺乏财产价值，但是益民公司作为其子公司的股东，依法负有清算义务。根据《最高人民法院关于适用〈中华人民共和国公司法〉若干问题的规定（二）》第十八条第一款、第二款的规定："有限责任公司的股东、股份有限公司的董事和控股股东未在法定期限内成立清算组开始清算，导致公司财产贬值、流失、毁损或者灭失，债权人主张其在造成损失范围内对公司债务承担赔偿责任的，人民法院应依法予以支持。有限责任公司的股东、股份有限公司的董事和控股股东因怠于履行义务，导致公司主要财产、账册、重要文件等灭失，无法进行清算，债权人主张其对公司债务承担连带清偿责任的，人民法院应依法予以支持。"即股东若怠于履行清算义务，则存在需对公司债务承担赔偿责任的风险。

故在益民公司持有的子公司的股权无法通过出售或转让予以处置的情况下，当该子公司已经发生解散事由却无法自行清算时，法院督促管理人向有管辖权的法院另行对该子公司提起强制清算申请，即穷尽对持有股权的处置手段，避免了益民公司怠于履行股东清算义务可能会引发的法律风险。审慎考虑执行程序与破产程序的特性差异，以及针对同一财产的执行行为与清算行为的法律后果差异，令本案破产程序对执行程序的承接更加顺畅、合法、合理。

二、执行回转与取回权制度兼采，合理界定债务人财产

债务人财产是其承担偿还债务责任的物质基础，对债权人权利实现的程度有着直接和实质的影响，故债务人财产的合理界定是破产清算程序的关键。除了常规的财产清收，本案灵活运用了执行回转制度和取回权制度，合理认定债务人财产的范围，最大限度地保障了债权人合法权益的实现。

（一）函请执行回转，维护债务人财产完整性

所谓执行回转，“系指执行完毕后，因据以执行之法律文书被撤销，而依新生效之法律文书，将债权人因执行所得之利益，返还与债务人，以回复执行程序开始前之状态而言”。[①] 根据《中华人民共和国企业破产法》第十九条的规定：“人民法院受理破产申请后，有关债务人财产的保全措施应当解除，执行程序应当中止。”《最高人民法院关于适用〈中华人民共和国企业破产法〉若干问题的规定（二）》第五条规定：“破产申请受理后，有关债务人财产的执行程序未依照企业破产法第十九条的规定中止的，采取执行措施的相关单位应当依法予以纠正。依法执行回转的财产，人民法院应当认定为债务人财产。”

由于信息共享的现实障碍，本案破产申请受理后，广东省阳江市阳东区人民法院（以下简称阳东法院）仍从益民公司的银行账户扣划了约33326.75元的执行款项，即有关债务人财产的执行程序未依照《中华人民共和国企业破产法》第十九条的规定中止，管理人遂申请广州中院予以协调解决。广州中院根据相关法律和司法解释的规定，函请阳东法院进行执行回转；阳东法院接到函件后出具了新的法律文书，将扣划款项返还给益民公司，债务人财产的完整性得到了维护。

---

① 杨与龄：《强制执行法论》，中国政法大学出版社2002年版，第660页。

（二）运用取回权制度，厘清债务人财产界限

企业破产法上的取回权，是指在破产程序中，债务人占有的不属于破产财团的他人财产，财产的权利人得不依照破产程序，直接经过破产管理人同意，将该财产取回的权利。《中华人民共和国企业破产法》第三十八条对此进行了明确规定，“人民法院受理破产申请后，债务人占有的不属于债务人的财产，该财产的权利人可以通过管理人取回”。破产取回权的权利来源，有学者称为破产取回权的“权原”,① 可能是所有权，也可能是他物权，还有可能是基于合同关系产生的债权请求权。

益民公司破产案受理后，经过管理人的清查，发现益民公司名下最大金额的财产是设在平安银行的客户备付金账户中的资金，而该账户正被监管机构人民银行通知止付。该账户资金未能在之前益民公司所涉的刑事诉讼程序和民事执行程序中予以处理，其处理问题陷入僵局。

在破产程序中，为打破僵局，顺利推进清算程序，首先要对该账户资金的性质作出认定。其一，根据《支付机构客户备付金存管办法》第二条规定，客户备付金是指支付机构为办理客户委托的支付业务而实际收到的预收待付货币资金。《非金融机构支付服务管理办法》第二十四条规定，支付机构接受的客户备付金不属于支付机构的自有财产。因此，可以认定客户备付金不属于益民公司的财产。其二，经过法院指导管理人与平安银行核对事实，经人民银行广州分行确认，可以认定由于益民公司的违规操作，益民公司在平安银行开设的客户备付金账户中存在客户备付金与其他资金混同的情况。但是，银行和管理人都无法根据现有账目和其他证据厘清客户备付金与其他资金各自的具体金额，案件推进遇到了障碍。

在上述事实和法理基础上，广州中院灵活运用破产取回权制度，通过引导和督促预付卡客户行使取回权，厘清益民公司破产财产的界限。指导管理人通知可以联系的预付卡客户，对于无法联系的客户采取公告的方式，告知相关权利人行使取回权。经过管理人对取回权申请进行审核确认后，将相应的客户备付金退还给权利人。而账户中余下的资金作为其他资金，列入益民公司的破产财产，对债权人进行分配。如此既合法合理地推进了破产清算程序，避免了大量潜在的诉讼，又平衡保

① 李永军：《论破产程序中的取回权》，载《比较法研究》1985 年第 2 期。

护了不同利益主体的合法权益，获得各方的满意。

三、人民法院与金融监管部门协作，保障金融风险治理

根据《全国法院破产审判工作会议纪要》第一条“破产审判的总体要求”的第三点要求，“要健全破产审判工作机制，最大限度释放破产审判的价值。要进一步完善破产重整企业识别、政府与法院协调、案件信息沟通、合法有序的利益衡平四项破产审判工作机制，推动破产审判工作良性运行，彰显破产审判工作的制度价值和社会责任”。具体到破产个案的审理，牵涉面甚广，法官需处理的不仅有法律问题，还有社会问题，案件的审理追求法律效果和社会效果的统一，尤其注重通过案件的审理彰显司法对社会经济发展的保障作用。在益民公司破产案中，如何平衡各方的利益诉求，维系和谐稳定的社会经济秩序，需要法院注重与金融监管部门的协作。

益民公司之前的经营活动，除发行工会优粤通卡、广州工会羊城通卡等预付卡外，还有超出人民银行颁发的《支付业务许可证》核准业务范围经营的“加油金”业务，经刑事审判认定属非法吸收公众存款的犯罪，即益民公司的经营活动既有合法的，也有违法的，涉众甚广。本案的审理既关乎众多债权人、预付卡客户的切身利益，也关乎社会经济秩序的和谐稳定。因此，在本案审理过程中，广州中院特别注重与金融监管部门的协作，以取得案件审理的法律效果与社会效果的统一。

在本案中广州中院积极与监管机构人民银行广州分行进行沟通与协调，采取了邀请其观摩网络债权人会议、组织召开协调会议商讨疑难问题、函件来往、联系人电话或微信沟通等多种方式，加强了相关信息的共享、案件进展的通报和处理思路的交流。在与金融监管部门的协作下，广州中院确定了合理运用现行法律规定和法理解决新类型问题的思路，妥善处理了预付卡客户备付金账户资金的定性与混同问题，缓解了众多“加油金”债权人的不安情绪，运用法治手段助力非金融支付风险的防范和治理，令案件的处理赢得各方的认可。

编写人：广东省广州市中级人民法院　宁建文

51

一人公司股东申请强制清算不应受理

——百汇公司申请公司清算案

【案件基本信息】

1. 裁判书字号

广东省广州市越秀区人民法院（2020）粤0104清申2号民事裁定书

2. 案由：申请公司清算纠纷

3. 当事人

申请人：百汇公司

被申请人：新体汇公司

【基本案情】

新体汇公司是一人有限责任公司，百汇公司系其唯一股东。新体汇公司因未按规定参加企业年检，于2017年1月18日被吊销营业执照。百汇公司以新体汇公司未依法及时成立清算组进行清算为由，申请法院对新体汇公司进行强制清算。百汇公司称：新体汇公司已停业多年，因百汇公司内部三名股东之间存在矛盾且有两名股东无法联系，故百汇公司无法达成股东会决议对新体汇公司进行自行清算。百汇公司还主张新体汇公司因被吊销营业执照而不适用工商简易注销程序，且存在税务罚款等，难以自行清算。另，百汇公司于2018年12月5日以公司资产不足以清偿全部债务为由向广州市中级人民法院申请破产清算，该院于2018年12月18日裁定受理百汇公司的破产清算申请，并经摇珠程序指定百汇公司管理人。

【案件焦点】

百汇公司作为新体汇公司唯一股东，申请强制清算新体汇公司是否符合受理条件。

【法院裁判要旨】

广东省广州市越秀区人民法院经审理认为，《最高人民法院关于适用〈中华人民共和国公司法〉若干问题的规定（二）》第七条第三款将公司股东规定为可以提出公司强制清算申请的权利主体，主要是考虑到在司法实践中存在着由于股东之间矛盾深刻或者公司为控制股东所操控而在解散之后公司无法自行清算等情形，这将对公司其他股东的利益造成严重损害，因此赋予公司股东一种法律救济手段。本案中，新体汇公司仅有一名股东，并不存在股东之间矛盾导致公司难以自行清算的情形。百汇公司提到因其自身的三名股东存在矛盾，导致无法就新体汇公司清算一事达成一致意见的问题，由于百汇公司已进入破产清算程序，根据《中华人民共和国企业破产法》第二十五条的规定，管理人履行管理和处分债务人财产的职责，因此，百汇公司管理人有权决定对新体汇公司进行清算。关于百汇公司提到新体汇公司不适用工商简易注销程序且必须补齐税务资料、解除锁定、接受税务罚款等问题，并不属于无法排除的客观障碍。百汇公司作为新体汇公司的清算义务人，完全可以自行对新体汇公司进行清算。故裁定如下：

对百汇公司的申请不予受理。

百汇公司未上诉。

【法官后语】

公司法及相关司法解释未对一人有限公司的清算作出特别规定。《最高人民法院关于适用〈中华人民共和国公司法〉若干问题的规定（二）》第七条第三款规定，在债权人未提起申请时，公司股东可以向法院申请强制清算。但该规定不应适用于一人有限公司，理由如下：

1. 从强制清算制度设计目的角度考虑。公司解散后，公司原则上应当自行组织清算。强制清算的立法目的是在公司自行清算无法启动或者不能达到目的时，通过公权力的介入来启动解散清算，从而避免申请人合法权益或社会经济秩序遭到损害。此处的“无法启动”和“不能达到目的”强调的是申请人无法控制和排除的客观障碍，而非主观上的不愿意。

2. 从股东作为申请主体的目的角度考虑。债权人作为公司外部人员，往往难以掌握公司内部的账册等资料，所以法律赋予债权人申请司法强制清算的权利是一种必要的救济手段。股东作为公司的内部人员和清算义务人，一般情况下并不会面临债权人的困境。将公司股东列为强制清算申请主体是基于一种特殊情形而设立的特殊规则，这种特殊情形就是公司内部股东之间存在深刻矛盾导致无法正常成立清算组自行清算。在一人有限公司的语境下，不存在股东之间的矛盾，故不应适用该特殊规则。

3. 从公司自治原则的角度考虑。公司是股东自治的产物，公司的管理、运营均属于公司自治范畴，司法介入只能是对公司自治机制的补充和救济。[①] 法院对公司内部事项应采取慎重态度，坚持穷尽内部救济原则，这一原则同样适用于公司的清算。“只有当‘法庭外’的清算活动出现法定障碍，或自行清算主体出现破产事由时，法院才能依当事人的申请启动清算程序……以‘法庭内’的司法审查弥补‘法庭外’的主体利益失衡。”[②] 本案中，公司内部自治手段并未穷尽，自行清算是可行的，如果法院受理强制清算申请，就违反了公司自治和公权力有限介入的原则。

4. 从利益衡平的角度考虑。司法资源具有稀缺性，必须保证司法资源高效利用才能维护纳税人整体利益。[③] 因此法院在受理强制清算申请前需要考虑，申请人所面临的困难是否已经达到必须司法强制力介入的程度，以及受理该申请所带来的利益是否高于国家为此付出的成本？在本案中这两个问题的答案都是否定的。同时，司法除了实现个案的公平正义之外，还具有普遍的行为引导和教育意义。有限责任公司股东在公司出现解散事由时负有法定的清算义务，一人有限公司的股东更加责无旁贷，法院不应允许股东通过申请强制清算来减轻或逃避其自身的清算义务。

值得注意的是，对股东申请强制清算的限制并不等同于对一人有限公司进入司法强制清算程序的限制，一人有限公司的债权人在符合法定条件时有权提出强制清算申请，法院应予受理。除非该债权人同时又是一人公司的股东，则本文所述股东

---

① 刘德权主编：《最高人民法院司法观点集成商事卷》，人民法院出版社 2014 年版，第 1 页。

② 李曙光：《论我国市场退出法律制度的市场化改革——写于〈企业破产法〉实施十周年之际》，载《中国政法大学学报》2017 年第 3 期。

③ 常怡、黄娟：《司法裁判供给中的利益衡量》，载《中国法学》2003 年第 4 期。

应受到的限制对其仍然适用。对于其他类型公司，尽管其股东人数多于一人，但法院在审查股东提起的强制清算申请时，仍应考察自行清算是否遭遇客观障碍、司法强制力是否有介入的必要等问题，而非局限于审查股东资格。

在国家主导大力推进“僵尸企业”出清的过程中，恰当的司法服务和保障确有必要，但认真思考如何建立有序的长效机制比无原则、“运动式”地动用司法资源提供便利更为重要。现行公司法及其司法解释强调不当清算、恶意清算后的责任承担问题，但对于不及时清算的责任承担规定较少。实践中，《最高人民法院关于适用〈中华人民共和国公司法〉若干问题的规定（二）》第十八条在具体适用中存在因果关系认定、举证责任分配等难点，而且对于因部分股东原因造成未及时清算导致其他股东损失如何救济的问题也未予明确，值得进一步研究探讨。

编写人：广东省广州市越秀区人民法院　廖嘉娴

52

公司解散之诉中实质性要件的判定

——上海伟仁公司诉景德镇汉光公司等公司解散案

【案件基本信息】

1. 裁判书字号

江西省高级人民法院（2020）赣民终444号民事裁定书

2. 案由：公司解散纠纷

3. 当事人

原告（被上诉人）：上海伟仁公司

被告（上诉人）：景德镇汉光公司

第三人：上海汉光公司、上海安济公司

【基本案情】

2012年4月18日，景德镇汉光公司、上海汉光公司、黄某、上海伟仁公司、上海安济公司签订《江西景德镇汉光陶瓷项目合作协议书》，约定：景德镇汉光公司通过《股东会决议》同意上海汉光公司、黄某将其持有景德镇汉光公司的共49%的股权分别转让44%给上海伟仁公司、5%给上海安济公司；景德镇汉光公司注册资本由1000万元人民币增资至6000万元，公司治理结构为股东会、董事会、监事会等。2014年底景德镇汉光公司进行生产，2015年10月停产，期间并无盈利。停产后，公司被列入经营异常名录，厂房土地被拍卖、员工相继遣散及面临大量诉讼。2017年9月20日，景德镇汉光公司形成股东会决议，同意成立公司资产核查工作小组，核查公司资产、制定资产处置草案供股东审议等。2017年11月1日，景德镇汉光公司形成临时股东会决议，内容涉及对公司的生产设备、办公设备等资产进行处置等。上海汉光公司、上海伟仁公司、上海安济公司作为股东在景德镇汉光公司停产之后，相互间发生矛盾，彼此互不信任，上海伟仁公司主张2016年11月4日形成的所涉罢免李某董事长职务、成立董事会工作组的临时董事会决议及上海汉光公司主张2016年11月12日形成的所涉选举李某等担任董事，组成新一届董事会的临时股东会决议均具有效力，但上海伟仁公司、上海汉光公司对上述各自所主张的决议彼此间互不认可，决议内容实际也未执行。在本案调解时，上海伟仁公司表明不同意调解，不同意收购上海汉光公司股权，也不同意上海汉光公司收购其股权，上海安济公司亦表明不同意调解，坚持依法解散公司。

【案件焦点】

上海伟仁公司诉请解散景德镇汉光公司的条件是否成就。

【法院裁判要旨】

江西省景德镇市中级人民法院经审理认为：本案是公司解散纠纷，属变更之诉。公司作为市场经济的主体，参与及退出市场经济活动均需遵循法律规制。1. 关于上海伟仁公司是否具有提起公司解散之诉的主体条件。上海伟仁公司是通过2012年4月18日签订《江西景德镇汉光陶瓷项目合作协议书》，以股权转让和增资形式，出资2640万元取得景德镇汉光公司44%股权，2013年7月20日的《江西景德镇汉光陶瓷有限公司章程》及景德镇汉光公司“企业信用信息公示报告”中载明内容对上海伟仁公司所占上述股权比例亦作出确认。故上海伟仁公司符合提起解散公司诉讼占股比例股东的要求，其具有主体条件。2. 关于景德镇汉光公司是否存在经营管理发生严重困难，继续存续会使股东利益受到重大损失问题。首先，即使包括上海伟仁公司、上海汉光公司互不认可的2016年11月4日临时董事会决议、2016年11月12日临时股东会决议在内，景德镇汉光公司最后一次所作决议即2017年11月1日临时股东会决议的时间至今已届二年以上，此后该公司并未召开并作出股东会或董事会决议；其次，不仅在景德镇汉光公司2015年10月停产之后，其股东上海汉光公司、上海伟仁公司、上海安济公司发生矛盾，彼此互不信任。而且景德镇汉光公司董事组成即4名董事是由上海汉光公司推选、3名董事是上海伟仁公司推选，而根据公司章程规定，对公司的经营计划的投资方案、制定公司的年度财务预、决算方案、制定公司的利润分配方案和弥补亏损方案事项的决定须经三分之二以上的董事同意；再次，从公司现行状况来看，景德镇汉光公司自2015年10月停产后未恢复生产，公司无盈利，员工相继遣散，公司自2015年7月10日至2017年7月6日及2018年7月5日至今被列入经营异常名录，且自2016年起，景德镇汉光公司爆发大量诉讼纠纷，公司位于景德镇城区三宝村的土地使用权及地上附着物亦被司法拍卖。因此，作为经营范围具有制造功能的景德镇汉光公司已丧失进行生产的基本物质、人员基础，公司所存的严重经营管理困难是显而易见的，公司已不能使股东投资获得回报收益，相反继续存续只会使股东尤其是上海伟仁公司、上海安济公司的利益受损。承上，可以认定景德镇汉光公司存在经营管理发生严重困难，继续存续会使股东利益受到重大损失问题。3. 关于是否具有其他途径可以解决景德镇汉光公司存在经营管理发生严重困难问题。一方面，景德镇汉光公司股东间存在矛盾，彼此互不信任，公司董事亦是上海汉光公司、上海伟仁公司分别推选，庭审中上海安济公司坚持依法解散公司，上海伟仁公司也表明不同意收购上海汉光公司股权，也不同意上海汉光公司收购其股权，且公司股东间矛盾存在时间较长，期间过程并未弥合，相反不断加深，经做调解工作亦难以协调各方分歧；另一方面，从景德镇汉光公司股东上海汉光公司、上海伟仁公司、上海安济公司均认可并形成有效的股东会决议内容来看，2016年9月2日的临时股东大会决议，内容所涉股东同意对持有公司的股份或资产进行处置，转让给景德镇珠山区政府或政府平台单位等，2017年11月1日的临时股东会决议，内容所涉对公司的生产设备、家具、办公设备等资产进行处置等。亦即一定程度上，景德镇汉光公司各股东在处置公司股份、资产，终止合作上形成了合意；再者，上海汉光公司作为景德镇汉光公司最大占股比例股东，其经营期限自2018年12月7日届满，上海市第二中级人民法院于2019年11月11日已判决维持撤销该公司经营期延长的临时股东大会决议，该公司即将面临解散，由其完成对景德镇汉光公司其他股东股权的收购亦不现实。而景德镇汉光公司经营管理发生严重困难，也无盈利，并深陷诉讼纠纷之中，由其回购上海伟仁公司、上海安济公司股权实无可能。是故，可以认定现已无其他途径可以解决景德镇汉光公司存在经营管理发生严重困难问题。综上，上海伟仁公司诉请解散景德镇汉光公司的条件成就，遂判决解散景德镇汉光公司。

一审宣判后，景德镇汉光公司提出上诉，因未在指定期限内预交上诉费，江西省高级人民法院作出裁定，按自动撤回上诉处理。

【法官后语】

本案争议焦点在于评判涉讼公司是否符合司法解散的实质性要件，即是否满足“公司经营管理发生严重困难”、“继续存续会使股东利益受到重大损失”、“通过其他途径不能解决”。《中华人民共和国公司法》第一百八十二条确立了公司司法解散制度及相应的条件，《最高人民法院关于适用中华人民共和国公司法若干问题的规定（二）》第一条进一步列明了“公司经营管理发生严重困难”的三种具体情形，具体审判实践中对公司解散条件的理解与适用仍有不少争议，有必要深入讨论，形成统一裁判标准。

一、“公司经营管理发生严重困难”的界定

《中华人民共和国公司法》第一百八十二条规定的“公司经营管理发生严重困难”是诉请解散公司的核心要件。通常而言，经营管理困难可区分为外部经营困难与内部管理困难两个方面。经营困难主要是指公司与外界的交易发生严重困难，出现公司生产经营状况恶化、严重亏损等情况，其原因包括经营者管理不善、外部市场环境恶化等，是一种商业经营上的困难；管理困难则主要是指因公司的股东会、董事会或者监事会等公司管理机构发生严重问题导致公司内部权力运行机制失灵，经营决策无法形成即公司僵局。《最高人民法院关于适用〈中华人民共和国公司法〉若干问题的规定（二）》第一条对“公司经营管理发生严重困难”作了进一步列明，并概述了主要情形，包含股东会僵局、表决僵局、董事会僵局。如此，经营管理发生严重困难应着重落脚于公司内部管理方面，需更侧重于从公司的“人合性”角度分析公司治理机构的运行状态，而公司外部的经营情况则是作为兼顾因素考虑。如公司股东会、董事会运转失灵或结构性瘫痪，难以形成有效决议，公司内部管理障碍严重，已经陷入僵局等，可认定公司经营管理发生严重困难条件成就，而公司实际并无生产经营，资金缺乏可以作为关联因素一并考量。本案中，上海伟仁公司在诉称景德镇汉光公司内部经营管理发生严重困难时即有股东会、董事会运转失灵，也有景德镇汉光公司外部资金缺乏、严重亏损。裁判文书在说理时着重强调公司股东会、董事会僵局、表决僵局导致公司经营管理发生严重困难，而资金缺乏、严重亏损等外部经营情况仅是对内部股东会、董事会僵局的补强。

二、“继续存续会使股东利益受到重大损失”的认定

法院在判定“股东利益受到重大损失”时，可以从股东目的无法实现角度来界定。结合相关的理论与实践，可从以下方面把握：首先，股东利益涉及公司管理控制权益与财产收益权益，公司内部管理严重困难通常存在股东会、董事会僵局、表决僵局等，公司内部管理严重困难并不直接导致股东财产利益受损，其是通过导致股东管理控制权益受损进而影响股东财产利益的。而股东利益受损应更强调的是将来、可能、间接、整体、全面的损害，公司是股东及利益相关者之间的一种长期性契约安排，股东既然可以基于获取股利等一定的目的成立公司，如果情势发生重大变更，导致股权难以行使、期待利益落空，股东当然有权解除关系性契约而请求退出公司。因此，在评判继续存续会使股东利益受损时不应仅审查现实利益受损，更应强调未来利益受损，也就是“期待利益落空”；其次，认定“股东利益受到重大损失”可以从股东目的无法实现角度来理解。“股东利益受到重大损失”虽没有明确具体的界定标准，但可从“合理期望利益落空”理论来研判。合理期望理论其实是股东增强信义义务理论的一种变种，因为股东能够合理期望的权利内容其实就是多数股东对少数股东信义义务的边界。且股东合理期望理论不能是单方面、私下的期望，而应是合理的为其他出资方所事先知晓和同意，是结合案件案情去假设公司在创办之初，各方如果对股利分配、高管任免等事项进行讨价还价，出资各方将会达成怎样的协议与共识，是发现公司合同所未涵盖但各方已经同意隐含的内容。本案上海伟仁公司以股权转让和增资形式成为景德镇汉光公司股东，在没有证据表明上海伟仁公司还有其他出资目的外，上海伟仁公司出资最基本的合理期待利益即为盈利，这是出资各方可达成的最基本共识。上海伟仁公司在2012年4月18日出资

2640万受让股权持有景德镇汉光公司44%股权，2014年年底公司进行生产，2015年10月公司停产，面临大量诉讼，股东会、董事会僵局、表决僵局，公司无盈利、员工相继遣散，公司自2015年后被列入经营异常名录，公司厂房土地被拍卖，这些显示景德镇汉光公司持续亏损，没有经营盈利能力，公司僵局难以破解，无法从根本上解决经营困局，上海伟仁公司盈利目的无法实现，合理期待利益落空。

三、“通过其他途径不能解决”的审查

公司司法解散是一种较为严厉的司法救济措施，不应轻易赋予股东通过司法程序强制解散公司的权利，“其他途径”即指解散公司以外的其他途径，也即维持公司的一切合法手段。具体在审查“通过其他途径不能解决”时需注重精准理解和综合判断：一是穷尽其他途径并非公司解散的前置程序。《中华人民共和国公司法》第一百八十二条规定的通过其他途径不能解决，该条件设立的目的系防止中小股东滥用公司司法解散制度，鼓励当事人通过其他非诉讼途径解决僵局，但若将该条件理解为公司解散的前置程序则存在不当。该条设置的目的实为一种导向性的指引，是寄希望于公司能够通过公司自治等方式解决股东、董事之间的僵局，从而改变公司瘫痪的状态，在性质上应当是一种引导当事人之间进行合意性解决僵局的尝试。因此，将用尽其他途径认定为前置程序，若未予履行则不能予以受理或者不支持解散公司的请求，此种理解则即背离了方向。二是“通过其他途径不能解决”中的“其他途径”从立法本意分析显然是希望争议各方通过协商、和解等非诉讼手段维持公司存续。但在司法实践中，原告是无法穷尽证明不能解决，原告只要尽到一般证明责任即可，被告如有异议，由被告举证，举证不能，被告就应承担不利后果，法院在审查是否还有其他途径时应注重从当事人举证与审理中各方调解态度来判断。对公司僵局处理不必然以穷尽所有救济方式为前提。从立法目的的角度考虑，《中华人民共和国公司法》第一百八十二条规定的通过其他途径不能解决主要有两个目的，第一目的如上文言，系防止中小股东滥用公司司法解散制度，鼓励当事人通过其他非诉讼途径解决僵局。第二个目的是为使法院审慎适用强制手段解散公司。但这两个目的并不意味着要求对公司僵局处理必须以穷尽其他救济途径为前提。为此《最高人民法院关于适用〈中华人民共和国公司法〉若干问题的规定(二)》第五条明确规定：当事人不能协商一致使公司存续的，人民法院应当及时判决。如若被解散公司的股东彼此间不愿意收购各自股份或不愿解散公司的股东虽表示愿意收购诉请解散公司股东的股份，但经法院审查其已无力收购，可认定构成“通过其他途径不能解决公司经营管理发生严重困难”情形；三是基于法理而言，公司通常都集有有人合性与资合性两大特点，公司陷入僵局，人合性基础便不存在。公司此时进行自力救济就很大程度依赖资合性，使争议一方以合理方式退出公司，而退出的方式一般为减资或收购股权。具体到本案，各方股东不仅减资与收购可能性不存在，而且已经丧失了人合性基础，调解协议已无可能。首先，景德镇汉光公司共三名股东：上海汉光公司、上海伟仁公司、上海安济公司。上海伟仁公司、上海安济公司均要求解散公司，上海伟仁公司明确表态不愿上海汉光公司收购其股权，也不愿收购上海汉光公司股权。其次，不同意解散公司的股东上海汉光公司也即将面临解散，其无力去收购其他股东股权。本案法院在审理过程中，多次主持要求各方调解均失败。事实上景德镇汉光公司僵局无法通过其他途径解决，其已具备解散的条件。

编写人：江西省景德镇市中级人民法院　欧阳国　王乘

十、公司证照返还纠纷

53

"人人争夺"时如何确定公司的诉讼代表人

——北京飞腾公司诉李某国、环亚律师所公司证照返还案

【案件基本信息】

1. 裁判书字号

北京市第三中级人民法院（2019）京03民终14704号民事判决书

2. 案由：公司证照返还纠纷

3. 当事人

原告（上诉人）：北京飞腾公司

被告（上诉人）：李某国、环亚律师所

【基本案情】

怀柔县建筑开发公司经企业改制为北京飞腾公司，注册资本2588万元，工商登记中显示的法定代表人为李某珍。2000年12月28日的公司章程和2007年1月17日的章程修正案均规定，公司董事长为公司的法定代表人。2013年8月17日和9月2日，李某珍在董事会、班子会上明确提出辞去公司法定代表人、董事长职务，并于9月4日向公司提交了《辞职报告》。2013年9月17日，北京飞腾公司召开董事会、班子会，决议同意李某珍辞去董事长职务，并选任李某国代理董事长职务，行使法定代表人权利。该决议于2018年2月经生效判决认定为不成立。

2013年9月17日，北京飞腾公司向其财务部发出《通知》，要求将财务印鉴

移交环亚律师所保存。同日，移交人孙某臣将公章印模交由接交人吕某茂。2013年10月22日，陶某玲将公司的银行开户许可证、企业法人营业执照正副本、组织机构代码证正副本、地税税务登记证正副本、国税税务登记证正副本交由接交人李某国，孙某臣为监交人。2014年7月23日，环亚律师所向北京市工商行政管理局怀柔分局出具《证明》，认可自2013年10月9日北京飞腾公司的上述章照及财务章、法人人名章由其保存。北京飞腾公司在2013年9月17日前设置综合办公室，办公室主任是孙某臣，陶某玲是综合办公室项下管理人力、劳资方面的工作人员。

李某珍在2014年8月7日被刑事羁押并于2016年11月23日无罪释放。

2018年3月8日，李某珍代表北京飞腾公司提起本案诉讼，要求李某国、环亚律师所返还公司章照。

2018年3月16日，北京飞腾公司通过董事会决议，选举李某国担任董事长，同时履行法定代表人权利。该决议经生效法律文书被确认无效。同日公司通过董事会决议，委托环亚律师所保管北京飞腾公司证照、印章，该决议经生效法律文书判决被撤销。

2019年2月26日，公司召开班子会，通过决议，其中包括第一项，推选李某国担任北京飞腾公司负责人，主持全面经营工作；第二项，对北京飞腾公司原委托环亚律师所证照、公章、合同等自2019年2月26日起，继续由环亚律师所按过去流程托管管理。

【案件焦点】

1. 李某珍是否具有代表北京飞腾公司提起本案诉讼的诉讼代表资格；2. 李某国、环亚律师所应否将涉案章照返还给北京飞腾公司。

【法院裁判要旨】

北京市怀柔区人民法院经审理认为：北京飞腾公司截至本案终结辩论程序前并未选举出合法有效的董事长任职法定代表人。李某珍虽在2013年申请辞去董事长职务，但在北京飞腾公司未选举出新的董事长就任法定代表人之前，李某珍仍应当履行原董事长职务。而2000年12月28日的北京飞腾公司章程和2007年1月17日的章程修正案规定，北京飞腾公司的董事长兼任公司的法定代表人，基于李某珍履行原董事长职务这一前提，北京飞腾公司的法定代表人仍应当是李某珍，李某珍为公司的诉讼代表人。

北京飞腾公司与环亚律师所于2013年9月17日、2013年10月22日之后形成对公章和证照的事实保管法律关系。虽2018年3月16日涉及章照继续保管的董事会决议被撤销，但不会直接对已经存在的法律关系产生影响。2019年2月26日班子会作出的决议非代表公司意志，故班子会关于章照继续保管的决议对已经存在的保管法律关系亦不产生影响。李某珍代表北京飞腾公司主张返还公司章照，是对保管物的取回，法律后果为保管合同关系解除，故环亚律师所应将公章证照返还。李某国非保管合同相对方，且无证据显示李某国或环亚律师所持有另两枚李某珍法人人名章。

北京市怀柔区人民法院依照《中华人民共和国民法总则》第六十一条，《中华人民共和国公司法》第四十五条，《中华人民共和国合同法》第三百七十六条第一款、第三百七十七条，《中华人民共和国民事诉讼法》第四十八条第二款之规定，作出如下判决：

一、确认北京飞腾公司与环亚律师所之间的保管合同关系于2019年9月20日解除；

二、环亚律师所于本判决生效后七日内向北京飞腾公司返还公司公章、合同专用章、财务章、一枚李某珍法人人名章、营业执照正副本、组织机构代码证正副本、税务登记证正副本、银行开户许可证；

三、驳回北京飞腾公司其他诉讼请求。

北京飞腾公司、李某国、环亚律师所不服一审判决，提出上诉。北京市第三中级人民法院同意一审法院裁判意见，遂驳回上诉，维持原判。

【法官后语】

本案虽为公司证照返还纠纷，但实际上是公司股东之间争夺控制权而衍生的诉讼。本案需要解决的先决问题，恰恰是工商登记的法定代表人和公司选任的法定代表人不一致时，以及原法定代表人已经辞任，新法定代表人尚未产生时，谁能够代表公司行使诉讼权利、实施诉讼行为。

一、工商登记的法定代表人和会议选任的法定代表人不一致时，如何确定公司的诉讼代表人

法定代表人是指依照法律或者章程规定，代表法人行使民事权利，履行民事义务的主要负责人。法人本属法律拟制的人，法定代表人制度有效构筑了法人意志通过自然人实施的路径。公司法定代表人是独任制公司机关，是法人的诉讼意志代表主体，具备对外代表公司作出意思表示的法定职能。《中华人民共和国公司法》第十三条规定，公司法定代表人依照公司章程的规定，由董事长、执行董事或者经理担任，并依法登记。公司法定代表人变更，应当办理变更登记。《中华人民共和国民事诉讼法》第四十八条规定，法人由其法定代表人进行诉讼。也就是说法定代表人有权直接代表公司提起诉讼或者应诉，其所为的诉讼行为，法律后果归属于公司。

本案中，工商登记的法定代表人与公司通过会议选任的法定代表人非同一人，涉及"人人争夺"型的公司控制权争夺纠纷。此时，如果不涉及外部第三人信赖利益问题，法院对于谁能代表公司进行诉讼这一问题进行审查时，应当遵循实质审查的原则。即当公司通过法定程序选举出了合法有效的董事长兼任法定代表人时，即使工商登记的法定代表人与实际新选任的法定代表人不一致，也应当按照实际新选任的法定代表人确定。

但是在本案中，涉及新董事长、新法定代表人选任的各种决议，均被判定为不成立、无效，从公司法层面不能产生选举出新法定代表人的法律效果。因此如果没有选任出合法有效的新法定代表人，则仍应当由原法定代表人履行职责。

二、原董事长已辞职，公司尚未选举出新的合法董事长兼任法定代表人时，如何确定公司的诉讼代表人

《中华人民共和国公司法》第四十五条规定，董事任期届满未及时改选，或者董事在任期内辞职导致董事会成员低于法定人数的，在改选出的董事就任前，原董事仍应当依照法律、行政法规和公司章程的规定，履行董事职务。董事与公司之间，从民事法律关系上定性为委托合同关系，董事和公司均可以随时解除合同关系，但是由于公司作为一个独立的法人主体，董事不仅是拥有权利，更为重要的是应当履行董事对公司的信义义务。虽然董事可以基于自身辞职而导致委托合同关系解除，但是在公司并未选举出新的董事之时，原董事基于信义义务也应当履行相应

职责。尽管上述条文仅规定了董事，但是董事长作为由董事会选举产生，享有更多权力和负有更多义务的公司职能部门，其职责的重要程度远重于一般董事，举轻以明重，上述法律规定完全可以扩张适用至董事长。故只要公司尚未选举出新的合法董事长兼任法定代表人，原董事长即便已经辞职，其仍应当基于信义义务履行董事长职责，作为公司法定代表人代表公司履行诉讼权利，承担诉讼义务。

编写人：北京市怀柔区人民法院　张泽华

十一、与公司有关的纠纷

54

董事辞职的权利及其行使

——刘某云诉天易公司请求变更公司登记案

【案件基本信息】

1. 裁判书字号

北京市通州区人民法院（2019）京0112民初14649号民事判决书

2. 案由：请求变更公司登记纠纷

3. 当事人

原告：刘某云

被告：天易公司

【基本案情】

天易公司成立于2004年，为非上市、自然人投资或控股的股份有限公司，公司注册资本为人民币8514万元。《公司章程》第九十一条规定：董事由股东大会选举或更换，任期3年。董事任期届满，可连选连任。董事在任期届满以前，股东大会不得无故解除其职务。第九十五条规定，董事可以在任期届满以前提出辞职。董事辞职应向董事会提交书面辞职报告。如因董事的辞职导致公司董事会低于法定最低人数时，辞职报告应当在下任董事填补因其辞职产生的空缺后方能生效。在改选出的董事就任前，原董事仍应当依照法律、行政法规、部门规章和本章程规定，履行董事职务，但公司应当在2个月之内完成新任董事的改选或补选。除前款所列情形外，董事的辞职报告于送达董事会时生效。

2017年9月6日，天易公司召开股东会，刘某云被选举为公司第二届董事会董事，任期三年。2018年12月5日，刘某云向董事会提交《辞职报告》，申请辞去公司董事职务。2018年12月21日，公司召开2018年第四次临时股东大会，审议通过了选举新董事的议案，免除了刘某云的董事职务。后因股东大会该项议案的召集程序违反公司章程规定，股东大会形成的该项决议被法院依法予以撤销。2019年9月20日，公司在报纸发布通知公告后召开2019年第三次临时股东大会，决议增补新的董事。

刘某云向本院提出诉讼请求：1. 判令天易公司在工商登记机关办理刘某云董事职务的变更登记手续；2. 本案诉讼费用由天易公司承担。

【案件焦点】

刘某云辞去董事的《辞职报告》是否生效及天易公司是否应当办理工商登记变更。

【法院裁判要旨】

北京市通州区人民法院经审理认为，股份公司的章程对董事辞职作出相应的规定。刘某云向天易公司董事会提出辞职申请，天易公司依据法院生效裁判文书要求，于2019年9月20日召开临时股东大会并增补新董事。按照公司章程的规定，刘某云的辞职申请已生效。股份公司理应及时进行工商登记信息变更。

北京市通州区人民法院依照《中华人民共和国公司法》第十二条、第十三条之规定，判决天易公司于判决生效之日起30日内到工商登记机关办理刘某云董事职务的变更登记手续，涤除刘某云作为天易公司董事的登记事项。

双方均未提起上诉，该判决现已经生效。

【法官后语】

《最高人民法院关于适用〈中华人民共和国公司法〉若干问题的规定（二）》第十八条明确有限公司董事作为清算义务人的对公司债务的赔偿责任后，清算责任成为悬在董事头上的一把利刃。辞职成为董事避免清算责任的可行途径。审判实践中，董事特别是仅仅挂名而不实际承担管理责任的董事通过辞职方式要求公司进行登记变更的诉讼案件日渐增多。董事辞职在法律上如何认定成为审判实践中热点和难点问题。

一、董事是否有权辞职

我国公司法对公司内部组织机构采取了股东会、董事会和监事会的设置模式。董事会由董事组成，代表公司行使经营决策权、执行权与监督权。董事的权利义务决定于公司与董事之间的关系，董事辞职的权利也以董事与公司之间的关系为基础。

首先，董事是董事会的组成人员，是担任公司董事职位的人。可见，董事是公司的一种职位，任何位居该职位的人均被称为董事。作为一种职位，董事除受到公司章程、法律规定的任职资格限制外，并没有任何法律规定可以强迫任何人担任该职务。无论任期是否届满，董事可随时提出辞职。虽然公司法没有单独列明董事辞职的权利，但《中华人民共和国公司法》第四十五条第二款“董事任期届满未及时改选，或者董事在任期内辞职导致董事会成员低于法定人数的，在改选出的董事就任前，原董事仍应当依照法律、行政法规和公司章程的规定，履行董事职务”的规定可以确定董事在任期内享有辞职的权利。

其次，董事辞职的基础源于董事与公司之间的关系。学理上关于董事与公司之间的关系众说纷纭，我国公司法没有对此进行明确界定。由《中华人民共和国公司法》第三十七条第一款第（二）项、第九十九条的规定可知，股东会或股东大会选举和更换非由职工代表担任的董事。公司与董事之间的关系依据股东大会的选任决议和董事本人答应任职而成立。据此，董事因股东会的委任而通过董事会行使对公司事务的经营决策权、执行权和监督权，董事受托处理公司事务。在这一层面而言，公司与董事之间是委托合同关系。委托双方依照《中华人民共和国合同法》第四百一十条之规定享有任意解除权。在法律和公司章程没有相反或限制性规定的情况下，无论任期是否届满，董事可以随时辞职，公司也可以随时解除董事职务。

最后，董事辞职区别于普通员工辞职，其辞职权利会受到公司章程和法律法规的特别规制。一般而言，董事辞职是单方民事法律行为，依据董事对公司的单方意思表示而发生效力，无须公司批准。但是，董事辞职可能带来董事会、股东会无法召开进而影响公司正常运转的后果。同时，董事作为公司重要事务的建议者、决策者、执行者，是核心事项、商业机会及秘密等的知情者，其辞职可能给公司带来不确定的风险或损失。董事辞职的特殊性要求辞职权利被合法限制，因此，公司可通过章程对辞职的程序、生效条件作出限制性规定，法律也明确规定董事辞职的“后合同义务”，即在董事辞职导致公司董事低于法定最低人数时，公司有权要求原董事在过渡期间继续履行董事职务。这不意味着董事辞职需要经过董事会或者股东会的同意，而是出于董事人数法定、维持公司运营、保护公司正当权益的考虑。需要注意的是，依据《中华人民共和国公司法》第一百八十三条的规定，股份有限公司的董事被要求担任清算组成员的，在其履行完毕清算义务之前不得辞职。

二、董事辞职权利的行使

董事在任期内可以单方提出辞职，无须公司的批准和同意，但应当通知公司，否则其辞职无法产生相应的法律效力。这涉及董事辞职权利的行使问题。

第一，辞职如何通知。由于董事辞职对公司治理和运营影响较大，原则上应当以辞职报告书的形式书面通知。如果在股东会、董事会会议上口头提出辞职，公司股东会或者董事会决议批准，可以认为已通知公司。

第二，辞职向谁通知。董事辞职应该向董事会还是股东大会提出在理论和实践上存在争议。一般而言，董事会作为公司的常设机构，处理公司内部与外部的日常活动，可以方便董事行使辞职的权利，也使得公司较快处理经营管理主体的变更所带来的问题。董事辞职通知董事会，董事会通过一定形式告知全体股东，方便董事办理辞职后续手续，符合便捷效率原则。如董事辞职导致公司董事人数低于法定最低人数，也应由董事会召集股东会会议及时增补选任。

第三，辞职何时生效。董事的辞职权是形成权，其特点就在于不需要相对方同意。在法律和公司章程没有相反规定的情况下，董事辞职一般应于董事辞职书送达公司董事会（包括董事长或者执行董事或者董事会秘书）时发生法律效力。法定代表人依法代表公司，其认可收到董事辞职书，董事辞职生效。公司在制定章程时明确约定董事辞职需要经过董事会或者股东会的同意，董事将辞职报告递交董事会仅产生通知效力，董事辞职在股东大会或者董事会同意时生效。需要注意的是，《中华人民共和国公司法》第四十五条第二款关于董事“延期离职”而继续履行董事职务，仍属于董事辞职报告通知董事会即已发生法律效力的情形。

本案中，天易公司为股份有限公司，按照法律规定，其董事会由 5 ~ 19 人组成。公司于 2017 年 9 月 6 日形成的股东会决议确定公司董事为 7 人，任期三年。公司章程明确了董事辞职的权利，同时对董事辞职后导致董事人数低于法定最低人数时辞职的效力做出了规定。刘某云在任期内提出辞职，公司认可收到刘某云的辞职报告。刘某云辞职并未导致公司董事人数低于法定最低人数，其《辞职报告》在2017年9月6日即已经发生法律效力。天易公司理应办理涤除刘某云为董事的工商变更登记。

编写人：北京市通州区人民法院 智耀军 秦运瑞

55

股份回购条件在对赌协议约定不明时的理解与认定

——九江九鼎中心诉谢某与公司有关的纠纷案

【案件基本信息】

1. 裁判书字号

北京市第三中级人民法院（2019）京03民终9876号民事判决书

2. 案由：与公司有关的纠纷

3. 当事人

原告（上诉人）：九江九鼎中心（有限合伙）

被告（被上诉人）：谢某

【基本案情】

2011年7月1日，九江九鼎中心（甲方）、吉芬有限公司（乙方）与谢某签订《增资扩股协议》《补充合同》，约定：各方致力于实现乙方股票公开发行上市，甲方增资3374万元。乙方承诺在签订协议后尽快完成符合上市公司标准的股份制改造及工商变更，尽快启动在境内公开发行股票并在证券交易所上市的工作，尽力在2014年6月30日前完成A股市场上市申报并获受理。除非甲方另以书面形式延长，如果乙方2014年6月30日前未提交发行上市申报材料并获受理，或者2014年12月31日前没有完成挂牌上市，甲方有权选择在任一情况出现后要求乙方购买甲方股权。九江九鼎中心支付3374万元增资款后成为吉芬有限公司股东。

2014年3月14日，吉芬有限公司变更为吉芬股份公司。吉芬股份公司召开董事会及股东大会，通过《关于申请公司股票在全国中小企业股份转让系统挂牌并公开转让的议案》，九江九鼎中心出席董事会并在决议上签章。

2014年5月4日，九江九鼎中心、谢某、吉芬股份公司签署《废止协议》，约定：鉴于公司拟申请其股票于全国中小企业股份转让系统挂牌并公开转让，为协助实现本次挂牌，各方一致同意废止《增资扩股协议》《补充合同》中的相关条款。

同日，九江九鼎中心（甲方）与谢某（乙方）签订《协议书》，约定：乙方承担对甲方持有的吉芬股份公司股份的回购义务，除非甲方另以书面形式延长，如果吉芬股份公司2014年6月30日前未提交发行上市申报材料并获受理；或者吉芬股份公司2014年12月31日前没有完成挂牌上市，甲方有权在任一情况出现后要求乙方及/或乙方指定的第三方购买甲方股份。

吉芬股份公司在全国中小企业股份转让系统挂牌后，未进行A股上市申报。

九江九鼎中心向一审法院起诉请求：1. 谢某支付股份转让款，计算方法：33740000元×（1+6%×n）－5205600元（n代表年数，精确到月，从2011年7月14日起计算到实际给付之月）；2. 谢某承担本案诉讼费。

【案件焦点】

《协议书》约定的股份回购条件是指向A股上市还是新三板挂牌。

【法院裁判要旨】

北京市朝阳区人民法院经审理认为：《协议书》中的挂牌上市应理解为新三板挂牌，因吉芬股份公司已在新三板挂牌，故九江九鼎中心主张的回购条件未成就。

北京市朝阳区人民法院依照《中华人民共和国民法通则》第一百八十八条，《中华人民共和国合同法》第六十条、第一百二十五条之规定，作出如下判决：

驳回九江九鼎中心的诉讼请求。

九江九鼎中心不服一审判决，提出上诉。北京市第三中级人民法院经审理认为：《协议书》约定的股份回购条件均指向吉芬股份公司A股上市，一审法院关于相关协议相互独立，不能做统一理解的认定，未充分考量协议签订过程和条款关系，应予纠正，其关于《协议书》约定的股份回购条件应理解为新三板挂牌的认定，亦未结合投资领域的法律关系特性及全案案情，亦应予以纠正。根据查明事实，吉芬股份公司既未制作上市申请文件向证监会申报并获受理，亦未完成A股上市，故《协议书》约定的股份回购条件已经成就。

北京市第三中级人民法院依照《中华人民共和国合同法》第六十条、第九十一条、第一百二十五条，《中华人民共和国公司法》第七十七条第一款、第七十条第二款、第一百四十一条第一款，《中华人民共和国证券法》第十四条第一款、第三十八条、第三十九条、第四十八条第一款，《中华人民共和国民法总则》第一百八十八条、第一百九十五条第（三）项，《中华人民共和国民事诉讼法》第六十四条第一款、第一百六十八条、第一百七十条第一款第（二）项，《最高人民法院关于适用〈中华人民共和国民事诉讼法〉的解释》第三百二十三条之规定，作出如下判决：

一、撤销北京市朝阳区人民法院（2018）京0105民初73628号民事判决；

二、谢某向九江九鼎中心支付股份转让款（其中自2011年7月14日起至2019年7月13日止应付股份转让款4472.96万元，自2019年7月14日起至上述应付股份转让款4472.96万元付清之日止，以3374万元为基数，按照年利率6%的标准计算此期间应付的股份转让款）。

【法官后语】

A股与新三板在我国多层次资本市场体系中的层级定位、准入条件、成交量以及流动性等方面存在差异。A股依托于上交所与深交所，首发上市中的上市指向申请股票在证券交易所上市交易，A股上市即指已公开发行的股票在上交所或深交所上市交易。全国中小企业股份转让系统即新三板，亦为全国性证券交易场所，申请股票在新三板交易转让即为挂牌。作为资本市场交易用语，挂牌并不特定指向股票在上交所、深交所或新三板交易，在上交所或深交所交易可表述为上市或挂牌上市，在新三板交易则表述为挂牌，通常不表述为上市或挂牌上市。因吉芬股份公司从未在证券交易所上市交易，故《协议书》约定的“提交发行上市申报材料并获受理”应指向提交首发上市申报材料，即提交A股上市申报材料并获受理。同时，因上市具有特定含义，故对挂牌上市的理解应侧重于上市，股票在证券交易所交易转让亦可表述为挂牌上市。根据证券法、深交所股票上市规则、上交所股票上市规则关于首发上市的规定，并考虑协议条款顺序及合同约定的整体性、一致性，以及双方均认可的两项条件之间的递进关系，《协议书》约定的“完成挂牌上市”从概念界定上亦应指完成A股上市。

本案四份协议是当事人在投融资过程中做出的系列法律行为，协议之间具有一定启承性及延续性。《废止协议》着重于完成新三板挂牌，《协议书》侧重于保障九江九鼎中心的回购权利。双方均认可《补充合同》中的“挂牌上市”是指A股上市，与《协议书》中的股份回购条件在文字表述上一致。《协议书》在订立过程中进行了较为充分的磋商，难以认定九江九鼎中心违背诚信原则，且吉芬股份公司囿于客观条件限制，难以在约定期限届满前成功申报或者完成A股上市，但这并不等同于可致使合同目的根本无法实现或影响当事人真实意思表示及合同效力的事由，谢某在《协议书》签订后未就股份回购条件的含义提出异议，九江九鼎中心亦未在约定期限届满时即主张回购，故《协议书》亦未有违公平。九江九鼎中心主张订立《协议书》是为变更回购义务承担主体，谢某则主张是为推动新三板挂牌。根据规定，如在新三板挂牌，则公司不能作为回购义务人参与对赌，但股东需要参与对赌并非新三板挂牌的申请要求，故九江九鼎中心关于《协议书》签订目的的主张更具事实及法律基础。

本案中，九江九鼎中心的投资行为始终为致力于实现A股上市，该意旨具备事实及法律依据，具有合理性，亦符合投融资主体在资本市场及股权投资领域的投融资理念及惯常做法。值得注意的是，在审理资本市场领域纠纷案件时，应全面考量当事人主体的交易特性及法律关系特征，分析多层次资本市场中投资者的板块选择，在正确把握上述因素的基础上作出综合判定，以期营造资本市场良好的营商环境。

编写人：北京市第三中级人民法院　尚晓茜　刘衍

图书在版编目（CIP）数据

中国法院2021年度案例．公司纠纷/国家法官学院，最高人民法院司法案例研究院编．—北京：中国法制出版社，2021.4

ISBN 978-7-5216-1712-2

Ⅰ.①中… Ⅱ.①国…②最… Ⅲ.①公司-经济纠纷-案例-汇编-中国 Ⅳ.①D920.5

中国版本图书馆CIP数据核字（2021）第045681号

策划编辑：李小草（lixiaocao2008@sina.cn）
责任编辑：韩璐玮（hanluwei666@163.com）　　封面设计：温培英　李宁

中国法院2021年度案例．公司纠纷

ZHONGGUO FAYUAN 2021 NIANDU ANLI. GONGSI JIUFEN

编者/国家法官学院，最高人民法院司法案例研究院
经销/新华书店
印刷/三河市紫恒印装有限公司
开本/730毫米×1030毫米　16开　　印张/17.25　字数/233千
版次/2021年4月第1版　　2021年4月第1次印刷

中国法制出版社出版
书号ISBN 978-7-5216-1712-2　　定价：65.00元

北京西单横二条2号
邮政编码100031　　传真：010-66031119
网址：http：//www.zgfzs.com　　编辑部电话：010-66070084
市场营销部电话：010-66033393　　邮购部电话：010-66033288

（如有印装质量问题，请与本社印务部联系调换。电话：010-66032926）